UNE

COLONIE FÉODALE

EN AMÉRIQUE

SCEAUX. — TYP. ET STÉR. M. ET P.-E. CHARAIRE.

UNE
COLONIE FÉODALE
EN AMÉRIQUE

(L'ACADIE, 1604-1710)

PAR

M. RAMEAU

Written their story stands on tablets
of stone in the church yards.
(Longfellow.)

PARIS
LIBRAIRIE ACADÉMIQUE
DIDIER ET Cie, LIBRAIRES-ÉDITEURS
35, QUAI DES AUGUSTINS, 35
—
1877
Tous droits réservés.

INTRODUCTION

I

Depuis un demi-siècle, les érudits et les écrivains du Nouveau-Monde ont commencé à se préoccuper très-vivement des origines historiques des populations européennes transplantées dans le Nouveau-Monde. Les archives des vieilles monarchies et celles des jeunes républiques ont été compulsées, transcrites; les actes publics et privés, les mémoires manuscrits, les traditions, ont été recueillis et étudiés avec le plus grand soin; les livres et publications contemporains des premiers établissements coloniaux ont atteint des prix de vente exagérés, qui donnent la mesure de l'ardeur que l'on apporte dans ces études; et il est sorti de ces recherches un grand nombre de travaux originaux, pleins d'intérêt, et qui ont souvent une haute valeur.

Cependant la colonisation américaine s'est opérée dans des circonstances si particulières, son histoire nous offre des aspects tellement multiples et tellement variés, que plusieurs n'ont même pas encore été effleurés. Non-seulement en effet le récit historique se poursuit ici, avec son caractère propre qui est de rappeler à la mémoire des générations nouvelles les gestes et les œuvres des générations passées; non-seulement il s'agit d'enregistrer les chroniques et la tradition, comme un enseignement salutaire et vénérable que le passé lègue à l'avenir; mais encore cette étude du passé présente ici à nos recherches des phénomènes spéciaux, que nous ne retrouvons en aucune histoire. C'est en effet une des occasions rares où l'on puisse, en s'éclairant avec des documents positifs, suivre pas à pas l'établissement et la propagation de la race humaine dans la solitude et au milieu du dénûment de la sauvagerie. Là se révèle la possibilité d'observer sur le vif la marche d'une société humaine à son début, et d'analyser dans cet état embryonnaire la formation de ses mœurs, de ses forces et de ses progrès; c'est ce qui a bientôt frappé les yeux de beaucoup de publicistes.

Mais en même temps se déroulent devant nous les phénomènes si curieux de la multiplication des premières familles, leur expansion dans le désert, la lutte de l'homme isolé contre la nature brutale et hostile. Il se trouve ainsi que l'histoire de ces petites peuplades européennes, transplantées dans le Nouveau-Monde durant le dix-septième siècle, offre souvent des similitudes très-prononcées avec celle des migrations antéhistoriques, qui préoccupent aujourd'hui nos esprits à si juste titre. On peut donc puiser dans ces chroniques écrites des enseignements utiles et féconds, qui jetteront, par analogie, une vive lumière sur l'étude des époques primitives, et on limitera ainsi l'influence toujours trop grande que l'imagination exerce sur les présomptions rationnelles, dans la pénombre des investigations légendaires.

Cependant l'Européen ne s'est pas trouvé seul dans ces régions transatlantiques; il y a rencontré une population aborigène et barbare, très-dispersée, il est vrai, mais groupée cependant par familles et par tribus; sociétés rudimentaires ou dégradées, selon le point de vue auquel on se place, mais sociétés constituées, qui renfermaient des germes, des éléments d'organisation, et dont quelques-unes même possédaient une civilisation formelle.

Comment se sont comportés les foyers de la civilisation immigrante, au milieu des tribus de civilisation inférieure qui préexistaient sur le sol? Ne s'est-il pas opéré un rayonnement concentrique et gradué qui peut encore nous donner de précieuses indications sur le développement des civilisations premières? N'y a-t-il pas certaines lois d'affinité ou d'antipathie dans les relations des populations sauvages avec les civilisés? Se montre-t-il dans le Nouveau-Monde quelques modifications des uns par les autres ou réciproquement? S'il en existe, sous quel mode s'opèrent-elles quant aux procédés, quant au temps, quant aux races?

Quelles sont les lois de la multiplication humaine ayant ainsi ses coudées franches dans le vide? La déperdition qu'entraînent les privations, l'isolement, les risques de toute nature d'une installation misérable et grossière, est-elle suffisamment compensée par ce libre essor que les familles rencontrent dans l'espace? Quel est le minimum des forces morales et matérielles, nécessaires pour conserver parmi les hommes le foyer de la civilisation, le germe du progrès?

Toutes ces questions se pressent sous la main des investigateurs, et elles peuvent ici s'élucider par des documents écrits et certains; quelles que soient les préoccupations propres de notre esprit, on ne peut donc entièrement se dérober à leur étreinte, et pourtant, comme il ne faut point tout embrasser à la fois, nous avons dû très-souvent nous contenter de les signaler sans les approfondir, car les recherches que nous publions ici avaient un objet spécial et restreint : l'étude de la transplantation des populations européennes en Amérique.

Quels mobiles ont entraîné dans l'Amérique du Nord les premiers colons européens? Les Espagnols et les Portugais se ruaient sur des contrées fécondes, où l'existence était facile et dont les richesses métalliques fascinaient les esprits ; mais le pays des Alleghanys, la vallée de l'Hudson, celle du Saint-Laurent étaient des régions froides et pauvres, qui ne semblaient promettre à l'homme que le strict nécessaire en échange de beaucoup de labeur. Quels furent les idées, le but, la manière d'être de ce premier flot d'émigrants qui durant le dix-septième siècle quittèrent leurs fermes en France, en Angleterre, en Hollande, pour aller se fixer sur ces rivages septentrionaux? Quels ont été les procédés et les formes de ces premières colonies agricoles, qui ont été le noyau, le fonds solide des populations europo-américaines et de leur véritable puissance?

Tel est le point de départ de notre travail; et ce qui lui donne pour nous, Français, un prix tout praticulier, c'est que nous avons été dans cette œuvre les premiers en date, et que nous avons rempli pendant longtemps un rôle prépondérant dans la colonisation de l'Amérique du Nord. Il se déploya alors dans ces contrées des trésors d'activité, d'intelligence et d'énergie que nous pourrions revendiquer parmi nos meilleurs titres de gloire. Les étrangers les connaissent; un des plus célèbres historiens américains, Parkman, les a souvent mis en en relief; mais nous, nous les ignorons, parce qu'ils ne touchent en rien aux idées, aux passions, aux émotions variables et passagères au milieu desquelles nous vivons en quelque sorte au jour le jour.

Cependant l'homme ne dépense nulle part une

somme si considérable d'énergie, sans qu'elle porte quelque fruit : nos émigrants du dix-septième siècle se proposaient, ils le disaient hautement, de fonder une nouvelle France par delà les mers ; leurs descendants, que nous avons délaissés, ne se sont point abandonnés eux-mêmes ; sans se soucier des événements qui les accablaient, ils ont persisté dans les idées, dans les desseins, dans la tradition de leurs ancêtres, et, chose plus merveilleuse encore, ils ont réussi. Après deux siècles d'un travail obscur et patient, ils nous ont fait savoir, par le recensement de 1870, qu'il y avait maintenant 4,600,000 Français groupés dans le bassin inférieur du fleuve Saint-Laurent et sur les côtes du golfe de ce nom, c'est-à-dire dans le Canada, les États de New-York, Massachussets, etc., le Nouveau-Brunswick et la Nouvelle-Écosse.

C'est dans cette dernière contrée que se sont passés les événements dont nous allons suivre et étudier le récit ; elle forme, à l'extrémité du golfe, une presqu'île qui se nommait autrefois l'Acadie, et ce fut en 1604 que plusieurs gentilshommes français, sous la direction des sieurs de Monts et de Poutrincourt, entreprirent d'y fonder une colonie qu'ils appelèrent *Port-Royal*.

Pris et repris plusieurs fois par les Anglais, ce poste fut définitivement réoccupé en 1632 par MM. de Razilly et d'Aulnay qui y conduisirent une quarantaine de familles françaises. A travers bien des vicissitudes, ces familles, presque abandonnées à elles-mêmes et recrutées à peine de temps en temps par quelques aventuriers et quelques engagés, formaient déjà vers 1710 une paroisse d'environ 2,000 âmes, quand les Anglais s'emparèrent définitivement de l'Acadie. Les conquérants, dédaignant cette presqu'île sauvage, se contentèrent de placer à Port-Royal une petite garnison, et les colons français, restés sur leurs héritages, continuèrent à se multiplier dans l'isolement; en 1750, ils dépassaient 14,000 âmes, s'étant sextuplés en quarante ans sans le concours d'aucune immigration d'Europe.

Les Anglais, effrayés de la rapidité de cette progression, résolurent d'y mettre un terme : ils firent cerner leurs villages par les milices de la Nouvelle-Angleterre en 1755; toute la population fut enlevée; hommes, femmes et enfants furent déportés aux États-Unis et en Angleterre, et c'est au milieu de cette proscription cruelle, injustifiable, que Longfellow a placé les scènes mélancoliques de ce poëme ravissant d'*Évangéline*, qui a mis le sceau à sa réputation. On estime que les Anglais déportèrent ainsi, tant de la presqu'île acadienne que des îles du golfe, environ 10,000 Acadiens! Quelques-uns parvinrent à leur échapper et se réfugièrent dans les bois parmi les tribus indiennes; quelques autres même purent gagner le Canada; beaucoup périrent de misère et disparurent dans la tourmente.

Dix ans après, quand la situation fut un peu

détendue, un certain nombre d'Acadiens déportés aux États-Unis purent venir à travers les forêts, et après les p us dures épreuves, rejoindre ceux de leurs compatriotes qui vivaient dans les bois de l'intérieur : le tout ensemble ne s'élevait pas à 2,500 âmes ! Il se rétablit ainsi en divers lieux de nouveaux villages, où les misérables débris de cette population énergique et opiniâtre commencèrent à reformer leurs ruches industrieuses sur des terres désertes. Le dénûment et l'abandon ne purent paralyser cette persévérance laborieuse, et leur postérité s'est tellement multipliée que le recensement de 1871 porte leur nombre à 87,740 personnes. Les groupes sont malheureusement séparés, mais tous ces Acadiens y vivent dans une grande union, fortement attachés à la nationalité française, dont ils conservent avec un soin jaloux, dans leurs paroisses et dans leurs familles, la langue, les traditions et la religion.

Leurs ancêtres furent les premiers Européens qui s'établirent dans l'Amérique du Nord. Quels étaient ces émigrants ? Pourquoi vinrent-ils s'établir dans le Nouveau-Monde ? Comment s'opéra leur installation ? Comment se développèrent leurs progrès ? Voilà ce que nous nous proposons d'exposer ici ; c'est un spécimen très-intéressant et très-instructif à la fois du mode généralement suivi dans les établissements agricoles qui furent créés dans le nord de l'Amérique. Mais, avant d'entrer dans le narré des faits, nous demanderons la permission de montrer comment la situation sociale et économique de l'Europe au seizième siècle put déterminer l'essor du courant d'émigration purement agricole qui se dirigea, au commencement du dix-septième siècle, vers ces contrées froides et désertes.

En effet, la colonisation, entreprise alors par les peuples septentrionaux, ne s'entendait aucunement de la même façon que nous l'entendons aujourd'hui. Ce n'était ni un déversoir de populations surabondantes, ni une spéculation publique ou privée ; la royauté pas plus que l'État n'y coopérèrent dans le principe, et les particuliers qui s'aventurèrent sur ces territoires sauvages ne se proposaient dans leurs établissements terriens aucun enrichissement proprement dit. Cependant on ne procédait point au hasard, on n'obéissait point à un entraînement de circonstance, on suivait en réalité un plan traditionnel, de sorte que, pour bien comprendre les pensées dont s'inspiraient les émigrants des seizième et dix-septième siècles, nous sommes obligés de jeter un coup d'œil sur l'état de la société européenne, sur son organisation et sur la distribution de la propriété foncière à cette époque.

II

Contrairement aux préjugés communément répandus, et que le progrès des études historiques

a.

commence à dissiper aujourd'hui, la propriété foncière a été autrefois très-divisée en France et en Europe ; on peut même dire qu'elle était plus uniformément, plus raisonnablement divisée qu'elle ne l'est aujourd'hui. Cette division du sol fut la conséquence de l'affranchissement des serfs du onzième au quatorzième siècle, parce que le serf et la glèbe furent généralement affranchis ensemble. La portion de terre qui était annexée à la famille serve devint sa propriété, sous la charge d'une redevance fixe et minime, à laquelle s'ajoutaient quelquefois certains services déterminés. Telle fut l'origine des rentes censives et de la propriété censitaire, qui était la base même du système féodal [1]. Cet état de la propriété constitua partout, pour le tenancier cultivateur, le chez soi, le foyer domestique, ce signe matériel de la famille, de la tradition et de la moralité.

La division du sol, ainsi conçue, différait essentiellement de ce morcellement abusif et fortuit que l'on voit de nos jours développé à l'excès en certains endroits, tandis qu'il fait absolument défaut en maint autre lieu ; elle se rapprochait beaucoup au contraire, de l'idée américaine du *home-stead*. « La propriété du foyer domestique a été un des « traits généraux du moyen âge… c'est une des plus

---

1. Guérard, Prolégomène du *Polyptique d'Irminon*. — Léopold Delisle, *Histoire des classes agricoles en Normandie*. — Tocqueville. — Ch. Perrin, livre II, chapitre XI, page 396.

« fécondes traditions du continent européen, et
« celle qui assure, en beaucoup de contrées, à cha-
« que famille, riche ou pauvre, la propriété de son
« habitation ; et les institutions qui conservent cette
« pratique salutaire sont au premier rang parmi
« celles qui concourent à la prospérité d'une na-
« tion. » (Le Play, *Réforme sociale*.)

Chaque seigneurie, chaque fief petit ou grand, eut dès lors pour dépendances : 1° Les domaines et terres appartenant directement au seigneur, et exploités pour son compte en régie ou à moitié ; 2° les terres et fermes accensées, appartenant soit à des feudataires de liberté ancienne, soit aux représentants des serfs affranchis. Ces dernières devaient au manoir l'aveu de foi et hommage et une rente foncière qui variait de 1 sol à 5 sols par arpent ; elles constituaient ainsi des arrière-fiefs, et absorbaient une grande partie, souvent même la majeure partie du sol ; en réalité, c'étaient de véritables propriétés grevées d'une rente foncière, et qui ont été la principale origine de la petite propriété en France. Les unes se subdivisèrent, d'autres s'agglomérèrent suivant les circonstances, mais les choses se perpétuèrent ainsi jusqu'au quinzième siècle, sauf les modifications qu'amenait le cours du temps [1].

Au quinzième siècle, le monde rural, en Europe,

---

1. Perrin, *De la richesse*. — Ch. Louandre, *Exposé de la découverte du registre terrier d'Abbeville en 1312*. — F. Labour, *Hist. d'Oisery*. — Tocqueville. — Dareste, *Histoire des classes agricoles*.

était encore ainsi hiérarchisé en trois ou quatre échelons, depuis le cultivateur qui exploitait le sol avec sa famille jusqu'au seigneur du fief principal, qui lui-même relevait de la couronne. Beaucoup de fermes grandes et petites étaient habitées et exploitées par leurs propriétaires eux-mêmes ; et l'on peut dire qu'avant le quinzième siècle c'était là le fait normal. Mais depuis lors plusieurs de ces propriétaires ruraux accrurent leur fortune, tandis que d'autre part beaucoup d'artisans, de commerçants et de bourgeois urbains achetèrent des fonds ruraux. La distribution primitive du sol et des cultivateurs s'altéra profondément, et un grand nombre de propriétaires furent conduits à affermer leurs héritages, ce qui grossit sensiblement la classe des métayers, qui auparavant était l'exception.

Le seigneur de haut parage, qui relevait de la couronne, recevait donc foi et hommage de tous les châtelains établis sur son fief ; ceux-ci recevaient à leur tour foi et hommage de tous les tenanciers d'arrière-fiefs, cultivateurs auxquels leurs ancêtres avaient concédé des terres à cens et à rentes, et parmi ces tenanciers ceux qui avaient affermé leurs terres recevaient de leurs métayers une part de grains ou le prix du fermage. Dans cet état de choses, chaque habitant de la campagne avait son droit et sa place définie dans l'ordre social, car les simples manouvriers ruraux n'ayant que leurs bras pour vivre étaient dans l'origine en nombre très-restreint; on pourrait presque affirmer même qu'il y eut un temps, au moins dans certaines provinces, où chacun, pauvre ou riche, avait un foyer domestique lui appartenant en propre [1].

Cependant le nombre des simples manouvriers s'accrut de siècle en siècle par les partages, les liquidations successorales (fléau de la famille), par les procès, et enfin par suite de l'inconduite et de la paresse, qui de tout temps fournissent leur contingent à la misère publique ; ces manouvriers, premier noyau des prolétaires ruraux, commençaient au seizième siècle à constituer en réalité un échelon de plus dans la population rurale. Or, dans cette série graduée, **les manouvriers** désiraient devenir métayers ; **les métayers** désiraient devenir tenanciers censitaires, c'est-à-dire propriétaires de quelqu'une de ces portions du sol inféodées à titre de rente à un fief quelconque ; **les tenanciers** et les bourgeois urbains désiraient plus vivement encore acquérir quelqu'un de ces arrière-fiefs, dont ils ajoutaient le nom au leur, ou tout au moins à celui de leurs enfants (une grande partie de la noblesse actuelle n'a pas d'autre origine) ; enfin **les seigneurs** titulaires d'arrière-fiefs et les bourgeois très-riches cherchaient à s'approprier un fief supérieur, une véritable seigneurie qui, même non titrée, introduisait

---

[1]. Voir les chartes d'affranchissement des communes ; tous les communiers ont leurs maisons, leurs jardins, leurs vignes, etc. — E. Demolins, *Du mouv. communal en France*. 1 vol. Didier, Paris.

leur famille dans le monde des gentilshommes [1].

Cette hiérarchie des aspirations avait bien moins pour mobile le désir d'améliorer sa condition matérielle que l'envie démesurée d'accroître sa situation sociale; nous en trouverons de nombreuses preuves dans ces études.

Chacun désirait s'élever dans la hiérarchie sociale, et les plus âpres dans ce désir étaient ceux qui, de tenanciers censitaires, voulaient devenir seigneurs, et qui de seigneurs voulaient devenir gentilshommes. On s'imagine difficilement aujourd'hui les sacrifices que s'imposait un marchand enrichi, pour acheter même un très-petit fief qui lui conférât la qualité de *sieur*, avec le nom du terroir à la suite.

Ce furent donc des gentilshommes et de riches bourgeois qui devinrent les promoteurs de l'émigration au dix-septième siècle, dans l'espérance de constituer pour leur famille de grands fiefs au delà des mers. L'émigration vint alors d'en haut et non d'en bas; ce ne fut pas la misère, ni le désir de la fortune, qui poussèrent les paysans à aller se faire métayers ou tenanciers en Amérique, ce furent les seigneurs qui, ayant obtenu des concessions seigneuriales, vinrent solliciter et engager des familles de cultivateurs à les suivre, afin de peupler leurs fiefs déserts de feudataires et de tenanciers agri-

---

1. *Recueil des ordonnances des rois de France.* Ordonnance de saint Louis, t. I, page 127.

coles. Ces fermiers vinrent de confiance prendre dans le Nouveau-Monde, près du seigneur terrien, la place traditionnelle qu'ils occupaient depuis plusieurs générations. Seulement tout le monde, gentilshommes, bourgeois, paysans tenanciers, fut en même temps frappé de cette considération, que désormais l'expansion et l'établissement de leurs familles s'opéreraient facilement, autour de la maison paternelle, dans les terres désertes et immenses vers lesquelles on se dirigeait. Il y avait donc dans les âmes deux préoccupations essentielles : l'idée féodale, puis l'idée du foyer domestique et de la famille.

C'est cette situation des esprits et des choses qui servit de point de départ aux fondateurs de colonies en Amérique, et celui qui n'en a point une notion nette comprendra mal les temps primitifs de la colonisation de ce pays. Nous avons nous-même commencé ces recherches sous l'influence des erreurs et des préjugés qui ont longtemps prévalu sur l'ancien état de la propriété foncière en Europe, et nous savons par expérience quel travail long et opiniâtre il nous a fallu pour pénétrer les motifs vrais qui entraînaient les émigrants européens; c'est ainsi que nous avons été conduit, dans nos premières recherches sur l'Acadie et le Canada, à méconnaître le vrai caractère de la population primitive, et ce n'est qu'en rectifiant ces idées préconçues que nous avons pu bien saisir la méthode et les procédés suivant lesquels ces colons, Français, Anglais et Hollandais, se répartirent les terres du Nouveau-Monde.

Les esprits furent très-excités, à la fin du seizième siècle, par les relations des *découvreurs* sur les terres qu'ils avaient explorées en Amérique, terres couvertes de forêts, coupées de mille cours d'eau, sous un climat tempéré, fécondes en herbages et en végétaux variés, qui, à beaucoup d'égards, offraient une grande similitude avec ceux du nord de l'Europe ; chaque nation s'étant taillé une petite part dans ce continent nouveau, plusieurs eurent naturellement l'idée d'assimiler ces pays à l'ancien territoire, en y cherchant matière à de nouvelles provinces, à de nouvelles seigneuries et à de nouveaux fiefs.

Déjà, au temps des croisades, il s'était produit un phénomène analogue : une quantité de cadets de famille, et même de gentilshommes chefs de famille, quittèrent l'Europe pour aller former, en Terre-Sainte, à Chypre, en Grèce, etc., etc., des châtellenies, des seigneuries, avec leur apanage de vassaux, de fiefs et d'arrière-fiefs, cherchant à brancher les familles nobles d'Occident sur cette féodalité exotique qui surgissait en Orient. De même, en 1530 et dans les temps qui suivirent, une foule de gentilshommes et de bourgeois enrichis songèrent à créer des manoirs, des sous-fiefs, des fermes censitaires, toute une féodalité agricole, en un mot, dans ces immenses vallées du Nouveau-Monde dont les voyageurs faisaient tant de magnifiques récits ; plusieurs d'entre eux élevèrent même leurs rêves jusqu'à la conception généreuse de la patrie agrandie, et ils entrevoyaient au bout de leurs travaux l'extension de la France, de l'Angleterre ou de la Hollande en ces vastes solitudes.

Dans ces fiefs seigneuriaux et ruraux, taillés sur le modèle de ceux de leur patrie, ils comptaient établir leurs familles dans un manoir central, autour duquel ils installeraient, sur des fiefs sous-concédés, des familles de cultivateurs dont les fermes, accensées à rentes comme elles l'étaient en Europe, eussent formé l'ensemble du district seigneurial ; l'ensemble de ces seigneuries, inféodées elles-mêmes à un fief principal ou groupées sous la direction immédiate d'un gouverneur royal, devait former une province nouvelle du vieux pays (*old land*). Il est facile maintenant de bien concevoir quel fut le vrai caractère de la colonisation au dix-septième siècle : c'était une fondation de famille à longue portée ; on ne lui demandait guère, dans le présent, que la production des denrées communes, *le vivre ;* mais on en espérait, dans l'avenir, de grandes facilités pour l'établissement des enfants, et l'expansion rayonnée de la famille autour du foyer domestique. Les chefs cependant, les promoteurs de l'émigration, y cherchaient surtout une existence honorée et une assiette fortement établie dans la hiérarchie sociale, pour eux-mêmes et pour leur postérité..

Comme les besoins des hommes étaient alors peu multipliés, même dans les classes aisées, on s'effrayait médiocrement des privations et des risques à courir. Nul ne doutait qu'il ne retrouvât aisément en Amérique, avec l'abondance du nécessaire, les plaisirs et les distractions très-simples auxquels chacun était habitué dans son ancienne demeure des champs ; plaisirs rustiques tels que la chasse, la pêche, le cheval, les exercices du corps, les récits et les chants de la veillée, assaisonnés par ce contentement d'esprit qui accompagne toujours les labeurs féconds et les désirs modérés. Dans ces conditions naît facilement ce sans-souci plein de gaieté et d'entrain qui, sans exclure le travail, caractérisait alors la société française !

Celui qui avait obtenu une concession seigneuriale en Amérique vivait donc dans son manoir avec le produit des terres qu'il exploitait à son compte, et avec les redevances de ses tenanciers ; ceux-ci, qu'il avait amenés d'Europe, défrichaient et cultivaient les lots de terrain qui leur avaient été concédés, voyant de jour en jour s'étendre leurs cultures et leurs récoltes ; tous menaient pendant les premières années une existence laborieuse et rude, mais tous étaient pleins de confiance dans l'avenir ; le seigneur espérait voir s'accroître le nombre de ses tenanciers, ceux-ci comptaient sur la progression de leurs cultures et sur le facile établissement de leurs enfants autour d'eux. C'est ainsi qu'ils affrontaient de concert, avec énergie, les privations et les premières épreuves de leur établissement.

Toutes les colonies du nord de l'Amérique furent ainsi établies sur le même plan, avec certaines variations dans leurs institutions, variations qui n'avaient peut-être pas toute l'importance qu'on leur a attribuée depuis lors. Le Canada et l'Acadie formaient la Nouvelle-France, comme Manhattan (New-York) formait la Nouvelle-Hollande, et le Delaware la Nouvelle-Suède; la baie de Massachussetts se nommait la Nouvelle-Angleterre.

Pendant que Giffard de Beauport et Juchereau de La Ferté amenaient de leur province du Perche cent cinquante familles qui devinrent les censitaires de leurs seigneuries près de Québec[1]; Van-Rensselaër et Schuyler peuplaient leurs manoirs sur les bords de l'Hudson avec leurs vassaux de Hollande; le comte de Stirling voulait en faire autant dans la Nouvelle-Écosse, et c'est ainsi que lord Baltimore entraîna dans le Maryland ses tenanciers d'Irlande[2]; le commandeur de Razilly et M. d'Aulnay n'agirent point autrement dans leurs fiefs de l'Acadie, et

---

1. Garneau, *Histoire du Canada*. — Ferland, *idem*. — Rameau, *la France aux colonies*.

2. Beamish, *History of Nova-Scotia*. — Mac-Mahon, *History of Maryland*. — Bozman, *idem*.

lorsque les Sulpiciens fondèrent la seigneurie de Montréal ils firent rechercher, par toute la France, les familles les plus chrétiennes et les plus régulières, pour les placer comme tenanciers censitaires autour de leur établissement [1].

On doit remarquer cependant que les Anglais apportèrent pendant un certain temps dans la colonisation des idées moins déterminées : en Virginie et au Massachussetts, ils louvoyèrent pendant plusieurs années dans l'essai absurde d'un système de travail en commun, qui donna naturellement de déplorables résultats. Quelle fut la cause de ces hésitations ? Peut-être l'état du tenancier propriétaire, à la base du système féodal, était-il moins bien constitué, moins général en Angleterre qu'ailleurs. Peut-être les rêveries religieuses et outrées des puritains en furent-elles l'origine. Quoi qu'il en soit, on ne tarda pas à revenir à la concession terrienne et censitaire; plusieurs, comme le comte de Stirling, Ferdinando Gorges, lord Baltimore, lord Berkeley, sir Carteret et lord Shaftesbury, conçurent directement la colonisation de l'Amérique comme la prolongation des établissements terriens ou féodaux du vieux continent [2]. Plus tard Guillaume Penn, tout en s'appliquant à réaliser l'idéal conçu par les quakers, était en fait le seigneur de la Pensylvanie

---

1. Faillon, *Mémoires pour servir à l'histoire de l'Église de l'Amérique du Nord.*
2. Bancroft, Hildreth, *Histoires des États-Unis.* — Beamish, *History of Nova-Scotia.* — Carlier, *Histoire des peuples américains.*

et agissait comme tel, concédant les terres à rentes à des tenanciers qui jouissaient, il est vrai, d'un système électif, mais sous sa suzeraineté.

Au fond, nous retrouvons partout la même organisation : un seigneur personnel ou impersonnel, un homme ou une compagnie, recevant de la couronne l'investiture seigneuriale sur une région déterminée, à charge par lui d'en opérer le peuplement ; si la seigneurie est une principauté, comme les seigneuries anglaises ou l'Acadie française, le seigneur sous-concède des fiefs à des gentilshommes, à des *freeholders ;* si elle est un simple fief, comme dans le Canada, le seigneur circonscrit ses terres de réserve pour établir son manoir et ses fermes, puis il fait arpenter et diviser le surplus en lots, qui contenaient ordinairement 100 acres ou 100 arpents (50 hectares environ) ; alors il sous-concède ces lots à des familles qu'il fait venir d'Europe, moyennant une rente perpétuelle (*quit rent*) qui était généralement de 1 sol par arpent ; le concessionnaire qui devient censitaire de la seigneurie doit rendre aveu de foi et hommage au manoir, payer annuellement sa rente, et se joindre au seigneur pour la défense du territoire [1].

Le produit de ces rentes était assez minime d'abord, mais il devait augmenter avec les progrès de la seigneurie ; le seigneur y trouvait en outre, dès

---

1. *Aveu du tenancier Guyon*, cité par Ferland.

le présent, un titre et une situation sociale qui ne pouvait que s'accroître pour sa postérité ; celle-ci était assurée d'une expansion facile, car au milieu de ces forêts immenses et désertes le champ était libre pour la création de nouvelles seigneuries. Tels étaient ordinairement les motifs déterminants qui engageaient les chefs de l'émigration à passer en Amérique.

Quant aux familles des colons, elles se sentaient au départ rassurées contre l'imprévu par la confiance qu'elles avaient dans leurs seigneurs, et par l'appui matériel et moral que ceux-ci leur assuraient. Les stipulations des contrats seigneuriaux et l'usage traditionnel les mettaient à l'abri contre toute éventualité de spéculation ; car le seigneur et les censitaires se trouvaient complétement unis dans un intérêt commun. Le premier, en effet, ne demandait aucun déboursé immédiat, et ne tirait même qu'un produit très-minime de ses rentes (une seigneurie de 10,000 arpents ne rapportait pas 500 livres) ; ses profits réels, notables, étaient des profits à longue échéance, tels que les droits de lods et ventes, de mouture et autres, qui étaient entièrement subordonnés au peuplement, au défrichement, à la prospérité de la seigneurie, c'est-à-dire au succès partiel de chacune des familles censitaires ; tous les intérêts, tous les éléments de la seigneurie étaient donc reliés dans une complète solidarité.

Parmi ces émigrants, d'ailleurs, quelques-uns

n'étaient même pas des censitaires dans leur propre pays : c'étaient des métayers, et même de simples manouvriers, que le seigneur entraînait en leur assurant une propriété semblable à celle des vieux tenanciers féodaux, leurs voisins ; ils allaient ainsi mettre le pied sur le premier échelon de la hiérarchie sociale. Une fois parvenus à ce point, l'horizon s'élargissait pour leur postérité, car dans ces solitudes fertiles leurs enfants pouvaient espérer créer à leur tour des fiefs et des seigneuries ; un demi-siècle en effet ne s'écoula point sans qu'il en arrivât ainsi pour plusieurs d'entre eux.

Mais au-dessus de toutes ces considérations prédominait la juste harmonie qui régnait alors entre les diverses classes de la société et qui nous est presque inconnue aujourd'hui. L'influence des autorités sociales vraies, celles qui reposent sur la tradition des familles et sur les relations journalières, était considérable ; c'est de là que naissait la confiance avec laquelle les tenanciers s'abandonnèrent à leurs seigneurs et se familiarisèrent avec l'idée d'une transportation qui rompait toutes leurs habitudes bien plus encore que maintenant. Ceci nous explique comment on put, au dix-septième siècle, non pas seulement trouver, mais, disons avec les documents [1], choisir dans les paroisses rurales, parmi les familles de cultivateurs les plus considé-

---

1. Faillon.

rées, celles que l'on détermina à s'expatrier en Amérique. On ne les séduisit point par le mirage d'un enrichissement rapide; ils savaient parfaitement que la colonie était avoisinée par les sauvages; et ils n'hésitaient point cependant à suivre les chefs traditionnels que les habitudes de la vie leur avaient donnés.

Cela est si vrai que, du jour où l'esprit d'entreprise, l'amour des créations lointaines, vint à faiblir parmi les hautes classes en France, l'émigration des familles rurales s'arrêta tout à coup. Quoi qu'on ait pu dire à ce sujet, la misère n'était point telle alors qu'elle poussât les gens hors du logis : la modération des désirs, la longue habitude d'une existence laborieuse et rustique, le culte de la tradition et du chez soi, la difficulté des communications, l'absence des nouvelles, tout contribuait à éloigner les populations rurales du désir de s'expatrier, et rien ne les sollicitait à émigrer. Il avait fallu que l'influence hiérarchique et la confiance eussent agi bien puissamment sur leur esprit pour les décider à passer la mer. Dès qu'ils ne furent plus sollicités par les gens des classes élevées, lorsque les gentilshommes et les bourgeois furent de plus en plus attirés vers les charges, vers les bénéfices et à la cour, dès qu'ils cessèrent d'ambitionner l'établissement de leurs familles dans le Nouveau-Monde, l'expatriation des agriculteurs, n'ayant plus de raison d'être, cessa, et il ne resta désormais que l'émigration fortuite des engagés, des commerçants, des déclassés et des aventuriers de toute sorte. C'est ce que nous trouvons dans le dix-huitième siècle, excepté les levées administratives exécutées pour la Louisiane parmi les familles du Palatinat et de l'Alsace ; opération aussi déplorable dans ses résultats qu'elle avait été absurde dans sa conception.

La colonisation fut donc entreprise, au dix-septième siècle, à peu près comme la colonisation antique, qui emmenait avec elle la cité tout entière, avec sa hiérarchie, ses formes, son personnel organisé ; il n'y avait point de rupture de tradition, mais développement de société. Cet ensemble colonisateur était complété par une troisième catégorie de personnes, par le clergé qui, avec la souplesse et la fécondité d'intelligence qui lui sont propres, s'annexa à ce mouvement d'expansion, mais en nourrissant au fond du cœur une idée bien plus élevée et plus généreuse, le désir de la conversion et de la transformation des populations indigènes et barbares qui peuplaient ces continents !

Comme les familles étaient alors généralement plus nombreuses qu'elles ne le sont aujourd'hui, la noblesse y trouvait cet avantage d'établir aisément ses cadets dans de nouveaux fiefs, sans altérer, ni amoindrir, ni engager gravement, pour cet établissement, le fief patronymique destiné à l'aîné. De la sorte, le chef de famille dédoublait la souche de sa race ; on pouvait espérer ainsi voir fleurir par delà les mers, dans des seigneuries considérables, des branches nouvelles de la noblesse ; et ces branches nouvelles, tout en rehaussant l'éclat de la maison, s'assuraient pour l'avenir un développement indéterminé au milieu de ces vastes et fertiles solitudes.

Les bourgeois riches, dont le rêve était alors d'acheter un fief terrien qui pût donner à leurs descendants un titre ou au moins une entrée dans la noblesse, entrevoyaient au Nouveau-Monde la réalisation très-facile de leurs visées, dans des concessions seigneuriales que l'on obtenait aisément, et qui pouvaient ultérieurement, avec leur énorme étendue, devenir très-importantes et presque princières. Étant donnés le milieu social et les idées généralement admises alors, toutes ces considérations présentaient le caractère de la maturité et de la sagesse ; elles étaient tout à fait conformes aux vrais principes du progrès, du bon ordre et de la paix sociale [1].

Quant aux artisans et aux cultivateurs proprement dits, ils obéissaient aussi aux mêmes lois d'expansion et aux mêmes vues, quoique d'une manière plus confuse ; sans aucun doute, un certain nombre d'engagés s'embarquaient sur l'appât d'une prime une fois reçue et sur les excitations plus ou moins aventureuses d'une existence exotique dont l'horizon était mal défini et mal réglé. Mais beau-

---

[1]. Le Play, *Réforme sociale*, t. I, chapitre de la Famille souche. T. II, chapitre des Colonies.

coup d'entre eux, et surtout les familles qui transportaient dans le monde nouveau leur vieux foyer domestique (les lares de la maison), c'est-à-dire la partie essentielle et la plus respectable de l'émigration, partaient à la suite de leurs chefs, animés par l'espérance de devenir tenanciers censitaires, inféodés à la seigneurie nouvelle ; là se présentait la perspective d'une existence plus aisée et plus large pour eux comme pour leurs enfants, et principalement la répartition facile de ces derniers pendant plusieurs générations près du giron patrimonial. Chez quelques groupes seulement, surtout en Angleterre, on peut observer en outre l'influence prédominante d'idées religieuses fortement accentuées.

De tous les émigrants de cette époque, ce furent ces colons censitaires et le clergé qui réussirent le mieux dans leurs entreprises. Tandis que l'action et l'influence des seigneurs s'éclipsa peu à peu, le clergé de toutes les communions, combinant son activité avec celle des cultivateurs, devint le pivot essentiel du développement de la société européenne transatlantique; on avait fondé des seigneuries, mais la paroisse remplaça la seigneurie et devint l'unité sociale. Les paroisses se formèrent par l'agglomération des fermes qui prospérèrent entre les mains des censitaires, et ces fermes, qui avaient été concédées à des cultivateurs simples et confiants, sont devenues la base de la fortune de leurs descendants. Ceux-ci en effet, multipliés à l'infini dans des familles toujours nombreuses, se sont partagé le continent tout entier, tandis que les principautés et les seigneuries, sans avoir jamais jeté l'éclat qu'on en avait espéré, se sont éclipsées comme le songe fugitif d'une nuit d'été ; les familles des seigneurs se sont éteintes ou sont retournées sur la vieille terre d'Europe, et les bourgeois qui avaient rêvé l'illustration de leur postérité trouveraient aujourd'hui la plupart de leurs petits-neveux dispersés ou fondus dans la masse populaire des Américains, sans titres ni blasons, n'ayant même pas conservé souvent la mémoire des grands projets de leurs aïeux, et des destinées nobiliaires auxquelles on avait songé pour eux.

Que l'on ne croie pas cependant que nous voulions porter sur ces faits aucun jugement définitif de blâme ou de critique ; le succès ou l'insuccès des aventures humaines est un fait grossier qui ne peut suffire à l'esprit pour en apprécier la juste valeur ; cette formation d'une société nouvelle par le développement normal des formes et des traditions anciennes n'avait rien de déraisonnable en soi ; peut-être même eût-il été préférable que cette épreuve réussît, car c'est toujours un procédé scabreux et précaire que celui de l'établissement d'une société humaine sur table rase et avec un mécanisme purement rationnel.

Si quelquefois la croissance d'un peuple en est

plus prompte, il arrive aussi que sa vigueur est moins durable ; les liens sociaux ont à la fois moins de souplesse et moins de résistance que ceux qui sont formés par le laps du temps ; les forces vitales sont moins bien équilibrées et moins puissantes : quelle que soit en effet l'étendue du génie humain et de la science, la multiplicité des combinaisons dans l'œuvre sociale dépasse infiniment leurs prévisions ; nous ne pouvons reproduire qu'avec une extrême imperfection les œuvres de la nature et de la Providence, et la moindre plante est supérieure à la plus belle fleur artificielle, de toute la différence qui existe entre la vie et la mécanique !

Il n'est donc point impossible, quoique cela répugne aux idées généralement reçues, que dans son développement ultérieur la société demi-féodale de la colonisation primitive n'eût été, sous plus d'un rapport, égale et même supérieure à la société américaine que nous connaissons aujourd'hui ; mais ce n'est point ici le lieu de discuter les théories ni les hypothèses nébuleuses de la politique. La parole est aux faits ! L'ancienne société européenne est elle-même rompue, brisée, dispersée, et ne peut renaître à la vie, non plus que le vieil Éson dans la chaudière de Médée ; tachons seulement de récolter au milieu de ces ruines les leçons de l'expérience, les bons exemples à suivre, les fautes à éviter ; recueillons les principes éprouvés et salutaires que l'humanité, à travers ses formes diverses, transmet d'âge en âge comme les aphorismes de la sagesse et de la force ; c'est là le véritable héritage des ancêtres pour les esprits vigoureux qui savent approprier, en tous temps et en tous lieux, l'esprit de mesure et la tradition universelle du sens commun au progrès de l'homme et des sociétés.

SOURCES MANUSCRITES

ORALES ET TRADITIONNELLES

Archives de la marine à Paris.

Ce précieux dépôt de manuscrits a été consulté par nous pendant plusieurs années, mais je ne puis le mentionner sans adresser mes remerciements à mon excellent ami M. Pierre Margry, conservateur de ces archives. Avec la haute autorité que lui donnent son expérience et ses travaux, il a bien voulu être souvent mon guide et mon obligeant conseiller dans mes recherches, et je ne saurais dire tout ce que j'ai dû dans ce travail difficile à son inépuisable bienveillance.

Archives de la Nouvelle-Écosse à Halifax.

Ce dépôt de manuscrits est fort intéressant, surtout pour la période qui court depuis la conquête anglaise (1710) jusqu'à la proscription des Acadiens en 1755; il était autrefois assez malaisé de le consulter, ainsi que le constate Halliburton, et comme nous l'avons éprouvé nous-même en 1860; mais depuis lors M. Beamish-Murdoch, qui facilita notre admission avec une extrême amabilité, a mis en lumière un grand nombre de ces documents dans son Histoire, et, plus récemment encore, le gouvernement de la Nouvelle-Écosse a fait publier la plus forte partie de ces archives par les soins de MM. Aikins et Beamish-Murdoch.

Actes de l'église de Port-Royal.

Il existe encore deux gros registres des actes de baptêmes, mariages et sépultures provenant de l'église de Port-Royal. L'un, de 1700 à 1726, appartient au gouvernement de la Nouvelle-Écosse; l'autre, qui court de 1726 à 1755, appartient à l'archevêché d'Halifax. Nous les avons consultés l'un et l'autre, mais nous avons lieu de présumer, d'après certaines notes contenues dans l'Histoire de M. Beamish, qu'il en existe un autre ou au moins les fragments d'un autre antérieur à 1700.

Actes de l'église de Beaubassin.

Nous avons dû à M. l'abbé Ferland, l'auteur de l'*Histoire du Canada*, la communication de quelques fragments des registres de Beaubassin. Nous ignorons d'où il les avait tirés; peut-être des archives de l'archevêché de Québec, qui contiennent en effet divers documents curieux sur les paroisses acadiennes. Il est même possible qu'il soit resté plusieurs notes de ce genre dans les papiers de M. Ferland; il pourrait donc être fort utile de consulter ces papiers, ainsi que les archives de l'archevêché de Québec.

Bibliothèque du Parlement du Canada.

Cette bibliothèque, qui était à Québec lorsque nous l'avons visitée, a été sans doute transférée depuis lors à Ottawa avec le gouvernement central; elle renferme beaucoup d'actes manuscrits de toute nature, entre autres les archives judiciaires contemporaines de la domination française, qui peuvent être étudiées avec fruit. C'est là que nous avons trouvé le procès de magie intenté au sieur Campagna en 1685, qui nous a fourni de précieux détails sur la vie et les habitudes des Acadiens à une époque où les renseignements sont assez rares.

Nous avons dû en outre des communications orales très-intéressantes : à MM. *Girouard*, de Tracadie, N. S.; — *Robichau*, de Clare, N. S.; — *d'Entremont*, de Pobomcoup (Pubnico), N. S., — *Belliveaux*, de Memerancooke, N. B.; *Surette*, négociant acadien établi à Boston ; et à plusieurs autres personnes qui ont bien voulu nous raconter soit des traditions de famille, soit les faits ou documents dont ils avaient eu personnellement connaissance.

Société littéraire de Québec.

Cette Société possède plusieurs manuscrits intéressants, entre autres le contrat de mariage de Charles de Latour avec Mme veuve d'Aulnay, qui lui a été envoyé en 1831 par M. Bénoni d'Entremont, un des descendants de Latour.

OUVRAGES IMPRIMÉS — SOURCES SPÉCIALES

Marc Lescarbot, *Histoire de la Nouvelle-France* (rare).
Les éditions de 1611 et de 1617 sont à la Bibliothèque nationale. — L'édition de 1619 est à la réserve de cette bibliothèque. — L'édition de 1618, in-8, publiée à Paris chez Perier, ne s'y trouve plus ; elle était cataloguée L. K. 12.

C.

Champlain (*Voyage du sieur de...*)

Relations des Jésuites, publiées primitivement par Sébastien Cramoisy, rééditées en 1858 à Québec par le gouvernement canadien.

Auguste Carayon, *Première Mission des Jésuites au Canada*. Paris, 1864.

Registre des concessions accordées en Acadie, publié par le gouvernement canadien.

Parkman, *les Pionniers français dans l'Amérique du Nord* ; trad. par Mme de Clermont-Tonnerre. 1 vol. Paris, Didier et Cie, 1874.

Moreau, *Histoire de l'Acadie*. Paris, 1873. — L'homme érudit qui a publié ce livre a eu communication des titres de la famille de Menou, ce qui donne un prix tout particulier à son ouvrage.

Diéreville, *Voyage en Acadie en 1700*. In-12, chez J.-B. Besongne à Rouen en 1708 (rare). — Nicolas Denys, *Description des côtes de l'Amérique du Nord*, 1672, in-12 (rare).

Mistress Williams, *French-Neutrals*, à Boston.

Lafargue, *Histoire géographique de la Nouvelle-France*.

Halliburton, *History of New-Scotia*.

Longfellow, *Évangéline* (poëme).

Beamish-Murdoch, *History of Nova-Scotia*, à Halifax. Érudition peu commune dans les travaux anglo-américains.

Broadhead, *Documents relative to the history of New York.* — Le volume IX est spécialement consacré aux Archives de la marine de Paris.

Histoires du Canada, par Charlevoix, — par Garneau, — par Ferland.

Histoires des États-Unis, par Bancrofft, — par Hildreth.

Maurault (l'abbé), *Histoire des Abénakis*. In-8. Québec, 1866.

Aug. Carlier, *Histoire des peuples américains*. Paris, 1868, Lévy. Ouvrage plein d'originalité et d'érudition, très-curieux. — Claudio Jannet, *les États-Unis contemporains*. Paris, 1876.

Benjamin Sulte, *Mélanges d'histoire et de littérature*, notice sur Pontgravé. Ottawa, 1876.

Rameau, *la France aux colonies*. 1859, Paris.

Dussieux, *le Canada sous la domination française*. Paris, 1855.

Hutchinson, *History of Massachussett's bay*.

Bradford, *History of New-England*. — Ph. Elliott, *idem*.

Williamson, *History of Maine*.

UNE
COLONIE FÉODALE

EN AMÉRIQUE

UNE
COLONIE FÉODALE
EN AMÉRIQUE
1603-1710

1

LES POUTRINCOURT
(1603 à 1632)

> « ... Chacun dit : Y a-t-il des trésors ? Y a-t-il
> « des mines d'or et d'argent ? et personne ne
> « demande : Ce peuple-là est-il disposé à en-
> « tendre la doctrine chrétienne ? Quant aux
> « mines, il y en a vraiment, mais il faut savoir
> « les fouiller ; la plus belle mine que je sache,
> « c'est du blé et du vin avec la nourriture du
> « bestial ; qui a ceci, il a de l'argent, et de
> « mines nous n'en vivons point. »
> (LESCARBOT, chap. II.)

Les Biencourt sortaient d'une bonne et vieille famille féodale de Picardie, dont plusieurs membres avaient figuré dans les Croisades ; en 1590, Jean de Biencourt, sieur de Poutrincourt, baron de Saint-Just, en Champagne, avait embrassé la cause du roi Henri IV ; bien qu'il fût bon catholique, il était personnellement dévoué à la cause monarchique et au roi lui-même ; il le suivit dans toutes ses guerres, se distingua dans maintes affaires par sa bravoure, et le Béarnais prisait tout particulièrement son dévouement et sa sagacité ; « il était chevalier de « l'ordre du roi, gentilhomme de sa chambre, mestre « de camp de six compagnies d'hommes à pied, et on « vantait son intelligence à l'égal de son courage [1] ».

Cependant il faut convenir que le sieur de Poutrincourt, chevalier preux et loyal, avait amassé en tout ceci plus d'honneur que de fortune : le démembrement des anciens héritages et de grandes dépenses avaient déjà, bien avant lui, amoindri la situation de sa famille ; lui-même durant ses campagnes avait contracté plus d'un emprunt qui pesait lourdement sur la baronnie de Saint-Just. Aussi quand il se réinstalla dans son manoir après la paix, et que, suivant les leçons et l'exemple de Sully, il voulut améliorer les cultures et les produits de ses domaines, il s'aperçut promptement combien sa position était difficile.

Ses ressources étaient trop bornées pour entreprendre les travaux qui eussent été nécessaires, et d'autre part la perspective de nouveaux emprunts l'effrayait outre mesure ; il portait souvent ses regards sur l'avenir, et sur les générations qui devaient le suivre, ainsi que c'était alors l'habitude des chefs de famille honnêtes et prudents, et il se sentait inquiet, craignant que la famille des Biencourt, en déclinant sans cesse, n'en vînt à déchoir dans les derniers rangs de cette noblesse ruinée, dépossédée, réduite aux aventures, qui, dépouillée de ses fiefs patrimoniaux, végétait sans indépendance et sans dignité à la solde des princes et seigneurs, dont leurs ancêtres avaient été les égaux.

C'est dans ces dispositions d'esprit qu'il vivait fort retiré à Saint-Just, avec sa femme Jeanne de Salazar et ses

---

1. Moreau, *Hist. de l'Acadie*. — Marc Lescarbot.

enfants, consacrant toute son économie et son industrie à lutter contre les difficultés de sa mauvaise fortune ; il mettait de l'ordre en toute chose, réparant peu à peu ses bâtiments, ménageant la bonne distribution des fourrages et des engrais, surveillant l'accroissement de son bétail, lorsqu'il reçut en 1602 la visite d'un de ses anciens compagnons d'armes, M. de Monts, sieur du Guast; celui-ci lui apprit que plusieurs gentilshommes de leurs amis formaient en ce moment une société dans le but de fonder au Nord de l'Amérique une colonie qui, sous le nom de la Nouvelle-France, devait être une extension de la mère-patrie de l'autre côté de l'Océan.

Il entra à ce sujet en des détails très-circonstanciés : le roi favorisait ouvertement ce projet, et l'encourageait par les chartes et priviléges les plus étendus, tandis que plusieurs marchands de Paris et de Dieppe fournissaient des fonds considérables pour son exécution [1] ; les priviléges commerciaux attachés à l'entreprise devaient à la fois défrayer les avances de ces bailleurs de fonds et fournir les ressources nécessaires au soutien de la colonie. Il s'agissait maintenant de trouver des gentilshommes hardis et dévoués à leur patrie qui voulussent apporter dans cette sorte de conquête leur activité, leur sagacité et leur concours personnel. Les terres et forêts que l'on occuperait devaient être partagées entre eux, à titre de fiefs féodaux relevant de la couronne, ayant pour tenanciers et vassaux les familles de cultivateurs européens que l'on emmènerait dans le pays nouveau, et les sauvages indigènes que l'on civiliserait en les convertissant au christianisme. Tous ces récits plaisaient fort à Poutrincourt, et il assura à son vieil ami qu'il se

---

1. Chronique de Lescarbot.

sentait très-disposé à entrer dans ses vues, et peut-être même à payer de sa personne dans la réalisation de ces projets.

« Le sieur de Poutrincourt, dit Lescarbot, se trouva
« désireux de voir ces terres de la Nouvelle-France, et d'y
« choisir quelque lieu propre pour s'y retirer avec sa
« famille, femme et enfants; pour n'être des derniers
« qui courront et participeront à la gloire d'une si belle
« et si généreuse entreprise, il lui print envie d'y aller [1]. »
Ce pays presque inhabité et ces grandes forêts vierges offraient à Poutrincourt pour l'avenir, et pour sa postérité, une physionomie particulière et des espérances conformes à ses désirs; il songea que du manoir principal qu'il aurait fondé il pourrait diriger, comme autant d'essaims secondaires, chacun de ses cadets sur quelque fief nouveau au milieu de cette vaste solitude; il assurait ainsi pendant plusieurs générations à la famille de Biencourt une série d'établissements territoriaux, au milieu desquels se fût élevé comme une colonne le grand manoir de la branche aînée, le tout formant une sorte de principauté dont il eût été le créateur. Notre baron était un homme des temps antiques, amateur de la tradition des ancêtres, dévoué au culte de la famille; il entrevit donc avec satisfaction ce vaste champ qui s'ouvrait en Amérique aux espérances et à la légitime ambition des gentilshommes français; il ne tarda pas à s'identifier entièrement aux idées de son compagnon d'armes et lui promit tout son concours quand celui-ci le quitta pour rejoindre Henri IV à Paris. L'année s'était à peine terminée (1603) que M. de Monts lui rappela ses promesses :
« Sachant le désir du sieur de Poutrincourt qui étoit
« d'habiter par delà, et y établir sa famille et sa fortune,

1. Lescarbot, liv. IV, ch. II.

« et le nom de Dieu tout ensemble, le sieur de Monts lui
« écrivit, et envoya un homme exprès pour lui faire ouver-
« ture du voyage qui se présentoit. Ce que le dit sieur de
« Poutrincourt accepta, quittant toutes affaires pour ce
« sujet, bien qu'il eût des procès de conséquence [1]... »

Nous n'entrerons pas ici dans de plus grands détails sur la formation de la Société qui fut alors créée à Paris pour la colonisation de la Nouvelle-France, sous le patronage spécial du roi ; on les trouve surabondamment dans tous les historiens du Canada [2]. Nous arrivons tout de suite au départ de nos gentilshommes pionniers : de Monts, Poutrincourt et de Chaste ; de Champlain et Pontgravé qui devaient plus tard coloniser le Canada, se réunirent au Havre avec plusieurs autres ; là, ayant équipé quatre navires, ils en dirigèrent un sur l'embouchure du Saint-Laurent et un autre sur le détroit de Campseau, destinés tous les deux à la pêche de la morue et au trafic des fourrures, tandis qu'ils s'embarquèrent le 7 mars 1604 sur les deux autres ; ceux-ci étaient chargés de provisions et munitions de toute sorte, ayant à bord cent vingt engagés et ouvriers divers [3].

Le but de leur expédition était la péninsule appelée alors *l'Acadie*, ou plutôt *La Cady*, connue aujourd'hui sous le nom de *Nouvelle-Écosse*, ainsi qu'il est expressément spécifié dans la commission donnée le 8 novembre 1603 au sieur de Monts par le roi de France. Ils côtoyèrent pendant un certain temps les côtes de cette presqu'île, pénétrèrent dans la baie Française (aujourd'hui baie de Fundy), puis revenant sur leurs pas ils dé-

---

1. Lescarbot, liv. IV.
2. Charlevoix, — Garneau, — Ferland, — Beamish Murdoch, Moreau, — Parkman.
3. Lescarbot. Voir aussi l'Étude si intéressante faite sur Pontgravé par M. Benjamin Sulte. Ottawa, 1876.

barquèrent en juillet sur l'île de Sainte-Croix, dans la baie de *Passa ma Cady*, où ils résolurent de se fixer; ils y construisirent aussitôt quelques magasins palissadés, en prévision des rigueurs de l'hiver; mais cette rude saison leur révéla de tels inconvénients dans la situation de leur établissement, qu'ils se décidèrent à le transporter dès le printemps sur la terre ferme, en un lieu plus favorable.

Poutrincourt cependant n'avait point passé l'hiver avec eux, il avait profité du retour de l'un des navires renvoyé en France, sous le commandement de Pontgravé, pour retourner dans ses foyers; l'étude des lieux n'avait fait que le confirmer dans ses projets, mais il était nécessaire qu'il prît les mesures utiles à leur accomplissement : il voulait choisir lui-même les ouvriers qui devaient le seconder dans son entreprise, s'assurer de certaines ressources, revoir sa femme et ses enfants, prendre certains arrangements d'argent et de famille, afin de pouvoir se consacrer librement pendant plusieurs années à l'œuvre difficile de la première installation. Déjà en effet il avait jeté les yeux sur un lieu qui lui parut éminemment propre à son établissement; c'était une belle rade donnant sur la baie Française, qu'il avait visitée durant l'exploration de 1604; il l'avait fort admirée, ainsi que le pays qui l'environnait : M. de Monts avait alors spontanément offert de lui attribuer en fief ce canton qui paraissait lui plaire si fort, et qu'ils nommèrent le *Port-Royal*.

Cette promesse avait été faite et acceptée de grand cœur, elle reçut ensuite sa confirmation et son exécution; mais dans l'embarras où se trouvèrent les chefs de l'expédition au printemps de 1605, après avoir perdu plusieurs hommes du scorbut, il fut décidé que malgré cette attribution, et tout en réservant les droits éventuels de Poutrincourt, on transporterait aussitôt sur les rivages de cette rade l'établissement provisoire de l'île Sainte-Croix, afin de placer la colonie dans une condition plus favorable.

La rade de Port-Royal (aujourd'hui *Annapolis basin*) est en effet fort belle, et nous croyons bien faire en reproduisant ici la description qui en fut écrite quatre ans après par Marc Lescarbot, un des compagnons et collaborateurs de Poutrincourt, lequel nous a laissé une précieuse chronique sur l'établissement de Port-Royal [1].

« Ce port est environné de montagnes du côté du
« nord; vers le sud, ce sont coteaux, lesquels versent mille
« ruisseaux qui rendent le lieu agréable plus que nul
« autre du monde, et il y a de fort belles chutes pour
« faire des moulins de toutes sortes. A l'est est une ri-
« vière entre les dits coteaux et montagnes, dans laquelle
« les navires peuvent faire voile jusqu'à quinze lieues, et
« durant cet espace, ce ne sont que prairies d'une part
« et d'autre de la dite rivière, laquelle fut appelée l'É-
« guille. Mais le dit port pour sa beauté fut appelé le
« Port-Royal.

« Le sieur de Poutrincourt ayant trouvé le lieu à son
« gré, il le demanda, avec les terres y continentes, au
« sieur de Monts; ce qui lui fut octroyé, et depuis en
« a pris lettres de confirmation, de Sa Majesté, en inten-
« tion de s'y retirer avec sa famille pour y établir le nom
« chrétien et françois, tant que son pouvoir s'étendra.
« — Le dit port a huit lieues de circuit. »

Au point où la rivière de l'Éguille débouche dans le bassin, elle en reçoit une autre plus petite, et sur la pointe qui sépare les deux cours d'eau s'élève un mamelon qui domine légèrement la rade. C'est en ce lieu, au

---

1. Lescarbot, *Hist. de la Nouvelle-France.*

confluent même des deux rivières, que vint prendre terre la petite colonie au printemps de 1605, et ce fut sur ce mamelon que M. de Monts établit ses constructions, à peu près au lieu où existe encore maintenant le petit fort occupé par la garnison anglaise.

Autour du bassin, le sol plat et fertile forme un immense vallon circulaire, et s'élève par des pentes graduées jusqu'aux collines qui bordent le fond du tableau; tout ce qui n'était pas atteint par le reflux des marées était couvert d'admirables forêts. Les matériaux que l'on apportait de Sainte-Croix, et le bois qui abondait sur le lieu même, permirent donc d'édifier en très-peu de jours un bâtiment d'habitation et un magasin; le tout fut entouré ensuite d'une enceinte palissadée, et ce fortin reçut le même nom que la rade qu'il commandait, celui de Port-Royal : il occupait exactement l'emplacement actuel de la ville d'Annapolis. Ce fut le premier établissement fixe formé par les Européens dans ces contrées septentrionales; nous devons même ajouter qu'au nord du golfe du Mexique il n'existait alors qu'un autre établissement européen, celui de *Saint-Augustin* dans la Floride, qui appartenait aux Espagnols.

Il fallut un assez grand travail pour réinstaller la colonie dans son nouveau site; les constructions qui étaient tout en bois ne présentaient pas une œuvre très-compliquée, mais encore devait-on abattre et amener les charpentes, éclairer et défricher les environs du fort, emmagasiner et ordonner tous les approvisionnements et munitions. Pour ménager les vivres, on se livrait à la pêche et à la chasse; en même temps, on reconnaissait le pays et on se mettait en rapport avec les indigènes (Micmacs ou Souriquois), qui se montrèrent fort accommodants avec les nouveaux venus. Ils apportèrent quantité de pelleteries qu'ils échangèrent volontiers contre toute sorte de bagatelles provenant de notre industrie ; leur grand chef *Membertou* manifesta pour les Français la plus vive sympathie ; il ne se lassait point de séjourner parmi eux, se renseignant de son mieux sur tous leurs usages, essayant même parfois de s'y conformer, et il devint pour eux dans la suite un ami sûr et dévoué. Cependant tous ces soins demandaient du temps et du souci, si bien qu'on atteignit l'automne sans avoir encore pu faire aucune culture [1].

Dans l'intervalle, Pontgravé était revenu de France avec un navire chargé de munitions et portant un renfort de quarante hommes. M. de Monts, voyant alors sa colonie installée dans un lieu propice, songea à aller rejoindre Poutrincourt qui était encore en France, fort occupé à donner ses soins à ses propres affaires et à celles de la Société. De Monts savait combien ce dernier désirait vivement revenir en Acadie, et il voulait lui restituer la liberté de ses mouvements ; d'ailleurs les besoins financiers de l'entreprise dont il avait été le promoteur rendaient maintenant sa présence plus utile à Paris que dans la colonie elle-même. Il s'embarqua donc pour l'Europe au commencement de l'automne 1605, emmenant avec lui les engagés dont le temps était expiré, et les pelleteries que l'on avait troquées avec les sauvages. Pontgravé demeura à Port-Royal comme son lieutenant, en compagnie de Champlain, de Champdoré et de l'abbé Aubry, missionnaire qui avait accompagné l'expédition.

Ceux-ci s'employèrent activement, avec les hommes qui étaient restés sous leurs ordres, à tout préparer pour affronter un nouvel hiver ; ils avaient une grande barque et une chaloupe avec lesquelles ils parcoururent les côtes en pêchant et en trafiquant avec les sauvages ; la chasse

---

[1]. Lescarbot.

non plus ne fut point négligée, et les approvisionnements se trouvèrent ainsi considérablement accrus. Les relations avec les Indiens furent entretenues avec soin, afin d'obtenir facilement les fourrures, qui jusqu'à présent étaient les seules ressources propres à défrayer les dépenses de la colonie; on abattit et on charroya des bois de construction et de chauffage, on travailla assidûment à l'accroissement et à l'arrangement des constructions, et tous ces soins conduisirent les colons jusqu'aux premières neiges.

Ce second hiver, sans être aussi difficile que le précédent, fut encore pénible à traverser; six hommes périrent du scorbut, le missionnaire succomba; les provisions se trouvèrent un peu courtes, et, l'été survenant sans que le convoi attendu de France eût paru, l'inquiétude commença à saisir les gens qui se croyaient abandonnés dans cette extrémité du monde. Pontgravé, voulant profiter des beaux jours pour échapper à ce péril, partit à tout hasard dans la grande barque, le 14 juillet 1606; il emmenait tout son monde, sauf deux hommes, *La Taille* et *Miquelet*, qui se dévouèrent pour garder l'établissement et y recevoir le convoi, s'il en venait un. L'intention de Pontgravé était de gagner les pêcheries de Terre-Neuve pour y joindre quelques navires français occupés à la pêche, mais ce projet devint inutile.

Douze jours en effet après le départ de Pontgravé, le 26 juillet, les deux courageux gardiens de Port-Royal virent entrer dans la rade le navire le *Jonas*, qui ramenait Poutrincourt avec de gros renforts. Il était parti de la Rochelle le 13 mai 1606, tandis que M. de Monts demeurait dans la métropole pour y représenter et y soutenir les intérêts de la Société; mais les difficultés de la navigation, en retardant beaucoup la marche du bâtiment, avaient occasionné ce grand retard qui avait si fort effrayé Pontgravé et ses compagnons. Le navire d'ailleurs apportait tout ce qui était nécessaire pour la colonie : provisions, outils, grains, bestiaux, et un assez nombreux personnel.

Parmi les nouveaux venus, on remarquait un avocat du parlement de Paris, *Marc Lescarbot*, touriste amateur, qui avait voulu visiter ces contrées nouvelles et assister à la fondation d'une colonie ; esprit ferme d'ailleurs et plein de ressources, doué d'un grand sens et de cet entrain gaulois, caustique et plaisant, particulièrement propre à la nature française ; aussi fut-il utile à la colonie autant par la gaieté de son naturel que par son jugement et son savoir-faire. Nous tenons de lui un récit trop peu connu et fort curieux de toute cette expédition : « M. de Poutrincourt, dit Lescarbot, me parla de son « projet ; m'étant alors bien consulté en moi-même, « désireux non pas tant de voir le pays que de con- « noître la terre oculairement, à laquelle j'avois ma « volonté portée, et fuir un monde corrompu, je lui « donnai parole. »

Voilà comment il se décida à faire ce voyage ; et on serait tenté de croire que Swift a lu sa préface.

Poutrincourt, avant de quitter la France, s'était amplement concerté avec de Monts ; celui-ci avait définitivement assuré entre ses mains la seigneurie de Port-Royal, tout en stipulant au profit de la Compagnie de la Nouvelle-France certaines réserves commerciales propres à lui fournir une juste rémunération. L'étendue de la seigneurie avait été provisoirement déterminée et la confirmation du titre fut plus tard complétée par ordonnance royale en 1607 [1]. Le nouveau seigneur pouvait donc désormais donner un libre cours à ses vues et à l'exécu-

---

1. Marc Lescarbot.

tion de ses projets. Comme il était plein de sens, il s'éleva de suite au-dessus des préjugés et des idées ordinaires qui avaient cours alors. Il comprit dès l'abord la vanité des calculs que tant d'autres fondaient sur les mines et sur les trésors métalliques ; les pêcheries et les fourrures ne lui parurent même qu'une ressource incidente ; il visa de suite au fond de la question, c'est-à-dire à une création agricole appuyée sur une population laborieuse et sédentaire.

Dès le lendemain de son arrivée, le 28 juillet, on commença à ouvrir la terre afin de la préparer pour des semailles d'automne ; on y déposa même aussitôt quelques graines, tant ils étaient curieux et inquiets à la fois de savoir si nos végétaux d'Europe pourraient prospérer en ce climat.

« ..... Il mit de suite une partie de ses gens en beso« gne au labourage et culture de la terre ; et par grand « désir de savoir ce qui se pourroit espérer de cette « terre, je fus avidé au dit labourage, s'écrie Lescarbot, « plus que les autres.

« Après deux labours espacés de quinze jours, ils semè« rent du blé françois, froment et seigle, et à la huitaine « suivante on vit le travail n'avoir été vain, ains une « belle espérance par la production que la terre avoit jà « fait des semences qu'elle avoit reçu, et ce fut un sujet « au sieur de Poutrincourt de faire son rapport en France, « de chose toute nouvelle en ce lieu là. »

Il réexpédia en effet le *Jonas* vers la fin d'août, sous le commandement de Pontgravé, lequel était revenu à Port-Royal, peu de jours après l'arrivée de Poutrincourt, ayant appris par d'autres navires, à Campseau, le passage de ce dernier. Pontgravé devait, en débarquant en France, rendre compte à M. de Monts de la situation du pays, et lui remettre les pelleteries et autres marchandises que l'on avait amassées depuis son départ.

Toutes choses se trouvant mises en ordre, les provisions serrées dans le fort, les cultures entamées, et les ouvriers disposés chacun en leur besogne, les uns pour l'agrandissement des bâtiments, les autres à la terre, et d'autres à leurs métiers, Poutrincourt monta la patache qui lui était demeurée, et alla faire une excursion en mer vers le sud. En passant à l'île Sainte-Croix, il y trouva intacts les magasins laissés par M. de Monts, et, chose plus précieuse, il y cueillit des épis de blé mûr, provenant des blés précédemment semés en cet endroit; le blé pouvait donc réussir en ces quartiers! Cette trouvaille lui donna grand courage et doubla ses espérances.

Pendant ce temps, Lescarbot était resté à Port-Royal comme lieutenant de Poutrincourt, ayant l'œil sur toute chose, et se mettant le premier à la tête de tout ouvrage. « Je puis dire sans mentir que jamais je n'ai tant tra« vaillé du corps, pour le plaisir que je prenois à dresser
« et cultiver mes jardins, les fermer contre la gourman« dise des pourceaux, y faire des parterres, aligner des
« allées, bâtir des cabinets, semer froment, seigle, orge,
« avoine, fèves, pois, herbes de jardin, et les arouser;
« tant j'avois désir de reconnoître la terre par ma propre
« expérience, si bien que les jours d'été m'étoient trop
« courts, et bien souvent, au printemps, j'y étois encore
« à la lune.

« Quand est du travail de l'esprit, j'en avois honneste« ment ; car chacun estant retiré au soir parmi les ca« quets, bruits et tintamarres, j'étois enclos en mon
« étude..... même je ne serai point honteux de dire
« qu'ayant été prié par le sieur de Poutrincourt, notre
« chef, de donner quelques heures de mon industrie à
« enseigner chrétiennement notre petit peuple, pour ne

« vivre en bêtes, et pour donner exemple aux sauva-
« ges, je l'ai fait par chaque dimanche, et quelque fois
« extraordinairement presque tout le temps que nous
« y avons été. »

Le fort n'était en réalité qu'une construction de bois fort humble, dans laquelle pénétrait souvent l'eau du dehors. Lescarbot fit pratiquer un bon fossé qui, tout en accroissant les moyens de défense, « reçut les eaux et « humidités qui paravant découloient par-dessous les loge- « ments, parmi les racines des arbres qu'on y avoit défri- « ché ».

Au nombre des colons se trouvait un Louis Hébert, ex-apothicaire à Paris, qui, transporté, lui aussi, d'un beau zèle colonisateur, était venu dès l'année 1604 avec M. de Monts; au milieu des travaux et soucis de ce nouvel établissement, il ne perdait point de vue l'intérêt de la science et faisait de longues courses pour étudier les plantes du pays et s'enquérir de toutes les ressources utiles qu'il pouvait offrir. Fort dévoué à cette œuvre d'expansion nationale, il vendit plusieurs maisons à Paris pour s'y consacrer entièrement [1]; mais ce n'était point en Acadie qu'il devait rester : il devint plus tard un des compagnons de Champlain dans l'établissement du Canada où il se fixa définitivement avec toute sa famille, et sa descendance par les femmes y est encore fort nombreuse aujourd'hui. Champlain lui-même, avons-nous dit, fut aussi parmi les fondateurs de Port-Royal, où il préluda aux travaux qu'il fit dans la suite à Québec.

Il est fort à remarquer combien à cette époque il se trouva d'hommes en France mus par ce désir d'étendre dans les pays nouveaux leur race et leur patrie; ce sen-

---

1. Voir à son sujet les Histoires du Canada : Garneau, Ferland, etc.

timent revêtait dans leur esprit la forme du patriotisme le plus élevé, et l'extrait suivant de la préface de Lescarbot pourra donner une touchante idée de ces sentiments à travers les bigarrures bizarres du style de cette époque :

« *A la France!* — Bel œil de l'univers, ancienne nour-
« rice des lettres et des armes, secours des affligés, ferme
« appui de la religion chrétienne, très-chère mère, ce
« seroit vous faire tort de publier ce mien travail (chose
« qui vous époinçonnera) sous votre nom, sans parler à
« vous, et vous en déclarer le sujet. Vos enfants (très-
« honorée mère), nos pères et majeurs, ont jadis par plu-
« sieurs siècles été les maîtres de la mer, lorsqu'ils por-
« toient le nom de *Gaulois*, et vos François n'étoient
« reputés légitimes, si dès la naissance ils ne savoient
« nager. »

« ..... Il vous faut, dis-je (chère mère!), faire une al-
« liance imitant le cours du soleil, lequel comme il porte
« chaque jour sa lumière d'ici en la *Nouvelle-France :*
« ainsi que continuellement votre civilité, votre justice,
« votre piété, bref votre lumière se transporte là même
« par vos enfants ;..... que s'ils n'y ont trouvé les trésors
« d'Atabalippa et d'autres qui ont affriandé les Espa-
« gnols, on n'y sera pourtant point pauvre. Ains cette
« province sera digne d'être votre fille : la transmigra-
« tion des hommes de courage, l'Académie des Arts, et
« la retraite de ceux de vos enfants qui ne se contente-
« ront de leur fortune ; desquels plusieurs, faute d'être
« employés, vont ès pays étrangers, où déjà ils ont en-
« seigné les métiers qui vous étoient anciennement par-
« ticuliers. Mais au lieu de ce faire, prenant la route de
« la Nouvelle-France, ils ne se débaucheront plus de
« l'obéissance de leur prince naturel et feront des négo-
« ciations grandes sur les eaux.... »

Ce patriotisme élevé et plein de sens, qui se montre ici en un abandon si naïf d'esprit et de langage, possède un charme tout particulier : les Espagnols couraient vers le Nouveau-Monde enfiévrés par l'appât des mines et des richesses ; les Anglais s'établirent dans le Massachussetts par fanatisme religieux et sous les nécessités de la persécution ; mais ces colonisateurs français nous présentent seuls l'idée chevaleresque et désintéressée de la patrie qui s'agrandit, et de l'humanité qui s'étend.

Tout chevaleresques qu'ils fussent, leurs desseins n'en paraissaient pas moins pleins de sagesse et d'esprit pratique : on rencontre dans ce petit discours de Lescarbot beaucoup de réflexions judicieuses qui révèlent chez l'auteur une grande habitude de l'observation, et des idées générales fort étendues. « Eh quoi! disait Vauban, qua-
« tre-vingts ans plus tard, quel plus sage projet que d'en-
« treprendre la fondation d'une colonie? N'est-ce pas par
« ce moyen plus que par tout autre que l'on peut avec
« toute justice s'agrandir et s'étendre ? » (*Les Oisivetés.*)

Telles étaient alors les pensées ordinaires des colonisateurs français : la suite de ces récits les mettra fort en évidence chez tous ces gentilshommes et bourgeois qui vinrent en Acadie après Poutrincourt. On les retrouve avec toute leur générosité, dans l'histoire du Canada, dans l'esprit de Champlain et de Maisonneuve, chez les Sulpiciens de Montréal et parmi les officiers licenciés du régiment de Carignan ; c'étaient les idées de l'intendant Talon, et le bonhomme Hébert, l'apothicaire parisien, avait vendu ses maisons sous l'empire de réflexions semblables, ainsi qu'il le raconte dans sa supplique au roi ; d'Énambuc aux Antilles, le chevalier Brue au Sénégal, La Salle en découvrant le Mississipi, rêvaient à l'extension de leur patrie, et La Mothe-Cadillac lui-même, ce rusé Gascon, fondateur du Détroit, à travers ses calculs égoïstes, se sentait élevé par le courant de son époque jusqu'à ce noble songe de la France agrandie.

Quand on parcourt les documents relatifs au xviiᵉ siècle, quand on considère ce grand nombre d'hommes qui s'inspirèrent alors de leurs propres réflexions pour se donner spontanément à eux-mêmes ces missions lointaines et héroïques, et lorsque l'on voit combien peu il s'en retrouve après, on ne peut se dissimuler qu'à partir du siècle dernier l'initiative individuelle et l'amour des grandes choses n'aient subi en France un déclin singulier, qui n'a pas peu contribué à la médiocrité de notre fortune coloniale.

Mais au commencement du xviiᵉ siècle ces idées généreuses régnaient dans toute leur nouveauté, et tous les hommes qui coopérèrent à la création de l'Acadie en étaient fortement imbus ; ce fut même dans cette contrée que firent leur apprentissage, nous le répétons, plusieurs de ceux qui devaient plus tard se distinguer sur d'autres rivages, tels que de Monts, Champlain, Pontgravé et Hébert. Dans ce commerce journalier, leur esprit s'éleva, et l'expérience qu'ils acquirent ne leur fut point inutile au Canada ; de sorte que l'Acadie fut non-seulement notre première colonie, mais en quelque sorte une pépinière de fondateurs de colonies.

Poutrincourt revint de son excursion sur les côtes, à Port-Royal, le 14 novembre 1606 ; Lescarbot qui était plein d'entrain, et qui connaissait sans aucun doute la part d'utilité qu'il faut attribuer aux démonstrations extérieures, parvint à lui préparer une entrée quasi triomphale ; la nature, bien entendu, en fit les principaux frais, mais on sut en tirer bon parti ; ce n'étaient partout que décorations et guirlandes de verdure ; une magnificence champêtre cachait la rusticité des édifices de bois et des cabanes ; un théâtre même fut dressé où l'on représenta quelques scènes allégoriques; il y eut festin, décharges d'artillerie, et tout autant de bruit que pouvaient faire en cette solitude une cinquantaine d'hommes joints à quelques sauvages, dont les familles servaient de spectateurs [1].

Cependant Poutrincourt, au milieu de toutes ces réjouissances, songeait à ses semailles et à ses cultures ; la première effusion passée, il demanda à aller visiter les champs de blé qui étaient pour la majeure partie à deux lieues du fort, en amont de la rivière, vers le lieu que l'on nomma plus tard la *Prée-ronde;* au point où s'arrête la marée montante; lesdits blés furent trouvés s'être bien comportés; ils avaient cependant été semés assez tard; une partie même n'était en terre que depuis six à dix jours; mais, ajoute Lescarbot, ils ne laissèrent pas de croître sous la neige durant l'hiver, comme je l'ai remarqué.

« Cette rude saison fut employée à ouvrir des chemins
« dans les bois, à faire du charbon, et pour se tenir
« joyeusement et nettement quant aux vivres, il fut éta-
« bli un ordre en la table du sieur de Poutrincourt, qui
« fut nommé *l'ordre du Bon-Temps*; mis en avant pre-
« mièrement par Champlain, suivant lequel ceux d'icelle
« table étoient maîtres d'hôtel chacun à son tour, qui
« étoit en quinze jours une fois. Or avoit-il le soin que
« nous fussions bien et honorablement traités. Ce qui fut
« si bien observé que (quoique les gourmands de deçà
« nous disent souvent que là nous n'avions point la rue
« aux *Oues* de Paris) nous y avons fait ordinairement
« aussi bonne chère que nous saurions faire en cette rue
« aux Oues et à moins de frais. Car il n'y avoit celui qui,
« deux jours devant que son tour vînt, ne fût soigneux

---

1. Lescarbot.

« d'aller à la chasse et à la pêcherie, et n'apportât quel-
« que chose de rare, outre ce qui étoit de notre ordinaire ;
« si bien que jamais au déjeuner nous n'avons manqué
« de saupiquets de chair ou de poisson, et au repas
« de midi ou du soir encore moins : car c'étoit le grand
« festin, là où l'*Architriclin, id est* maître d'hôtel, ayant
« fait préparer toutes choses au cuisinier, marchoit la
« serviette sur l'épaule, le bâton d'office en mains, le
« collier de l'ordre au col, et tous ceux d'icelui ordre
« après lui portant chacun son plat. Le même étoit au
« dessert, non toutefois avec tant de suite, et au soir,
« avant rendre grâces à Dieu, il résignoit le collier de
« l'ordre, avec un verre de vin, à son successeur en la
« charge, et buvoient l'un à l'autre.

« ..... En telles actions nous avions toujours vingt à
« trente sauvages, hommes, femmes, filles et enfants,
« qui nous regardoient officier. On leur bailloit du pain
« gratuitement, comme on feroit à des pauvres ; mais
« quant au *sagamo* Menbertou et autres sagamos, ils
« étoient à table mangeant et buvant comme nous : et
« avions plaisir de les voir, comme au contraire leur
« absence nous étoit triste..... Une fois ils emmenèrent
« en leurs chasses un des nôtres, lequel véquit quelque
« six semaines comme eux, sans sel, sans pain, et sans
« vin, couché à terre sur des peaux et ce en temps de
« nèges. Au surplus, ils avoient soin de lui, car ce peuple
« aime les François, et en un besoin s'armeront tous
« pour les soutenir (*ce qui ne manqua point en effet
dans la suite*).

« Toutefois il nous décéda quatre compagnons en
« février et mars de ceux qui étoient ou chagrins ou
« paresseux..... D'ailleurs nous étions tous mal couchés,
« de manière que quelques-uns des nôtres eurent le mal de
« bouche et l'enflûre des jambes à la façon des phtysiques

« (le scorbut)..... Jusques en janvier nous y avons toujours
« été en pourpoint : et me souviens que le quatorzième
« de ce mois, par un dimanche après midi, nous nous
« réjouissions chantant musique sur la rivière de l'Éguille,
« et qu'en ce même mois nous allâmes voir les blés à
« deux lieues de notre fort, et dînâmes joyeusement au
« soleil ; mais ne voudrois dire que toutes les années fus-
« sent semblables à celle-ci.

« ..... Les froidures étant passées sur la fin de mars,
« tous les volontaires d'entre nous se mirent, à l'envi
« l'un de l'autre, à cultiver la terre et faire des jardins
« pour y semer et en recueillir des fruits ; ce qui vint
« bien à propos, car nous fûmes fort incommodés l'hy-
« ver faute d'herbes de jardin. Quand chacun eut fait
« ses semailles, c'étoit un merveilleux plaisir de les voir
« croître et profiter chaque jour, et encore plus grand
« contentement d'en user si abondamment que nous
« fîmes ; si bien que ce commencement de bonne es-
« pérance nous faisoit presqu'oublier notre pays ori-
« ginaire.....

« ..... Tandis que les uns travailloient à la terre, le
« sieur de Poutrincourt fit préparer quelques bâtiments
« pour loger ceux qu'il espéroit nous devoir succéder ;
« et considérant combien le moulin à bras apportoit de
« travail, il fit faire un moulin à eau qui fut fort admiré
« des sauvages et nos ouvriers eurent beaucoup de
« repos.....

« Parmi toutes ces choses, le sieur de Poutrincourt ne
« laissoit de penser au retour ; ce qui étoit un fait
« d'homme sage, car il ne faut jamais tant se fier aux
« promesses des hommes que l'on ne considère qu'il y
« arrive souvent beaucoup de désastres en peu d'heures ;
« et partant dès le mois d'avril il fit accommoder deux
« barques, une grande et une petite, pour venir chercher

« les navires de France vers Campseau, cas avenant que
« nous n'eussions pas de secours [1]. »

Personne ne nous reprochera certes d'avoir reproduit, dans son intégrité, ce charmant récit que rien n'aurait pu suppléer ; ce document est d'autant plus précieux qu'il présente un contraste frappant avec les récits analogues que nous possédons sur les débuts de quelques autres colonies, notamment celles de la Nouvelle-Angleterre. La sagacité avec laquelle nos Français surent éviter la plupart des difficultés qui surgissent en de telles circonstances, les précautions ingénieuses par lesquelles on soutint le moral de l'expédition, et par-dessus tout la sérénité d'âme, la bonne harmonie, l'entrain qui se reflètent en chaque trait de ce tableau, sont d'une originalité saisissante et unique en son genre.

Cette grande préoccupation des faits moraux, cette élévation d'esprit qui domine en toute chose furent certainement les causes essentielles de cette bonne réussite, et neutralisèrent jusqu'aux effets du scorbut, le seul péril sérieux qui les eût atteints. Après avoir ainsi surmonté les difficultés de l'hiver, tout semblait sourire à Poutrincourt ; les blés se montraient admirables ; les constructions, bien consolidées, progressaient en vue de l'avenir, et mille ressources commençaient à naître par l'industrie laborieuse de nos colons. Tous étaient pleins d'espoir, et les nouvelles de France survenant avec des renforts, il semblait que Port-Royal eût définitivement surmonté les risques et vicissitudes de l'installation première. Mais Lescarbot vient de nous dire avec beaucoup de raison qu'entre les espérances de l'homme et la réalité, il arrive souvent beaucoup de désastres en peu d'heures !

En effet, pendant que les travaux et les affaires de la

---

1. Lescarbot, liv. IV, ch. XVI.

colonie prenaient si bonne tournure, pendant que les esprits se livraient à la joie du présent, et peut-être à de séduisants rêves d'avenir, il se préparait en France un fâcheux revers de fortune qui devait réduire à rien tous ces songes, et presque ruiner même ces résultats si laborieusement acquis.

La plupart des entreprises lointaines à cette époque reposaient sur des priviléges commerciaux concédés par charte royale; ce système, fâcheux au point de vue économique, était la plupart du temps, il faut en convenir, une nécessité de la situation; une entreprise coloniale, même celle de l'Acadie, si simple qu'elle puisse nous paraître, était alors une opération de longue haleine, fort au-dessus des moyens d'une fortune ordinaire, tant il eût fallu de longs délais pour rentrer avec profit dans les avances répétées que nécessitait pendant longtemps la création d'une colonie. Le commerce courant avec les pays nouveaux n'aurait jamais fourni assez de bénéfices pour la défrayer et la maintenir; il fallait donc, en dehors des ressources privées et communes, une subvention extérieure ou un profit extraordinaire : les Espagnols trouvèrent ce profit dans l'exploitation des métaux précieux, qui est sans doute une très-mauvaise base pour la colonisation, mais dont les produits sont immédiats; les Anglais du Massachussets furent subventionnés et soutenus pendant de longues années par les cotisations très-abondantes des puritains d'Angleterre, sans lesquelles leur histoire nous montre qu'ils eussent péri de faim et de dénûment à diverses reprises, pendant les vingt premières années; leur position était donc bonne, car ils se trouvaient à peu près pourvus de toutes leurs nécessités, tandis que la plupart des capitaux qui fournissaient ces nécessités ne demandaient aucuns profits, ni même de remboursement.

Nos colons français n'étaient point en une telle condition; l'État seul, qui représente plus particulièrement l'avenir, aurait pu subventionner ces entreprises à long terme, si intéressantes pour le pays; mais les hommes d'État à cette époque avaient pour soucis principaux la guerre au dehors, et leur autorité au dedans. Quant à la société, elle vivait bien plus par les individus que par l'État; par ses traditions et par ses mœurs plutôt que par ses lois : on pourrait dire que c'était à peu près le contraire de ce qui se passe aujourd'hui.

Ne donnant pas de subsides, l'État n'avait qu'un moyen d'aider le mouvement colonisateur, c'était d'accorder aux entrepreneurs des priviléges commerciaux qui pussent leur procurer des bénéfices prompts, extraordinaires, ou du moins les leurrer de cet espoir (car la théorie des priviléges commerciaux était plus séduisante que profitable, plus spécieuse que solide; cercle vicieux où l'on escomptait avec une perte énorme le produit de l'avenir, pour créer au début quelques revenus artificiels).

Ces explications étaient nécessaires pour faire comprendre la situation de M. de Monts et de ses associés, ainsi que les difficultés que nous allons voir surgir : ils avaient obtenu, en effet, le monopole du commerce dans les possessions françaises du nord de l'Amérique, et c'était sur les produits de ce monopole qu'ils comptaient pour soutenir leur établissement de Port-Royal, pensant se couvrir d'abord par les profits du négoce, puis se trouver, à la longue, titulaires de fiefs et seigneuries qui, peuplés par leurs soins, fussent devenus une source de produits.

Ce projet pouvait laisser à désirer, et nous serions nous-même assez disposé à critiquer de tels procédés ; mais, une fois les promesses faites et la partie engagée, il était loyal et en même temps raisonnable de les suivre jusqu'au bout. Or on pourra juger ici combien il était difficile de conduire à bonne fin, et de concert avec l'État, des opérations sérieuses à cette époque, tant il régnait de variations et d'incertitude dans l'exécution trop arbitraire des engagements publics.

M. de Monts avait donc obtenu pour dix ans en 1603 le privilége du commerce en Acadie ; tout alla bien d'abord, mais les marchands et armateurs que gênait ce privilége ne tardèrent pas à se remuer et à faire monter leurs intrigues jusqu'à la cour, afin de faire retirer ou restreindre les concessions accordées. On objectait la ruine du commerce, le peu de navires expédiés par les associés et l'insuccès de la conversion des sauvages.

Bien que le roi fût alors Henri IV, homme habile et pénétrant, la cabale était si forte que la concession fut rapportée dans le courant de 1606, et M. de Monts privé de son privilége fut ramené au droit commun. Les travaux éloignés, pénibles, mais pleins d'avenir, qu'il avait opérés en Acadie, ne pouvaient prévaloir contre la parole adroite et l'influence présente des intrigants de cour, que les marchands de Dieppe et de la Rochelle avaient mis dans leurs intérêts.

L'entreprise se trouvait donc ruinée dans sa base ; les profits de pelleteries et de pêcheries étant réduits par la concurrence, les associés ne pouvaient plus supporter les frais de création et de ravitaillement de cette colonie naissante ; bien plus, Port-Royal, ne devant plus être l'entrepôt d'un grand mouvement commercial, n'avait plus de raison d'être pour eux, et mieux valait désormais se contenter d'un commerce volant, fait sur les côtes avec quelques navires venant de la métropole et y retournant chaque année.

M. de Monts se trouva ainsi dans la dure nécessité d'abandonner son entreprise coloniale, malgré les dépenses qu'elle avait déjà occasionnées, et malgré les résultats solides qu'elle semblait promettre. Il réexpédia le *Jonas* vers M. de Poutrincourt, avec ordre d'envoyer aussitôt en France toutes les pelleteries qu'il avait pu recueillir, en lui annonçant qu'il lui était dès lors impossible de soutenir plus longtemps la colonie. Ce navire entra dans la rade de Port-Royal en juin 1607 [1], au moment où l'entreprise commençait à offrir l'aspect le plus encourageant : la moisson prochaine se présentait dans les champs avec une séduisante apparence ; déjà plusieurs des ouvriers songeaient à faire venir leurs familles, afin de s'installer sur ces terres comme tenanciers de la seigneurie, et en attendant chacun s'employait activement à préparer pour la récolte les voitures, les hangars, les outils et harnais de toute espèce.

Tandis que son fils était engagé dans une partie de chasse considérable avec les Micmacs de l'intérieur, notre baron se trouvait dans le haut de la vallée au milieu de ses ouvriers et des cultures que l'on préparait déjà pour les semailles de l'automne ; ce fut là qu'un exprès envoyé par Lescarbot vint le rappeler en toute hâte en lui annonçant l'entrée du navire dans le bassin. Les nouvelles qu'apportait le *Jonas* furent comme un coup de foudre pour les gens de Port-Royal ; de Monts se prononçait pour l'abandon de la contrée, mais il laissait les colons libres de prendre le parti qu'ils jugeraient convenable. Or tel était le vif intérêt qu'ils portaient tous à leur œuvre, que ces âmes bien trempées ne désespérèrent pas tout d'abord, et leur première pensée fut de rester :

« ... Ce fut une grande tristesse sans doute de voir une
« si belle et si sainte entreprise rompue ; que tant de
« travaux, de périls passés ne servissent de rien et que

---

[1]. Lescarbot.

« l'espérance de planter là le nom de Dieu et la foi ca-
« tholique s'en allât évanouie. Néanmoins, après que le
« sieur de Poutrincourt eut long-temps songé sur ceci,
« il dit *que quand il devroit venir tout seul avec sa fa-*
« *mille il ne quitteroit point la partie.*

« Ce nous étoit, dis-je, grand deuil d'abandonner ainsi
« une terre qui nous avoit produit de si beau blé, et tant
« de beaux ornements de jardins. Tout ce qu'on avoit
« pu faire jusque-là, c'avoit été de trouver lieu propre à
« faire une demeure arrêtée, et une terre qui fût de bon
« rapport. Cela étant fait, quitter l'entreprise, c'était
« bien manquer de courage, car passée une autre an-
« née, il ne falloit plus entretenir l'habitation, la terre
« étoit suffisante de rendre les nécessités de la vie.

« ... C'étoit le sujet de la douleur qui nous poignoit...

« Mais le sieur de Monts et ses associés étant en perte,
« et n'ayant point d'avancement du roi, c'étoit chose
« qu'ils ne pouvoient faire sans beaucoup de difficultés
« que d'entretenir une habitation par delà...

« ... C'étoient là les effets de l'envie qui étoit au cœur
« des Hollandois, et aussi de certains marchands fran-
« çois !

« Le sieur de Poutrincourt demanda alors si quelques-
« uns de notre compagnie vouloient bien demeurer là
« pour un an; il s'en présenta huit bons compagnons,
« auxquels on promettoit chacun une barrique de vin de
« celui qui nous restoit et du blé suffisamment pour une
« année, mais ils demandèrent si hauts gages qu'il ne
« put s'accommoder avec eux [1]. »

Ne pouvant laisser Port-Royal occupé, et étant obligé
de retourner en France, afin de s'y ménager les moyens
de reprendre cette œuvre, M. de Poutrincourt ne put se

---

1. Lescarbot.

résoudre néanmoins à un complet abandon de son établissement; considérant son absence seulement comme provisoire, tant était ferme son dessein de revenir, il profita de l'affection que lui portaient les sauvages pour s'entendre avec eux, et particulièrement avec leur grand chef *Membertou*, afin qu'ils prissent en garde les bâtiments et magasins, son moulin et tous les travaux que l'on avait exécutés avec tant de labeur et d'industrie; il leur abandonnait en récompense tous ses excédants de provisions : l'avenir montra que cette confiance n'avait pas été vaine.

Toutes ces précautions prises, il fit embarquer ses gens le 30 juillet, les dirigeant sur Campseau où le *Jonas* était occupé à la pêche de la morue. Pour lui, il ne partit point encore, tant il avait d'attache pour ce pays, pour ses travaux, et spécialement pour ses cultures qu'il considérait comme le fondement des espérances futures; il voulut donc rester jusqu'à la parfaite maturité des grains, et ainsi fit-il, conservant avec lui huit hommes et une embarcation.

« Onze jours après, sitôt qu'il vit que le blé se pouvoit
« cueillir, il arracha du sêgle avec sa racine pour en
« montrer par deçà la beauté, bonté, et démesurée hau-
« teur. Il fit aussi des glannes des autres sortes de semen-
« ces : froment, orge, avoine, chanvre et autres à même
« fin; ce que ceux qui sont allés ci-devant au Brésil et
« à la Floride n'ont point fait. En quoi j'ai à me réjouir
« d'avoir été de la partie, et des premiers culteurs de cette
« terre; et à ce je me suis plu d'autant plus que je me
« remettois devant les yeux notre ancien père *Noë*, grand
« roi, grand prêtre et grand prophète de qui le métier
« étoit d'être laboureur et vigneron; et les anciens ca-
« pitaines romains : *Serranus* qui fut trouvé semant son
« champ, et *Quintus Cincinnatus* lequel tout poudreux

« labouroit... M'étant plu à cet exercice, Dieu a béni
« mon petit travail, et ai eu en mon jardin d'aussi beau
« froment qu'il y sçauroit avoir en France, duquel le
« dit sieur de Poutrincourt me donna une glanne, quand
« il fut arrivé au port de Campseau, laquelle (avec une
« de ségle) je garde avec son grain dès il y a dix ans. »

Ce fut le 11 août 1607 que M. de Poutrincourt quitta Port-Royal avec le reste de ses gens ; les pauvres sauvages pleuraient et il leur fallut promettre que l'année suivante on y enverrait des ménages et des familles pour habiter totalement leur terre.

Ces détails sont d'apparence assez mesquins, et le théâtre de l'action fort restreint ; mais dans la force d'âme et le ferme bon sens de ce gentilhomme si dévoué à son entreprise, dans l'attachement naïf de ses compagnons pour cette terre qu'ils avaient déjà fécondé, il y a certes autant d'intérêt et d'enseignement utile qu'en aucun récit épique de l'histoire des grands empires. Ces esprits industrieux et résolus étaient alors en France plus nombreux qu'ils ne se trouvèrent plus tard. Malheureusement ils ne rencontrèrent trop souvent sur leur chemin que traverses et déboires ; tout sembla se combiner contre la réussite de leurs entreprises, nos fautes aussi bien que nos succès ; on est surpris dans l'histoire de nos colonies de voir quelquefois nos victoires mêmes et notre apparente grandeur contribuer à paralyser l'effort de nos colonisateurs, tandis que chez nos voisins les Anglais non-seulement leurs qualités, mais leurs fautes elles-mêmes et leurs malheurs paraissent conspirer pour leur réussite. Ne serait-ce point là une conséquence du caractère très-différent des deux nations, l'une plus réfléchie et plus constante, l'autre plus ardente à l'action, mais plus légère dans la conduite de ses affaires ?

De retour en France, Poutrincourt resta fort longtemps sans pouvoir sortir d'embarras. Sa fortune était modeste, et il était difficile de trouver des bailleurs de fonds pour une entreprise si lointaine, et si étrangère aux spéculations ordinaires du commerce. Il s'adressait parfois aux seigneurs de la cour dont il avait été le compagnon d'armes, et ceux-ci l'amusaient de belles promesses qui n'aboutissaient point; il fut ainsi leurré et tenu en de vaines espérances jusqu'à la fin de 1609 et ce ne fut que le 25 février 1610 qu'il put enfin après maintes et maintes démarches appareiller du port de Dieppe pour l'Acadie avec les ouvriers et les approvisionnements nécessaires [1].

Il y avait deux ans et demi qu'il avait quitté ce pays; la traversée fut assez laborieuse, mais à son arrivée à Port-Royal il fut réconforté par le grand accueil qu'il reçut des sauvages; ils l'avaient attendu chaque année avec impatience et se livrèrent aux plus bruyantes réjouissances en le revoyant. Membertou et les chefs n'avaient oublié aucun de leurs anciens amis; ils s'informèrent avec sollicitude de Champlain, de Lescarbot, de Champdoré, de tous ceux qu'ils ne revoyaient point parmi les nouveaux arrivants. Champlain en effet tentait alors ses premières campagnes au Canada, et beaucoup d'autres étaient restés en France.

Louis Hébert revint encore cette fois en Acadie, et les Micmacs s'empressèrent auprès de ce bon *ramasseur*

---

1. Au commencement de février 1610, il partit de Saint-Just en Champagne, et s'embarqua sur un bateau qu'il avait rempli de vivres, de meubles et de munitions de guerre; il descendit ainsi l'Aube, puis la Seine jusqu'à son embouchure et arriva à Dieppe à la fin de février. Il emmenait avec lui son fils aîné, Charles de Biencourt, et Jacques de Salazar, son second fils, qui continua la lignée des Poutrincourt; plus les sieurs de Coulogne, René Maheu, Belot de Montfort, de Jouy et Bertrand natif de Sezanne. (Moreau, *Hist. de l'Acadie*, pages 50 et 51.)

2.

d'*herbes*, qu'ils prenaient volontiers pour un être extraordinaire ; Poutrincourt laissa encore sa femme et ses enfants à Saint-Just, mais il amena avec lui l'aîné de ses fils, *Biencourt*, déjà âgé de dix-huit ans, actif et résolu, pour l'initier aux habitudes et aux travaux de ce nouveau pays qu'il voulait faire sien, plus un personnage dont la famille joua un grand rôle dans cette histoire, et dont la mémoire est parfaitement conservée sur ces côtes par ses nombreux descendants du côté des femmes, *Claude de Latour*, ou peut-être simplement *Latour*, car les uns en font un gentilhomme et d'autres un simple maçon ; ce Latour était accompagné de son fils Charles, alors âgé de quatorze ans ; enfin Robin de Coulogne, fils du gouverneur de Dieppe, avait voulu suivre l'expédition, à laquelle il avait fortement contribué de ses deniers et de sa personne.

Le fort, les magasins, le moulin, toutes les constructions laissées à Port-Royal en 1607 et que Membertou gardait depuis deux ans et demi, furent retrouvés en bon état de conservation, sauf les toitures qui étaient endommagées. Telle avait été la sollicitude des Indiens micmacs que tous les meubles et ustensiles laissés dans ces bâtiments étaient encore dans les mêmes positions et les mêmes lieux qu'au départ des Français.

Il sembla donc à Poutrincourt rentrer chez lui après une longue absence, plutôt que former un nouvel établissement ; aussitôt ses hommes débarqués, sa pensée se retourna vers sa préoccupation dominante, celle des cultures qu'il considérait avec tant de raison comme le fonds essentiel de toute création coloniale. Il avait amené avec lui des bestiaux, et reprenant les charrues on se mit immédiatement au labour, afin de préparer les semailles d'automne.

Il n'y avait encore aucune famille à Port-Royal,

mais Poutrincourt résolut d'en préparer l'installation, en formant dès lors les cadres de la seigneurie qu'il se proposait d'établir; il rassembla ses hommes, et leur ayant demandé s'ils étaient dans l'intention de rester avec lui en ce pays comme vassaux censitaires, ils répondirent affirmativement. « S'il en est ainsi, dit-il, il fau-
« dra que ceux qui sont mariés amènent ici leurs femmes
« et leurs enfants, et que les garçons aillent en France
« chercher femme, car ainsi ferai-je moi-même avec
« Mme de Poutrincourt, et tous mes autres enfants, et
« veux dès aujourd'hui vous marquer les terres que vous
« tiendrez à cens et à rentes, afin que vous puissiez
« entre temps préparer déjà la demeure et le foyer de
« vos ménages, travaillant ainsi pour vous-mêmes et vos
« enfants. »

Ce fut de la sorte sans doute que dut parler *le bon sire* en procédant au lotissement qui nous est relaté par Cadillac et par M. de Meulles[1], et ce fut probablement alors qu'il distribua ces billets terriens signés de sa main, que l'on retrouva encore quatre-vingts ans plus tard, et qui ont été les premiers actes et la première ébauche de l'organisation féodale des tenanciers européens dans le Nouveau-Monde.

Cependant un autre point éveillait aussi sa sollicitude par plus d'une raison, nous voulons parler de la conversion des sauvages. Poutrincourt était en effet un de ces chrétiens sincères et positifs aux yeux desquels la religion prend une importance d'autant mieux sentie qu'ils en apprécient les effets pratiques à chaque instant de leur vie. D'autre part, cette conversion des infidèles était une des visées principales que l'on se proposait dans ces entreprises, et le roi stipulait toujours que l'on s'oc-

---

1. *Archives de la Marine.*

cuperait activement de cette œuvre. Malheureusement, lors de la première expédition, la mort si prompte de M. Aubry le missionnaire avait beaucoup entravé l'exécution de ce dessein ; Lescarbot s'était fort employé, il est vrai, pour suppléer au défunt, mais son peu de connaissance de la langue micmac, la multiplicité de ses préoccupations le retardaient beaucoup, si bien que, malgré son bon vouloir et la confiance amicale des sauvages, aucun d'entre eux ne se trouvait suffisamment instruit pour recevoir le baptême.

Ce peu de succès dans les conversions fut un des griefs que firent valoir les adversaires de M. de Monts pour lui faire retirer son privilége. Mais Poutrincourt avait maintenant avec lui un religieux actif nommé Jessé Fleché, qui, profitant des semences que Lescarbot et ses compagnons avaient jetées dans les esprits, mena assez vivement l'instruction de ses néophytes pour que, dans le mois de juin qui suivit le débarquement, au jour de la saint Jean-Baptiste, il pût en baptiser vingt et un, en grande cérémonie. On apporta là quelque hâte, il faut en convenir, mais on tenait à envoyer en France cette nouvelle du baptême par le navire qui allait y retourner ; les patrons et amis de Poutrincourt attachaient en effet une grande importance à la conversion des Indiens, et la liste des parrains contient les noms du roi et des plus hauts personnages de l'État.

Le 8 juillet 1610, le vaisseau mit à la voile, monté par Biencourt, le fils de Poutrincourt, qui devait spécialement rendre compte de tous les détails de cette nouvelle installation ; son père demeura à Port-Royal avec vingt-trois hommes, continuant à développer son établissement et ses travaux agricoles.

Biencourt fut très-bien accueilli à la cour de France, mais il ne tarda pas à être assailli par de nouveaux embarras : les pelleteries qu'il rapportait avec lui étaient insuffisantes pour rembourser les avances faites à son père, et cependant il eût été nécessaire encore de réunir de nouvelles ressources, tant pour ravitailler la colonie que pour y transporter de nouveaux ouvriers et même des familles, ce qui avait toujours été le désir de Poutrincourt. En cette occurrence, Biencourt trouvait les négociants de Dieppe peu disposés à lui ouvrir de nouveaux crédits, lorsqu'on le mit en relation avec une dame de haut parage, Mme de Guercheville, laquelle, émerveillée de la conversion des sauvages et désireuse de contribuer à propager cette œuvre, se proposait d'y consacrer une somme considérable [1] : Biencourt en fut extrêmement réjoui, mais lorsqu'il porta cette nouvelle aux négociants de Dieppe qui s'étaient associés à l'entreprise de son père, ceux-ci lui témoignèrent une froideur qui frisait le mécontentement ; Mme de Guercheville mettait en effet comme condition expresse à sa mise de fonds que deux missionnaires jésuites fussent adjoints à l'expédition et spécialement chargés de la conversion des sauvages ; or les négociants de Dieppe, étant huguenots, avaient pour les Jésuites la plus grande aversion.

Ce fut en vain que Biencourt retourna vers Mme de Guercheville pour tâcher de modifier ses idées, celle-ci tint bon pour les Jésuites, et comme elle offrait un concours aussi désintéressé que précieux, il était difficile de lui imposer des conditions ; quant aux Dieppois, ils se montrèrent de plus en plus intraitables ; des prêtres séculiers comme missionnaires, passe encore ; mais des Jésuites, point ! Ils préféraient rompre l'affaire. Biencourt se trouvait donc dans une grande perplexité, lors-

---

1. Parkman, *les Pionniers français*, ch. v.

que Mme de Guercheville, avec un grand désintéressement, offrit de rembourser aux Dieppois toutes leurs avances. Cette offre fut acceptée, et pour que le tour fût plus piquant, les deux pères jésuites furent substitués en leur nom propre aux négociants que l'on remboursait.

Notre jeune homme se trouvait donc affranchi désormais des exigences de ses bailleurs de fonds; mais ceux-ci, malheureusement, durant le cours de ces discussions, avaient déposé dans son âme le levain de leurs préjugés et de leurs antipathies contre les deux missionnaires, ce qui devait avoir dans la suite les plus funestes résultats.

On partit enfin le 26 janvier 1611, de Dieppe, et ce fut alors sans doute que se rendit en Acadie Mme de Poutrincourt avec tous les siens, la première femme européenne qui soit passée dans l'Amérique du Nord, ce qui devait dans le dessein de son mari mettre le dernier sceau à sa création coloniale [1]. Mais on avait perdu six mois dans des discussions intempestives, au grand préjudice de la colonie qui attendait avec impatience l'arrivée d'un ravitaillement; la traversée fut longue et très-pénible, on n'atteignit Port-Royal que le 22 juin 1611, après avoir passé cinq mois en mer et consommé une partie des approvisionnements que l'on apportait.

On trouva Poutrincourt et ses vingt-trois hommes en bonne santé, mais fort dénués de toutes choses; ils avaient compté sur un retour très-prompt du navire parti le 8 juillet 1610, et, n'ayant que peu de vivres, ils avaient dû pour économiser leurs ressources pendant l'hiver, se disperser parmi les sauvages et partager avec eux le produit des chasses et des pêches. L'amitié des sauvages

---

[1]. Auguste Carayon, *Première Mission des Jésuites au Canada*. Paris, 1864. Lettre du père Biard du 31 janvier 1612.

ne se démentit point du reste un seul jour, et, grâce à cette bonne harmonie, les Français avaient pu attendre le retour de leurs compatriotes sans encombre, mais non pas sans inquiétude.

La vue du navire qui entrait dans la rade de Port-Royal ranima tous les courages; mais, lorsque l'on apprit que l'équipage avait dû consommer durant cette longue traversée une partie des munitions, cet éclair de joie fut très-assombri. Les blés que l'on avait semés en 1610 commençaient, il est vrai, à montrer de belles espérances; mais, comme ces premières cultures n'avaient point été très-considérables, il était visible que cette future récolte jointe aux vivres apportés de France ne pourrait suffire pour alimenter tout le personnel de la colonie : Biencourt amenait trente-six hommes tant matelots que colons, ce qui portait à cinquante-neuf le chiffre des habitants de Port-Royal. Poutrincourt résolut donc immédiatement de renvoyer au plus tôt en France tous ceux de ses gens qui ne devaient pas rester en Acadie; seulement il profita de la présence du vaisseau pour pousser une expédition dans le nord de la baie Française (baie de Fundy), vers le pays des Armouchiquois : ce peuple passait pour cultiver une grande quantité de maïs, et on espérait s'y procurer par quelques échanges un supplément de subsistances. Bien que ces achats chez les Armouchiquois ne paraissent point avoir été très-importants, le voyage ne fut pas inutile, car on rencontra quatre navires français qui se livraient en ces parages à la pêche et à la troque, et on put tirer de chacun d'eux quelques subsides en nature; nous voyons par cette circonstance que Poutrincourt jouissait encore de certains priviléges commerciaux, et entre autres d'un droit de quint sur les vaisseaux qui commerçaient dans les parages de Port-Royal.

Cette place étant ainsi ravitaillée, on commença à se préparer au départ ; Poutrincourt résolut de se rendre lui-même en France afin d'établir nettement sa situation dans les nouveaux arrangements survenus avec Mme de Guercheville. C'était un homme d'un grand sens et fort rassis ; il craignait non sans raison que son fils ne se fût comporté un peu étourdiment durant toutes ces négociations ; il devait vendre en même temps tout ce qu'on avait amassé de pelleteries, et en retour approvisionner convenablement Port-Royal de marchandises de *troque*. Ce troc de pelleteries avec les sauvages était en effet le seul profit immédiat que l'on pût espérer de la colonie encore naissante et si faible.

Les hommes étaient d'ailleurs habitués désormais au pays et déterminés à rester ; il avait mesuré et distribué à chacun des terres dont le lotissement fut si bien conservé qu'en 1685 on montra encore à M. de Meulles les titres signés de sa main [1]. Il manquait encore cependant dans la colonie une chose essentielle : la famille n'était pas constituée ; il ne paraît pas en effet que jusqu'à ce moment il eût été amené aucune femme ni enfant, sauf la famille elle-même de Poutrincourt, qui était alors à Port-Royal, comme l'affirme positivement le père Biard dans sa lettre du 31 janvier 1612. Quant à tous les autres colons, ils étaient tous des engagés célibataires, et un des motifs du bon seigneur, dans son voyage en France, était précisément de ramener quelques hommes mariés avec leur ménage, afin de donner ainsi à la colonie le dernier caractère d'une fondation durable et définitive ; malheureusement les circonstances ne devaient pas lui permettre d'accomplir lui-même ce sage dessein.

---

1. Voir le rapport de M. de Meulles de 1685, et aussi le Mémoire sur l'Acadie de janvier 1720. (*Archives de la Marine.*)

Ce fut dans le courant d'août 1611, après les récoltes qu'il quitta l'Acadie, un mois et demi environ après l'arrivée de son fils auquel il remit le commandement pendant son absence ; il laissait dans son manoir Mme de Poutrincourt et ses autres enfants [1] avec vingt hommes et les deux missionnaires, Biard et Ennemond Masse, dont la correspondance nous a été conservée dans la célèbre collection des Relations des Jésuites. C'était encore bien peu de monde et il n'en avait point hiverné davantage l'hiver précédent, mais la médiocrité des approvisionnements faisait une loi impérieuse de ne point conserver un plus nombreux personnel. Ce voyage en France fut très-utile à l'Acadie ; Poutrincourt s'entendit à merveille avec la vieille dame de Guercheville, et de concert avec elle il put équiper un navire qui mit à la voile dans l'automne de 1611 [2].

Mais d'autre part cette absence de Poutrincourt devint l'origine de funestes désordres : Biencourt avait les qualités et les défauts de la jeunesse ; instrument utile entre les mains de son père, il se laissa dominer, quand il fut seul, par cette ardeur inexpérimentée qui se résout malaisément à ménager les hommes et les circonstances ; pourvu de peu d'instruction, et imbu des préjugés qu'une partie de la noblesse nourrissait alors contre les Jésuites, il subissait en outre l'influence des marchands de Dieppe, que ceux-ci avaient supplantés dans l'entreprise ; il accueillait donc assez froidement ces associés que la nécessité lui avait imposés, bien plus que son propre gré ; les deux pères jésuites se sentirent piqués au jeu par le mauvais vouloir qu'ils rencontrèrent, et parfois ils cherchèrent trop à montrer qu'ils étaient non-seulement des auxi-

---

1. Auguste Carayon, *Première Mission des Jésuites au Canada*, Paris, 1864.
2. Moreau.

liaires, mais des co-intéressés ; ils en avaient incontestablement le droit, mais peut-être eût-il été désirable pour la bonne direction de l'entreprise de les voir un peu modérer la rigueur du droit, afin de conserver l'union et l'unité d'action dans la colonie.

Quoi qu'il en soit, les deux partis ne tardèrent point à être aux prises et lorsque, le 23 janvier 1612 [1], arriva le navire que Poutrincourt expédiait à Port-Royal de concert avec Mme de Guercheville, il s'éleva une violente discussion à propos de l'inventaire de ce bâtiment. Les pères Biard et Massé voulurent y intervenir à titre d'associés, Biencourt se refusait à leur désir à titre de gouverneur ; les choses en vinrent à ce point que les pères prétendirent quitter la colonie et retourner en France ; Biencourt, qui peut-être craignait plus encore ce retour que leur séjour en Acadie, les retint de force et renvoya le navire ; ce fut sans doute en ce moment que retournèrent en France Mme de Poutrincourt et ses enfants, qui jusque-là étaient toujours restés à Port-Royal.

La dissension persista donc plus âpre que jamais en Acadie, et ses résultats furent déplorables, car Mme de Guercheville, apprenant le mauvais accueil fait aux missionnaires, ainsi que les désagréments qui leur étaient suscités, se refroidit beaucoup, et commença à concevoir l'idée de fonder en son particulier une colonie qui répondît exclusivement à ses propres desseins.

Assurément Biencourt eut de grands torts en tout ceci, on ne saurait en disconvenir, quelle que soit l'opinion que l'on professe au sujet des Jésuites : c'était Mme de Guercheville qui subventionnait l'entreprise ; rien dès lors n'était plus juste et plus utile que de tenir compte de ses intentions et de respecter ses mandataires ; il

---

1. Moreau, pages 75 et 76.

eût fallu avoir assez de raison pour sacrifier un peu de ses sentiments personnels au succès de l'œuvre commune ; c'est ce que Biencourt ne sut pas faire, et si l'on doit critiquer les Jésuites pour s'être montrés trop peu conciliants, on doit encore bien plus le blâmer pour avoir voulu tout subordonner à l'arbitraire de ses sentiments. Tel fut le résultat de la bigoterie fanatique des huguenots de Dieppe, qui avaient semé le germe de ces divisions, en surexcitant sans utilité et sans raison l'esprit de ce jeune homme ; ils ne voulaient point faire de sacrifices pour la colonie, et ils faisaient tout au monde pour empêcher qu'elle ne réussît dans d'autres mains.

Quelle fut la conséquence de toutes ces discordes ? La colonie souffrit bientôt d'une extrême pénurie, puis se divisa, s'affaiblit, et fournit ainsi aux ennemis de la France toute facilité pour ruiner son développement. Poutrincourt en effet, n'étant plus soutenu par Mme de Guercheville, demeura hors d'état d'équiper aucun autre navire durant l'année 1612 ; à l'entrée de l'hiver, Port-Royal se trouva presque sans approvisionnements, et quoique Biencourt eût fait avec les sauvages un commerce considérable de troque, ses profits restaient inutiles pour son père, faute de moyens de transport.

Les Jésuites, mieux pourvus ou plus économes, avaient mis en réserve quatorze barils de provisions qui aidèrent la colonie à vivre pendant deux mois ; ce temps fut employé à recueillir toutes les ressources que pouvait fournir la contrée : on ramassa des glands et une sorte de racine appelée *chiben* ou *chiquebi*, qui fut ensuite importée en France sous le nom de *Topinambour* ; la pêche à l'éperlan fournit aussi quelques subsides ; la chasse vint en aide de temps à autre ; c'est ainsi que, combinant toutes ces ressources avec les produits encore bien restreints de leurs cultures, nos colons suppléèrent tant bien que mal aux provisions défaillantes, et parvinrent à passer sans trop d'encombre ce misérable hiver. Ils étaient soutenus comme toujours par un courage intelligent, et par cette gaieté fertile en expédients dont Lescarbot nous a si bien dépeint l'influence ; la colonie était pauvre, mais non pas énervée et maladive, parce que les hommes étaient énergiques et industrieux.

Ou dut passer l'année 1613 de la même façon, car Poutrincourt n'avait encore trouvé aucune ressource pour secourir Port-Royal ; mais Mme de Guercheville, ayant désormais le projet très-arrêté de fonder à elle seule un établissement nouveau, organisa une expédition sous les ordres de M. de La Saussaye ; celui-ci partit sur un navire commandé par le capitaine Flory, et toucha à Port-Royal à la fin de mai, afin d'y prendre les deux pères jésuites : en ce moment les colons, qui pouvaient être de vingt à vingt-cinq, étaient presque tous dispersés, les uns occupés aux cultures dans le haut de la rivière, les autres à la traite parmi les sauvages, de sorte que La Saussaye ne trouva dans le fort que cinq personnes, savoir : les deux Jésuites avec leur domestique Valentin Pageau, Louis Hébert qui était comme le lieutenant de Biencourt, et un engagé qui gardait le fort avec lui. On embarqua donc les pères Biard et Masse ainsi que Pageau et on fit voile vers une île voisine du continent, dite l'île des Monts-Déserts, où La Saussaye se prit à fonder une nouvelle colonie qu'il nomma Saint-Sauveur.

Il n'est point sans intérêt de dire ici quelques mots de cette dame de Guercheville dont le zèle patriotique et religieux ne craignit point de se mettre à la tête de cette entreprise difficile et lointaine. Plusieurs écrivains, sous l'influence d'une aversion extrême pour les Jésuites qu'elle protégeait, ont paru vouloir incriminer son intervention en cette affaire ; pour nous, nous avouons ne ressentir qu'un étonnement mêlé d'admiration, à la vue de cette grande dame de la cour, qui, par dévouement pour une idée, se jette de propos délibéré dans les risques et les embarras d'une œuvre nationale ; elle ne pouvait en espérer ni profit ni gloire : en commerce elle n'entendait rien, et d'aucune ambition que devait-elle attendre ? Elle ne pouvait viser aux spéculations coloniales, car elle n'avait point dessein d'aller établir une seigneurie en Acadie ; et ces pauvres colons luttant péniblement pour leur vivre, pas plus que ces sauvages inconnus, ne pouvaient guère servir sa renommée.

De telles visées sont assez rares parmi les personnes auxquelles le rang et la fortune donnent la puissance, pour qu'on doive les louer, et si dans l'exécution il se révèle des défauts, on peut bien leur accorder quelque indulgence, car la nature humaine n'est point parfaite et dans nos meilleures actions il se glisse toujours trop de preuves de notre infirmité. Quoi donc ! nous trouvons à peine de la critique pour tous ces riches inutiles, dont la fortune n'est qu'un instrument de plaisir, et si quelque esprit plus généreux sort de ce matérialisme vulgaire, nous nous emportons en déclamations contre la moindre des faiblesses qui peut offusquer nos opinions ! C'est en vérité perdre le sens ; soyons donc plus justes des deux parts et que la critique historique se montre à la fois plus sévère pour ces épicuriens, plus sympathique pour les dévouements désintéressés.

Ces observations sont d'autant mieux fondées, que Mme de Guercheville offre un type tout particulier ; voici son portrait tracé par l'Américain Parkman, un des historiens les plus distingués des États-Unis : « Antoinette de Pons, marquise de Guercheville, était dame « d'honneur de Marie de Médicis ; renommée pour sa « grâce et sa beauté, sa réputation de vertu l'avait ren-

« due encore plus distinguée, à travers les désordres de
« la cour licencieuse où sa jeunesse s'était passée. Le
« Béarnais, dans l'ardeur de la guerre civile, courait sans
« repos de combat en combat, de maîtresse en maîtresse;
« la belle Corisande avait un instant fixé ses affections,
« mais la vue de Mme de Guercheville détermina son
« abandon, et tous les hommages du roi appartinrent à
« notre héroïne; son rôle de conquérant devait pourtant
« échouer à ses pieds : le guerrier victorieux, le roi
« triomphant au Louvre tenta en vain de vaincre cette
« fière vertu, et il en reçut cette réponse devenue célè-
« bre : « Sire, si mon rang ne me permet pas d'être votre
« femme, j'ai le cœur trop haut placé pour devenir votre
« maîtresse. » Aussi la pria-t-il d'être dame d'honneur près
« de la reine; en la présentant à Marie de Médicis :
« Madame, lui dit-il, je vous donne une dame d'honneur
« qui est en vérité une dame pleine d'honneur [1]. »

Telle était la femme qui prit tellement à cœur la colonisation de l'Acadie et la conversion des sauvages; en vérité, on ne peut guère hésiter entre elle et les marchands de Dieppe : ceux-ci, dans un pur intérêt de lucre, marchandaient à Poutrincourt des secours tardifs et médiocres, presque toujours insuffisants; ils prétendaient même que l'on respectât non pas seulement leurs intérêts, mais encore leurs caprices, et lorsque Mme de Guercheville amena à Poutrincourt des subsides et des hommes qui devaient aider son œuvre, ils refusèrent son concours par pur fanatisme; en quoi cette fantaisie qui sema la discorde était-elle moins blâmable que celle de Mme de Guercheville qui désirait (en les payant de ses deniers) avoir deux Jésuites pour agents? Elle remboursa

---

[1]. Parkman, *les Pionniers français en Amérique*. Traduit par madame de Clermont-Tonnerre. 1 vol., Didier et Cie, 1874. — Voir aussi les *Mémoires de Choisy*.

les marchands de Dieppe et les évinça de l'entreprise, et en cela elle fit, plus qu'eux, preuve de dévouement et de magnanimité; mais eux, à leur tour, continuèrent, après le remboursement, à déblatérer contre l'entreprise, à exciter les esprits contre les Jésuites, et en ceci ils mésusèrent, car ces gens d'argent semaient ainsi la division et le désordre dans une affaire dont ils s'étaient désintéressés, sacrifiant par là le bien public à leur rancune misérable. (*Champlain.*)

Le malheureux Biencourt paya bien cher cet aveugle acharnement; destitué de tout ravitaillement et de toute espérance de secours, il se trouva réduit à vivre sur le produit des cultures et de la chasse; il est vrai que dès lors les travaux et les récoltes de la colonie avaient commencé à prendre un certain développement. Nous savons en effet par des documents authentiques [1] que chaque année depuis 1609 il y eut une suite toujours croissante de cultures et de défrichements dans le haut de la rivière, vers le lieu probablement, qui fut plus tard appelé *la Prée-Ronde;* non-seulement la colonie possédait du bétail, mais on élevait des poulains, des veaux et des pourceaux; de plus, il paraîtrait d'après une lettre mentionnée par Lescarbot, édition de 1617, page 678, que Poutrincourt serait parvenu à expédier de la Rochelle à Port-Royal, en mai 1613, un mois et demi après le départ de La Saussaye, un navire chargé de provisions; mais ce fait n'est pas très-certain, car il n'est mentionné que dans cette édition [2].

Il se trouvait donc en ce moment deux colonies fran-

---

[1]. Description du pillage de Port-Royal par Argall en 1613. Déposition de Poutrincourt au tribunal de l'Amirauté à la Rochelle du 18 juillet 1614. Lescarbot, édition de 1617. Paris, chez Adrien Périer. — Carayon.

[2]. Lettre de Poutrincourt à Lescarbot du 15 mai 1613.

çaises en Acadie : celle de Port-Royal et celle de Saint-Sauveur. La Saussaye venait de s'installer en ce dernier lieu avec trente hommes ; il commençait ses travaux d'installation, et les missionnaires, devenus plus familiers avec la langue sauvage, s'employaient déjà à la prédication des indigènes, lorsqu'une agression violente et inattendue vint détruire en sa fleur cette colonie naissante.

Le coup vint des Anglais ; ceux-ci avaient en effet, peu d'années avant, en 1606, fondé leur première colonie en Amérique sur les côtes de Virginie. L'établissement était encore bien médiocre : en 1613, on y comptait à peine 400 âmes ; mais déjà le voisinage des Français, bien qu'ils fussent les premiers en date, inquiétait la jalousie britannique ; ils considéraient nos postes comme un danger, et même comme un empiétement sur les droits de la couronne d'Angleterre. Il se montra donc sur les côtes de l'Acadie, peu de temps après la fondation de Saint-Sauveur, une petite flottille demi-marchande, demi-flibustière, commandée par un nommé Argall ; elle venait de Virginie, et comme on était en paix avec l'Angleterre, il lui fut très-facile de surprendre notre jeune colonie ; les hommes de Saint-Sauveur, occupés çà et là aux travaux d'installation, purent à peine opposer un semblant de résistance, et La Saussaye fut contraint de capituler aussitôt. Argall, qui dans toute cette affaire se conduisit en véritable forban, feignit au contraire de considérer les colons de Saint-Sauveur comme des pirates, et après avoir détruit les papiers et brevets de la colonie, il emmena les malheureux Français en Virginie, où ils furent traités comme des flibustiers. Avant de partir, il avait chargé sur ses bâtiments tout ce qui pouvait s'enlever, puis il brûla le reste, de sorte qu'il ne resta absolument rien de cet établissement qui avait à peine quelques mois d'existence.

Tel fut le résultat des rivalités de partis et des discussions misérables par lesquelles on avait fractionné la Société de Port-Royal; cette pauvre colonie jouait de malheur : presque toujours on y avait manqué de ressources suffisantes, et dès qu'elles se montrèrent abondantes, la discorde les rendit inutiles ; mais la suite devait être plus funeste encore; la ruine de Saint-Sauveur ne fut que le prélude de la prise de Port-Royal. Le gouverneur de la Virginie, Thomas Dale, heureux de ce premier succès, et désireux de chasser entièrement les Français de ces côtes [1], confia à Argall une nouvelle expédition qui à la fin d'octobre 1613 atteignit la rade de Port-Royal. Ils purent approcher sans opposition jusqu'au pied du fort; tous les habitants, confiants dans la paix entre les deux couronnes, étaient occupés à divers travaux. Biencourt lui-même était chez les sauvages.

Les Anglais occupèrent donc librement le fort et les habitations de Port-Royal qu'ils dévalisèrent complétement, emportant jusqu'aux charpentes et menuiseries qu'ils purent démonter; puis, profitant de la marée, ils remontèrent la rivière du Dauphin, afin d'atteindre les bestiaux et aussi les hommes qui travaillaient aux récoltes et aux cultures ; la plupart des défrichements existaient en effet, comme nous l'avons déjà indiqué, à deux lieues environ en amont de la rivière. Ils parvinrent à enlever des chevaux et poulains qui paissaient dans la prairie, et saisirent aussi un assez bon nombre de pourceaux ; mais lorsqu'ils atteignirent les cultures, les hommes qui y travaillaient se mirent en devoir de les repousser, et comme ils craignaient d'être abandonnés par la marée, ils retournèrent à Port-Royal, où ils brûlèrent tout ce qu'ils n'avaient pas pu enlever.

Biencourt, averti par les siens dans l'intervalle, les

---

1. Lescarbot. — Parkman.

suivit avec ses gens, et comme les Anglais s'étaient déjà rembarqués, il fit proposer à Argall un combat seul à seul ou tant pour tant; mais ce dernier, ne voyant là qu'un piége, leva l'ancre et partit avec son butin [1]; ce désastre, quelque grand qu'il fût pour notre colonie, au milieu du désert et sans ravitaillement possible, n'entraînait pas cependant sa destruction; la plus grande partie des ustensiles, beaucoup d'armes et des bestiaux restaient entre les mains des colons; quelques semailles étaient déjà effectuées; enfin, ressource précieuse, le moulin qui avait été construit sur la petite rivière avait échappé aux recherches des Anglais avec tout ce qu'il contenait; mais, par-dessus tout, on pouvait se fier au courage, à l'énergie et à l'esprit de ressource de ces hommes qui pour la plupart étaient habitués, depuis plusieurs années, à compter sur eux-mêmes, plus que sur les secours extérieurs.

Port-Royal n'était donc en réalité ni détruit ni tout à fait désespéré; les sauvages se montrèrent fidèles en ce malheur, et on pouvait répondre de leur sympathie; les colons ne manifestèrent ni faiblesse ni découragement, et Biencourt se prit aussitôt à rassembler les débris de son naufrage. Le moulin et quelques huttes situées sur les défrichements servirent d'abris provisoires, et on se hâta de profiter des derniers beaux jours de l'automne, pour construire des logements grossiers, mais chauds, où l'on pût se défendre du froid et de la pluie; d'autres hommes furent dépêchés dans les forêts pour recueillir des chibens et autres racines, dont on avait expérimenté les qualités durant les précédentes disettes; les sauvages apportèrent du gibier dont une partie fut salée ou fumée; on ramassa jusqu'à des glands. Rien ne fut négligé

---

1. Lescarbot.

dans ces préparatifs : l'existence de tout le monde était en jeu.

Au milieu de cette activité générale, l'hiver se présentait déjà en effet avec son cortége glacial et menaçant de frimats, de rigueurs et de dénûment. Jamais encore les Français n'avaient eu à affronter dans ces parages une si terrible épreuve ; elle était d'autant plus terrible que l'arrivée d'un ravitaillement dans le cours de l'année suivante n'était rien moins que certaine, de sorte qu'après les affreuses privations de l'hiver on avait en perspective l'éventualité d'un dénûment plus grand encore pour 1614. Néanmoins il ne se montra jamais ni mécontentement ni défaillance ; chacun portait son mal avec courage, luttant de son mieux contre les difficultés, avec cet esprit de ressource, actif, obstiné, industrieux, qui est un des caractères notables du Français, et par lequel il semble plus propre à résister aux privations de la mauvaise fortune qu'aux enivrements du succès.

Biencourt avait à peine vingt-deux ans, mais les rudes leçons de l'expérience mûrissent vite l'esprit des hommes ; non-seulement il s'employa à parer aux difficultés du présent, avec une patience et une industrie remarquables, mais avec une prévoyance au-dessus de son âge, au milieu des privations matérielles et des angoisses morales de cet hivernage cruel, il ne perdit point de vue l'avenir ; songeant à son pauvre père, à sa fortune compromise, aux créations qu'il avait rêvées sur ces terres nouvelles et à la situation pénible qui lui était faite en France, par l'épuisement de ses ressources et de son crédit, il s'efforça de préparer quelques marchandises de retour qui pussent aider Poutrincourt à solder au moins ses frais de ravitaillement ; non-seulement il se livra assidûment à la chasse avec ses hommes, mais, malgré la perte de toutes ses marchandises d'échange, il sut, en redoublant d'activité, tirer des Indiens, tant par les services qu'il leur rendit que par son influence ou par ses promesses, un bon nombre de pelleteries, qu'il prépara et emmagasina avec soin. Si son père arrivait à son secours, il lui ménageait ainsi l'occasion de quelques heureux profits ; s'il restait au contraire abandonné à lui-même, ces fourrures devaient lui fournir un moyen précieux d'échange, pour obtenir des bâtiments pêcheurs qui fréquentaient les côtes d'Acadie quelques denrées de première nécessité.

Ce fut son père qui arriva le premier ; pendant que ces tristes événements désolaient sa colonie, Poutrincourt s'était lui-même trouvé aux prises avec de grands embarras : comme il s'était totalement brouillé avec Mme de Guercheville par les préjugés des uns et la maladresse des autres, il avait perdu tout espoir d'appui de ce côté ; il sollicitait donc de toutes parts, tantôt parmi ses amis et connaissances, tantôt parmi les gens que l'élévation de leur esprit et leur patriotisme intéressaient à nos colonies d'Amérique. Ses ressources personnelles étaient en effet épuisées, et les produits de son entreprise assez médiocres ; il lui fallait donc trouver un appui au dehors. D'autres fois il s'adressait à des négociants auxquels il offrait un intérêt dans son commerce de pelleteries et dans les priviléges de traite qu'il possédait encore autour de sa seigneurie de Port-Royal. Ce fut ainsi qu'il obtint enfin le concours de quelques marchands de la Rochelle, pour équiper un navire de soixante-dix tonneaux, sur lequel il s'embarqua lui-même le 31 décembre 1613, et avec lequel il atteignit Port-Royal le 27 mars 1614.

Jamais secours n'arriva plus à propos à de pauvres naufragés ; Biencourt et ses gens renaissaient à l'espérance et à la vie ; mais en retrouvant la colonie dans une situation si fâcheuse, combien se seraient laissé abattre par cette persistance du malheur ! combien auraient désespéré d'une entreprise où l'on avait infructueusement dépensé tant de sacrifices et d'efforts ! Heureusement que nos aventuriers du xvii° siècle avaient l'âme plus haute. Poutrincourt, avons-nous dit, avait une idée commune à plusieurs hommes de cette époque : il se considérait comme le fondateur d'un grand fief, il agrandissait sa patrie, et créait pour sa famille, dans cette France nouvelle, une sorte de situation féodale relevant de la couronne de France. Le caractère élevé de cette ambition, qui revêtait une teinte de patriotisme et de devoir accompli, imprimait aux esprits une ténacité courageuse que les revers ébranlaient difficilement.

Entre lui, son fils et ses compagnons, la question ne s'éleva même pas de délaisser la contrée ; il n'eut aucun regret d'avoir tenté cette entreprise, et s'y rattacha au contraire avec une forte résolution. Se retrempant dans de nouvelles espérances, on se mit aussitôt à l'œuvre pour édifier des logements et magasins plus solides que les abris provisoires construits avant l'hiver ; Biencourt montra avec une juste fierté que lui non plus ne s'était jamais abandonné au désespoir, et les fourrures qu'il avait su ramasser au plus fort de son désastre furent embarquées sur le navire de son père ; celui-ci présida au rétablissement de toutes choses ; il put visiter les champs que l'on avait ensemencés l'année précédente, au moment de l'invasion d'Argall ; peut-être eut-il même la satisfaction de demeurer assez pour assister à la récolte, et recueillir ainsi ces précieuses épaves d'une ruine imméritée ! Quoi qu'il en soit, il ne quitta Port-Royal qu'après avoir consacré toute son énergie et toutes les ressources que pouvait fournir son navire au ravitaillement de cette colonie chérie, à laquelle il avait déjà consacré les onze plus belles années de sa vie, et il repartit pour la France en laissant de nouveau son fils à la tête de ce fief, auquel il avait voué son existence et sur lequel reposaient ses meilleures et ses plus chères espérances.

Il ramena avec lui Hébert, l'apothicaire parisien, ce doyen de la colonie acadienne, le seul peut-être des anciens compagnons de Lescarbot qui demeura dans la contrée; il venait d'y passer quatre ans et retournait sans doute en France dans l'intention de ramener avec lui sa famille et toutes ses ressources. Mais ni lui ni Poutrincourt ne devaient plus revoir l'Acadie; Hébert rencontra en France Champlain qui avait été avec lui le compagnon de Poutrincourt dans ses premières expéditions, et il ne put résister au plaisir de s'associer à son vieil ami; celui-ci avait fondé en 1608 une colonie nouvelle à Québec, sur les bords du Saint-Laurent, et quand il repartit pour ce pays, Hébert se joignit à lui avec tous les siens. Ce fut la première famille française établie au Canada où l'on compte encore un grand nombre de ses descendants par les femmes.

Quant à Poutrincourt, après avoir vendu sa cargaison, il comptait repartir l'année suivante (1615) pour Port-Royal, quand il fut requis pour le service du roi afin de soutenir en Champagne, par son influence et par son bras, l'autorité royale contre la levée de boucliers du prince de Conti. Notre héros était un homme de guerre, un ancien compagnon de Henri IV; il se mit à la tête de la milice provinciale. Non-seulement il obéissait ainsi à sa nature généreuse et guerrière, mais il espérait sans aucun doute trouver, dans cette intervention énergique de sa bravoure personnelle, l'occasion d'obtenir quelque puissant concours, pour cet établissement d'outre-mer qui lui tenait si profondément au cœur; car son dessein bien arrêté était de finir ses jours à Port-Royal en y fixant sa famille.

Mais Dieu en avait disposé autrement, et cette noble carrière devait se terminer glorieusement au champ d'honneur; ayant été assiéger la petite ville de Méry-sur-Seine en décembre 1615, il fut tué à l'attaque de cette place. Il avait alors cinquante-huit ans. Cette mort était doublement funeste pour l'Acadie; l'entreprise en effet perdait son chef naturel, homme expérimenté et dévoué à son œuvre; il allait compléter cette création en amenant, avec sa propre famille, plusieurs ménages de cultivateurs, et il succombait au moment même où il eût peut-être possédé des ressources moins précaires que celles dont il avait disposé jusque-là; cette mort rompait en outre, désormais, toute relation suivie et régulière avec la mère-patrie, car la famille de Poutrincourt paraît avoir renoncé à poursuivre l'entreprise de son chef et abandonné entièrement au fils aîné, le jeune Biencourt, tous les intérêts engagés en Acadie; celui-ci, qui avait passé toute sa jeunesse loin de la France, était hors d'état de renouer les pourparlers ni les projets entamés par son père; son crédit personnel était nul, et personne ne s'intéressait assez à lui ou à l'Acadie, pour songer à soutenir cette opération lointaine et précaire; cependant il resta fidèle à la mémoire paternelle, et se regardant comme engagé par les dernières volontés de son père à la garde du poste que celui-ci lui avait confié, il y demeura, déterminé à vivre par ses propres ressources, en se procurant les approvisionnements indispensables, par les relations fortuites qu'il entretenait avec les navires de pêche qui venaient chaque année sur ces côtes.

La plupart des historiens de l'Amérique s'imaginent qu'après la mort de Poutrincourt il y eut une interruption dans la domination française en Acadie, et que les colons disparurent du pays jusqu'à M. de Razilly en 1632. Ceux-là mêmes qui ont relaté les incidents qui nous démontrent l'existence des Français dans la contrée à cette époque, hésitent à affirmer la régularité de notre occupation, et n'ont jamais établi par un exposé méthodique la continuité et le maintien de la colonie fondée en 1604. Nous essaierons cependant de montrer en quelques pages la série des événements qui prouvent comment l'œuvre de Poutrincourt lui survécut, comment son fils la poursuivit jusqu'à sa mort, avec les hommes qu'il lui avait laissés, comment il transmit ses pouvoirs à Charles de Latour, et celui-ci à M. de Razilly.

Biencourt, avons-nous dit, avait courageusement accepté la succession de son père et la suite de ses desseins; bien que ses rapports avec la France fussent désormais rares et fortuits, bien qu'aucune famille régulière ne fût encore installée en Acadie, il avait réellement sous la main un noyau de population européenne, un établissement colonial en formation, d'où l'on vit sortir plus tard un petit peuple, une nouvelle province française au delà de l'Océan. Plusieurs de ses compagnons avaient en effet formé, avec des squaws indiennes, des ménages irréguliers, dont sortirent les familles de métis qui se répandirent sur les côtes de l'Est; les colons que M. de Razilly amena plus tard prirent quelquefois parmi ces familles des compagnes, même très-légitimes, et leur descendance s'est trouvée ainsi mêlée à divers degrés avec quelques-unes des familles européennes, qui vinrent en Acadie vingt et trente ans plus tard [1].

Le ravitaillement effectué en 1614 par Poutrincourt avait permis de rétablir le poste fortifié et les magasins de Port-Royal; l'ancien moulin, comme nous le savons,

---

1. *Mémoire sur les établissements de l'Acadie en* 1698. (Archives.)

avait échappé à la dévastation d'Argall ; et il est probable que Biencourt, averti par l'expérience, dut construire en amont de la rivière, au milieu de ses cultures, quelques bâtiments que leur éloignement abritait mieux contre les incursions de l'ennemi. D'autre part, la nature nouvelle de ses relations avec l'Europe, par l'intermédiaire des pêcheurs de morue, le força en outre à installer un certain nombre de postes grossiers sur divers points de la côte ; de là on observait dans la belle saison le passage des navires que l'on appelait par signaux ; nous savons par un document authentique que l'un de ces postes s'appelait le fort Lomeron [1], situé à peu près où existe aujourd'hui le cap Fourchu ou Yarmouth ; il en établit probablement aussi plusieurs autres à la Hève et au cap Sable, car la fréquence des naufrages en ce dernier lieu offrait et offre encore aux habitants de l'Acadie des épaves, qui devenaient doublement précieuses dans l'état d'isolement où se trouvait la petite colonie.

Il y a lieu de penser que pendant longtemps, et au moins pendant toute la vie de Biencourt, la tradition agricole si fortement établie par Poutrincourt se maintint par une série non interrompue de cultures et même un certain élevage de bestiaux (les Anglais n'en avaient enlevé qu'une partie) ; d'autre part, la chasse et les échanges avec les sauvages fournissaient du gibier et des pelleteries ; la pêche, très-abondante sur les côtes et dans les rivières, contribuait aussi à fournir des aliments ; enfin une longue connaissance de la contrée permettait désormais aux colons de s'y ménager bien des ressources qui échappaient dans les premiers temps à leur inexpérience. Par le moyen des fourrures que l'on emmagasinait pendant l'hiver, on parvenait au printemps à se

---

1. Lettre de Latour au roi de France, citée par Ferland.

procurer des armes, des munitions, des outils et quelques marchandises de troque sauvage, que l'on obtenait par échange des navires de Dieppe, de la Rochelle, du Cap-Breton (Landes) et de Saint-Jean-de-Luz qui fréquentaient alors les pêcheries de l'Amérique du Nord.

C'est ainsi que Biencourt succéda à son père et maintint jusqu'en 1623 la seigneurie fondée par celui-ci; il pouvait avoir avec lui de quinze à vingt hommes, car tel était le nombre ordinaire de ceux que l'on laissait à Port-Royal pendant la vie de Poutrincourt, et comme les bâtiments pêcheurs ne laissaient pas que de jeter à la côte, de temps en temps, quelque déserteur ou aventurier, ce nombre put se soutenir et même s'accroître, ainsi qu'on peut le conclure de certains détails fournis plus tard par Latour[1]. Plusieurs de ces colons possédaient des lotissements de terre à Port-Royal; les titres signés par Poutrincourt se transmirent de main en main, comme nous l'avons déjà dit[2], fait très-intéressant qui confirme la continuité, de l'occupation française et de certains travaux de culture, depuis Poutrincourt jusqu'à M. de Razilly en 1632.

Nous connaissons peu de chose de la vie de Biencourt et de ses compagnons; nous savons seulement que ce Claude de Latour, qui était venu de Champagne avec Poutrincourt en 1610, était resté avec lui ainsi que son fils Charles, alors âgé de dix-huit ou dix-neuf ans, lequel s'attacha étroitement à la personne de Biencourt; il y a lieu de croire aussi que l'un de ces Français s'appelait *Lomeron*, nom qui fut donné à l'un des postes de la côte. Enfin Parkmann cite une lettre de 1618, par laquelle Biencourt avait fait demander en France, et notamment

1. Supplique de Latour au roi en 1627, citée par Ferland.
2. Rapport de M. de Meulles en 1685, et le Mémoire de 1720, aux Archives de la Marine.

aux autorités de la ville de Paris, des colons auxquels il promettait un établissement avantageux [1]; mais il ne paraît pas qu'on ait répondu à son appel.

Cette existence aventureuse et pleine d'émotions n'était pas sans offrir certain charme à des hommes jeunes, vigoureux et rompus à ce genre de fatigues dès leur adolescence; mais elle était mêlée de périls, de rudes travaux et de privations de tout genre auxquels les plus forts tempéraments eux-mêmes ont souvent de la peine à résister. Biencourt succomba à la peine en 1623, à l'âge de trente et un ans; en mourant, il laissa son héritage, son autorité et tous ses droits à son compagnon et son ami Charles de Latour qui pouvait avoir alors vingt-sept ans. Bien que les ressources dont il disposait fussent bien médiocres, ce jeune homme, devenu à son tour seigneur de Port-Royal, s'attacha à continuer l'œuvre de Poutrincourt et de son fils; seigneur, hélas! sauvage et aventurier, qui comptait parmi ses vassaux plus d'Indiens peut-être que de Français, et dont le manoir finit par devenir un campement mobile sous les voûtes de la forêt.

Bientôt en effet de graves difficultés surgirent autour de lui et empirèrent sa situation; les Anglais, depuis Argall, avaient toujours conservé leurs prétentions sur l'Acadie, et en 1621 sir William Alexander, comte de Stirling, obtint du roi d'Angleterre la concession en fief de toute l'Acadie, sous le nom de *Nouvelle-Écosse;* il se proposait lui aussi d'y établir une seigneurie dont le plan nous a été intégralement conservé. Ce plan était conçu sur une échelle beaucoup plus vaste que celui de Poutrincourt, plus vaste même que ceux de Razilly, de d'Aulnay, de Giffard, de Juchereau et tous autres gentilshommes français. Le comte de Stirling, membre de la Chambre

---

1. Parkman, *les Pionniers français en Amérique.* Traduit par Mme de Clermont-Tonnerre. 1 vol. Didier, 1874.

des lords, se proposait de diviser son immense et déserte seigneurie en cent cinquante parts de 3 mille à 6 milles de front sur le rivage de la mer; chaque part devait être concédée, à titre de sous-fief, à des gentilshommes auxquels il conférerait le titre de baronnet, lesquels transporteraient et établiraient sur leurs seigneuries des familles de cultivateurs, auxquelles ils devaient concéder des lots de terre en censive.

Les baronnets auraient eu ainsi pour tenanciers et feudataires la masse des fermiers qui eussent peuplé le pays, tandis qu'eux-mêmes devaient rendre foi et hommage à William Alexander, comte de Stirling, lequel relevait directement du roi d'Angleterre pour la couronne d'Écosse, à laquelle son ordre de baronnets eût été inféodé [1]. On a même conservé les armoiries qui furent assignées à cette principauté avec leur devise : *Munit hæc et altera vincit*.

En 1622 et en 1623, le nouveau prince de la Nouvelle-Écosse fit reconnaître les côtes, et tenta même une prise de possession; ces démonstrations ne laissèrent pas que de jeter quelque inquiétude dans l'esprit de nos colons, et Charles de Latour résolut de faire un grand effort pour renouer ses relations avec la mère-patrie. Nul ne lui parut plus propre à cette mission que son père Claude de Latour, qui, ayant été le compagnon de Poutrincourt, avait eu quelques relations avec les anciens amis de celui-ci; il le chargea de se rendre en France sur un des navires pêcheurs qui fréquentaient la côte; là il devait solliciter pour son fils un titre régulier de commandement, et obtenir quelques secours pour le soutien de la colonie. Celle-ci en effet, si on pouvait encore lui donner ce nom, végétait depuis plus de douze ans, n'ayant d'autres

---

1. Ferland, *Histoire du Canada*. — Beamish Murdoch, *History of Nova Scotia*. Halifax, 1865. Vol. 1, page 68.

ressources que la traite des fourrures et la troque avec les sauvages; les cultures avaient été peu à peu désertées, les bestiaux avaient disparu, et nos pauvres Français reculaient insensiblement vers une demi-sauvagerie.

Ce fut le 25 juillet 1627 que Claude de Latour prit la mer, emportant avec lui une lettre adressée par son fils au roi de France, dont le texte nous a été conservé [1]. Cette supplique fut-elle favorablement accueillie ? On ne saurait l'affirmer, car Latour ne put rejoindre son fils. S'étant en effet rembarqué en 1628, le bâtiment qui le portait fut malheureusement attaqué et pris par une croisière anglaise commandée par Kirk.

Ici se place une des légendes les plus répandues dans l'Amérique du Nord, bien que son authenticité soit très-contestable : Claude de Latour conduit en Angleterre aurait été séduit par William Alexander, qui lui aurait promis un titre de baronnet avec un fief pour lui et pour son fils, s'il décidait ce dernier à reconnaître sa suzeraineté et à lui remettre les postes qu'il occupait dans l'Acadie; Claude de Latour, mis à la tête d'une expédition, aurait échoué vis-à-vis de la magnanime résistance de son fils qui l'aurait laissé à la porte de son fort, en refusant de l'écouter même par les meurtrières; sur ce texte, dont nous abrégeons les détails, ont été publiés en Amérique un nombre prodigieux de romans, de drames, et même des tragédies en vers [2].

En réalité, les seuls faits qui nous soient connus d'une manière sérieuse sont : la lettre de Charles de Latour au roi de France, l'envoi de son père en France, la prise de

---

1. Supplique de Latour au roi, citée par Ferland dans son *Cours d'histoire*.
2. Voir le récit détaillé dans Halliburton, Ferland, Beamish et tous les chroniqueurs de l'Amérique du Nord, le poème de M. Gérin-Lajoie, etc.

celui-ci par Kirk, et l'inscription de leurs noms sur le rôle des baronnets de William Alexander [1]. Ce qui est certain également, c'est qu'en 1629 ce dernier envoya en Acadie un convoi monté par un certain nombre de familles écossaises, qui furent débarquées à Port-Royal, non pas au même lieu où s'était établi Poutrincourt, mais à l'ouest de la rade (où est aujourd'hui Grenville), presque vis-à-vis l'Ile-aux-Chèvres ; ils y bâtirent un fort dont Halliburton assurait encore, en 1830, pouvoir distinguer les traces ; cet emplacement du reste s'appelle toujours aujourd'hui *Scotch-Fort*. Quant aux Français qui avaient pu demeurer jusque-là sur la rivière du Port-Royal, ils se reportèrent dans le haut de la vallée selon Denys, ou dans les postes du littoral.

Le nombre de ces colons écossais s'élevait à un peu plus d'une centaine, y compris *les femmes et les enfants* [2]. Leur établissement ne fut point prospère : au commencement de l'hiver, il n'y restait plus que soixante-dix personnes, et avant le printemps de 1630 il en mourut de nouveau une trentaine de maladies et de privations. Enfin un nouveau convoi arriva d'Angleterre de la part du *seigneur Lord* [3]. Ce secours sauva la colonie d'une destruction complète, mais les Écossais retombèrent de nouveau dans le découragement ; quelques-uns se réfugièrent chez les puritains du Massachussetts, et le surplus, bloqués par les Indiens, eussent tous péri de misère, sans l'arrivée du commandeur de Razilly qui vint en 1632 reprendre possession du pays au nom de la France, après le traité de Saint-Germain-en-Laye. Ainsi prit fin l'entreprise du comte de Stirling, à peine ébau-

---

1. Beamish.
2. Charlevoix. — Ferland. — Beamish. — Mémoire inédit de La Mothe-Cadillac, aux Archives.
3. Beamish.

chée, et avant qu'il eût pu installer dans leurs fiefs ses baronnets, dont les cadres étaient déjà tout préparés en Angleterre [1].

Cependant le jeune Latour s'était toujours maintenu dans l'intérieur et dans ses postes du littoral, d'où il continuait à tenir la campagne, en faisant la troque avec les sauvages. Il y avait bientôt quinze ans qu'il menait, ainsi que ses compagnons, cette existence étrange au milieu des Micmacs, « s'appuyant, dit-il dans une « lettre, sur l'amitié des gens du pays, vivant comme « eux et vêtu comme eux ». On passait l'hiver à courir les bois, en chassant, en troquant des babioles contre les pelleteries des Indiens ; on cabanait dans des huttes de neige, on s'alimentait avec des racines, avec des viandes et du poisson, fumés ou conservés en saumure, puis de temps à autre on revenait vers les magasins de la côte, avec les ballots de fourrure que l'on amassait. Le printemps et l'été, nos aventuriers parcouraient les bords de la mer, vivant de pêche et de chasse, en guettant les navires qui venaient sur ces côtes, à la pêche de la morue ; on leur faisait des signaux pour les attirer vers les petits forts ou magasins palissadés dans lesquels les peaux étaient entassées, et on recevait en retour des armes, des munitions, quelques ustensiles et denrées diverses.

Ces relations étaient irrégulières, mais encore assez fréquentes, car la pêche de la morue avait pris en France un grand développement ; quelques navires se proposaient même comme objet principal le commerce des pelleteries ; ainsi il existait à Bordeaux en 1619 une compagnie qui s'occupait du trafic avec l'Acadie ; sur un de ses navires s'embarquèrent trois Récollets pour les missions de ce

---

[1]. Beamish, p. 74.

pays. Un d'entre eux s'installa à Port-Royal où était encore Biencourt, et les autres se dirigèrent sur la rivière Saint-Jean et sur Miscou [1]. En 1624, trois autres Récollets furent débarqués en Acadie; ils parcoururent tout le Nouveau-Brunswick et parvinrent, ainsi en voyageant à pied, de tribu en tribu et de forêt en forêt, jusqu'à la colonie de Québec, sur le Saint-Laurent.

Ces moines reprenaient ainsi çà et là l'œuvre interrompue des compagnons de Poutrincourt et des pères jésuites de 1612, dans l'apostolat des indigènes; mais ils eurent aussi cette utilité, de tenir rattachés à la civilisation européenne les Français dispersés dans ces solitudes; ils purent aussi régulariser à diverses reprises quelques-unes des unions grossières contractées entre les Français et les squaws; plusieurs des compagnons de Biencourt et de Latour avaient eu en effet des enfants dans ce libertinage; Latour lui-même devint ainsi vers 1626 le père d'une fille nommée Jeanne [2]; et son mariage fut un de ceux que consacrèrent les Récollets, car il paraît par un acte authentique que Jeanne de Latour fut légitimée [3].

Il se constitua donc ainsi quelques rudiments de familles métisses, qui apportèrent plus tard un certain contingent d'utilité lors de l'établissement des premières familles européennes; il eût même été à désirer de voir régulariser ces unions en plus grand nombre; malheureusement, d'après le témoignage de d'Aulnay, la plupart d'entre elles ne furent que le résultat de débauches fortuites et brutales, dont le fruit était abandonné au milieu des tribus, qui n'en étaient ensuite que plus difficiles à civiliser par la morale de l'Évangile.

1. Ferland.
2. Beamish, p. 79.
3. Réclamation de Martin d'Aprendistigny sur la seigneurie de Jensek, du 17 octobre 1672. (Registre des concessions en Acadie.)

« Après le décès du dit sieur de Biencourt, le dit Latour
« courut par les bois avec dix-huit ou vingt hommes, se
« mêlant avec les sauvages et vivant d'une vie libertine
« et infâme, sans aucun exercice de religion, n'ayant pas
« même soin de faire baptiser les enfants procréés d'eux
« et de ces pauvres misérables femmes, au contraire
« les abandonnant à leurs mères, comme encore à présent
« font les coureurs de bois [1]. » Ici évidemment d'Aulnay
charge un peu trop Latour qui était son ennemi, mais un
tel extrait peut donner une idée de la vie ordinaire de
ces coureurs de bois, et nous voilà certes bien loin de
Poutrincourt, de Lescarbot et de leurs compagnons!

Non-seulement l'existence de Latour et des siens était
ainsi aventureuse et désordonnée, mais un certain nombre de Français (quelques déserteurs de navires peut-être?), s'étant assemblés sur la grande rivière de la Hève,
se refusaient à lui obéir et formaient une bande, comme
il nous l'apprend lui-même, rivale de la sienne [2]. Dans
de telles circonstances, et en présence de la colonie
écossaise, Latour sentait de plus en plus le besoin de
rentrer en rapports réguliers avec le gouvernement
français; la mission de son père étant restée infructueuse,
il résolut en 1630 d'expédier en France celui de ses
hommes qui lui inspirait le plus de confiance, un nommé
de Krainguille [3], qui prend le titre de son lieutenant.
Dans ce dessein Latour profita probablement de la présence de deux navires de Saint-Jean-de-Luz, commandés
par le capitaine Marot, avec lequel il avait trafiqué, et
qui même lui laissa quelques engagés venus de France,
avec trois nouveaux moines récollets [4]. Krainguille partit

---

1. Mémoire de d'Aulnay en 1644. — Moreau.
2. Supplique de Latour au roi de 1627, citée par Ferland.
3. Beamish, p. 80.
4. Archives de la marine.

donc avec lui, et étant parvenu à s'introduire à la cour, il exposa comment Biencourt et après lui Charles de Latour s'étaient toujours maintenus en possession de l'Acadie au nom du roi de France ; comment ils y vivaient, et au prix de quelles privations et de quels dangers ils se soutenaient dans ce pays contre les entreprises des Anglais et contre leur propre dénûment. Il raconta l'occupation de Port-Royal, où, d'après son dire, les Écossais demeuraient encore avec leurs familles et du bétail [1].

Le roi, reconnaissant de cette longue et courageuse persistance, accorda le 11 février 1631 une commission royale confirmant, par provision, Latour dans son commandement ; puis le capitaine Krainguille repartit pour l'Acadie sur un navire de Bordeaux, commandé par le capitaine Laurent Ferchaux, qui le déposa à bon port au fort de Lomeron, où il remit à Latour les brevets qui désormais régularisaient sa situation pour le présent et pour l'avenir, car ces titres acquirent bientôt une valeur réelle, lorsque la paix fut rétablie entre la France et l'Angleterre.

Tel était en effet l'état des choses, lorsque fut conclu en 1632 le traité de Saint-Germain-en-Laye ; l'Acadie ayant été formellement reconnue possession française, Richelieu, dont le génie actif embrassait les moindres cases de l'échiquier politique, suscita et patronna aussitôt deux compagnies de commerce et de colonisation, l'une pour le Canada et l'autre *aux fins de restaurer et développer les établissements de l'Acadie ;* M. Isaac de Razilly, commandeur de Malte et officier supérieur de la marine, se mit à la tête de l'opération et reçut de Richelieu lui-même les instructions suivantes [2] :

« Le sieur de Razilly ira recevoir des mains des Anglais

---

1. Beamish.
2. Archives de la Marine.

« la côte d'Acadie et notamment Port-Royal, pour y
« établir la compagnie formée par ordre de Sa Majesté
« pour le dit pays, et ceci au compte et aux frais de la
« dite compagnie, à charge par le roy de fournir le vais-
« seau l'*Espérance en Dieu*, tout armé, plus 10,000 livres
« comptant, sans qu'il puisse en coûter autre chose
« au roy.

« Il y passera trois capucins et le nombre d'hommes
« que la dite compagnie jugera à propos, avec victuailles
« et provisions nécessaires, et on renverra dans l'année
« le vaisseau l'*Espérance en Dieu*. »

II

RAZILLY ET D'AULNAY

« L'histoire, dit M. Ferland [1], jouit en Amérique d'un
« avantage inconnu aux histoires européennes, qui, en
« remontant le cours des temps, vont se perdre dans les
« ténèbres de la fable. Au Canada, l'histoire a assisté à
« la naissance du peuple dont elle décrit l'enfance, et
« qu'elle voit arriver aujourd'hui à l'âge viril. Elle l'a
« connu dans toute sa faiblesse, elle a reçu ses plaintes,
« lorsqu'il était tout petit et souffreteux; elle a entendu
« ses premiers chants de joie, elle est préparée à le
« suivre et à l'encourager dans les luttes que recèle
« encore l'avenir.

« D'ailleurs cette histoire présente, dans ses premiers
« temps surtout, un caractère d'héroïsme et de simplicité
« antique que lui communiquent la religion et l'origine
« du peuple canadien... En effet, c'est au nom de la re-
« ligion que les rois de France chargeaient Jacques
« Cartier et Champlain d'aller à la découverte pour ci-
« viliser et convertir ces pays nouveaux. »

Les instructions que reçut le commandeur de Razilly
à son départ pour l'Acadie ne furent point différentes, et

---

[1]. *Histoire du Canada.*

l'on voit que le roi lui adjoignit, comme auxiliaires essentiels, trois pères capucins; ordre qui joua un grand rôle dans la colonisation de l'Amérique du Nord, sous le nom de Récollets, nom qui leur est généralement attribué dans les annales du temps. L'expédition partit d'Auray le 4 juillet 1632, forte de deux navires montés par trois cents hommes; et au commencement d'août le commandeur reçut Port-Royal des mains des Anglais [1]. Quelques-uns des Écossais établis en ce lieu y restèrent, au témoignage de La Mothe-Cadillac [2]; on cite, notamment, une famille écossaise qui, ayant reçu des Français une assistance bienveillante, s'associa à leur fortune; mais quarante-six d'entre eux, c'est-à-dire le plus grand nombre, furent renvoyés en Angleterre. (*Gazette de Renaudot*, citée par Moreau, page 116.)

Les Écossais qui demeurèrent à Port-Royal se mêlèrent alors avec quelques Français, qui s'étaient toujours maintenus dans le haut de la rivière, et il se reforma ainsi un petit noyau de population en cet endroit; mais Razilly et ses immigrants s'établirent à la Hève, au levant de la presqu'île; quant aux aventuriers français qui étaient restés dans ce pays depuis Poutrincourt, à la suite de Latour fils, ils ne paraissent s'être mêlés que fort peu avec les nouveaux arrivants; ils continuèrent pour la plupart à parcourir la contrée avec leur chef, se livrant au commerce des fourrures, tantôt vers le cap Sable, tantôt sur le fleuve Saint-Jean; la longue pratique d'une vie errante et aventureuse les rendait peu propres à s'attacher aux travaux sédentaires de l'agriculture : ils demeurèrent donc presque tous avec Latour. Le commandeur ne rechercha point leurs services, car il ne voyait aucune utilité à les mélanger avec les familles euro-

---

[1]. Archives de la Marine, et Moreau.
[2]. Voir aussi Ferland.

péennes, qu'il se proposait d'installer immédiatement dans les habitudes d'un travail assidu et régulier ; il abandonna même toute idée de s'établir à Port-Royal, et frappé de l'importance commerciale du port de la Hève où il avait débarqué, sur la côte orientale de l'île, ce fut là qu'il résolut de se fixer avec tous ses immigrants. Parmi ceux-ci se trouvaient des engagés célibataires et des familles ; il serait difficile de préciser le nombre de ces dernières, mais le fait est constant [1]. On peut même désigner certaines familles acadiennes dont l'origine remonte jusqu'à cette époque d'une manière à peu près certaine : ainsi les *Martin*, les *Trahan*, les *Landry, Gaudet, Lejeune, Joffriau*, etc., etc.

Il délimita aussitôt des lots de terre qu'il concéda à chaque famille sous les conditions de censive ordinaire ; plusieurs actes d'engagement et de concession conservés au Canada pourraient nous permettre d'en reconstituer la formule.

« Les seigneuries furent divisées en général en fermes
« de cent arpents, et concédées à raison de un ou deux
« sols de rente par arpent, plus un demi-minot de blé pour
« la concession entière ; le censitaire s'engageait à faire
« moudre son grain au moulin du seigneur, moyennant
« un droit de mouture du quatorzième, et à payer, pour
« droits de *lods et ventes,* le douzième du prix de la terre.

« Il n'était point dû de lods et ventes, pour les héritages
« en ligne directe.

« Les cens et rentes n'ont jamais été fixés par les lois,
« mais bientôt la loi canadienne ne considéra plus le
« seigneur que comme une espèce de fidéi-commissaire,
« car s'il refusait de concéder des terres aux colons à dés
« taux fixes, l'intendant était autorisé à le faire pour lui

---

1. Denys. — Moreau. — Acte de concession de Cobeguit à Mathieu Martin.

« par un arrêt, dont l'expédition était un titre pour le
« censitaire [1]. »

Pendant que les familles préparaient leur installation première, les engagés cherchaient et approchaient les matériaux, de sorte que chacun, profitant de l'abondance extrême du bois de construction, édifia promptement une maison grossière sur son terrain.

Razilly établit de suite un grand ordre dans la mise en œuvre des hommes et des choses. Les bestiaux furent distribués entre les familles, et au bout de quelques mois il eut la satisfaction de voir le fortin de bois, qui lui servait de magasin et de manoir, entouré d'un certain nombre de petites fermes, où demeuraient ses vassaux qui commencèrent dès lors à défricher et à ensemencer le sol; les femmes et les enfants reprenaient en même temps le cours interrompu des occupations ménagères et domestiques, qui étaient à leur usage dans leur patrie primitive. La famille européenne était donc désormais implantée pour toujours sur la terre d'Acadie, et reliait, par la TRADITION, la société ancienne à la société nouvelle qui allait se former. Denys rapporte qu'il fut ainsi réparti quarante lots de terrain [2], mais il comprend sans doute dans ce chiffre les concessions accordées même aux engagés célibataires, car il n'est pas probable qu'il y eût alors plus de douze à quinze familles en Acadie.

Razilly fut secondé dans ses travaux par deux hommes qui s'étaient associés à lui dans cette création, et qui devaient jouer un rôle important dans la contrée : l'un, *Charles de Menou, seigneur d'Aulnay*, appartenait à une des plus nobles familles du Bas-Berry, et était probablement apparenté aux Razilly; l'autre, *Nicolas Denys*, était un

---

1. Garneau, t. I, page 158. Garneau paraît ignorer ici que cette fixité de la rente était le trait ordinaire de la coutume féodale.
2. Denys, *Description*, etc.

négociant entreprenant et industrieux qui s'était joint à l'expédition pour étudier les ressources de la Nouvelle-France et en organiser l'exploitation; non-seulement il prit une part active dans la colonisation du pays, mais il en a laissé une description qui offre une source précieuse d'informations; il s'y fixa et ses descendants se sont distingués dans la noblesse du Canada où peut-être leur postérité existe même encore aujourd'hui [1].

Denys s'occupa surtout du côté commercial et financier de l'entreprise; c'était lui qui tenait les magasins, qui recevait et expédiait les marchandises. Il créa de suite quelques produits propres à être expédiés en France, pour couvrir les achats de toute nature que nécessitait l'entretien de la colonie; indépendamment des pelleteries que l'on achetait aux Indiens, il tira parti des magnifiques bois de charpente qui couvraient le sol, et il les chargeait sur les navires de retour, après en avoir converti une partie en madriers et en merrain.

D'Aulnay se consacra plus spécialement à l'installation des colons et aux travaux de la culture; c'était lui qui veillait à l'approvisionnement de toutes ces familles, lesquelles furent défrayées de tout, pendant les premières années, tant au moyen des subventions premières fournies par le gouvernement que sur les propres ressources de M. de Razilly et de la société dont il était le représentant [2]. Il les guidait dans leurs défrichements et leurs travaux, rassurant les uns, modérant les autres, encourageant et soutenant tout le monde; une seule chose le contrariait dans les plans du commandeur, c'était le choix qu'il avait fait de la Hève, dont la

---

1. Il y a un siècle on voyait encore au Canada les *Denys de la Ronde, Denys de Vitré, Denys de Bonaventure*, etc., etc.

2. Denys. — Moreau. — Comptes entre d'Aulnay et les héritiers de M. de Razilly. Beamish.

situation resserrée et le territoire rocheux offraient aux cultivateurs peu de terrains fertiles; souvent il présenta à ce sujet des observations judicieuses, mais inutiles; l'excellence du port de la Hève, sa plus grande proximité de l'Europe, et les relations faciles et fréquentes que l'on y entretenait avec les bâtiments de pêche dans la saison des morues, avaient primé toute autre considération dans l'esprit du commandeur [1].

Port-Royal cependant, comme l'avait si bien jugé Poutrincourt, offrait des avantages beaucoup plus sérieux pour la prospérité agricole de la seigneurie et des censitaires : il y était resté quelques colons, les uns Écossais, comme nous l'avons vu, les autres Français datant de Poutrincourt, et mariés, autant qu'on peut le présumer, avec des Écossaises ou avec des filles métisses. Ces colons, bien que fort isolés et dénués de soutien, voyaient le produit de leurs cultures s'accroître sensiblement, tandis qu'il était facile de prévoir qu'à la Hève les cultivateurs se trouveraient promptement à l'étroit, et hors d'état d'y poursuivre un développement suffisant dans l'avenir. Les débuts néanmoins furent assez satisfaisants : trois années ne s'étaient pas écoulées depuis l'établissement de la seigneurie, que déjà chaque famille subvenait à son alimentation par les produits de ses cultures et de son bétail, car on avait importé quelques animaux et dans toutes les fermes il y avait maintenant une ou deux vaches, quelques moutons et des porcs.

Cependant il s'en fallait de beaucoup que la colonie pût se suffire entièrement à elle-même; si le commerce des fourrures n'était point venu en aide au seigneur de la Hève, ses censitaires fussent promptement retombés dans une situation plus ou moins semblable à celle des

---

1. Mémoire manuscrit attribué à Cadillac. — Rapport de M. de Meulles. *Archives de la Marine.*

hommes de Biencourt après la mort de son père; ce n'étaient encore que des arbres transplantés qui n'avaient établi que des racines insuffisantes dans le sol nouveau; les produits de leur travail pouvaient satisfaire à certaines exigences de leur consommation, mais ils eussent été hors d'état de solder les objets manufacturés qu'il fallait faire venir d'Europe; ils étaient en outre trop peu assurés de la régularité de leurs propres produits pour ne pas tomber dans l'hésitation et le découragement, s'ils s'étaient sentis tout à coup abandonnés à leurs seuls efforts. Les profits réalisés sur les pelleteries étaient eux-mêmes presque toujours insuffisants pour solder les avances qu'il fallait encore faire à l'établissement, et le Commandeur fut obligé à diverses reprises de recourir soit aux fonds de la société, soit à ses ressources personnelles et à sa famille.

Ce fut sans doute une des considérations qui le poussèrent à diviser le pays en plusieurs seigneuries, afin d'alléger ses charges; il était en effet non pas seulement seigneur de la Hève et représentant de la Compagnie de la Nouvelle-France, mais encore gouverneur de l'Acadie au nom du roi de France, et comme tel il avait le droit de concéder, à titre de fief, telle portion du pays qu'il lui semblait convenable. Ce fut à Charles de Latour que fut accordée la première de ces concessions; c'était à la fois la confirmation et la détermination de la gratitude que le roi lui avait manifestée quelques mois auparavant, pour le récompenser de l'énergique persistance avec laquelle il avait maintenu en Acadie les droits et le nom de la France. Il lui fut accordé en toute seigneurie: les anciens postes du cap Sable, au sud de la presqu'île, où il avait autrefois fixé sa résidence; et le bassin du fleuve Saint-Jean (Nouveau-Brunswick), territoire riche en fourrures, où il s'était porté de préférence

dans ces derniers temps ; il contruisit alors sur ce fleuve, au lieu nommé *Jemsek*, un fort auquel il donna son nom [1] ; mais trouvant son personnel insuffisant, et désirant même s'appuyer sur un établissement agricole, il passa en France en novembre 1632 avec le dessein de ramener des engagés pour son propre service et des familles de cultivateurs, qu'il eût constituées comme ses censitaires autour de son fort de Jemsek. Le 6 mars 1632, il faisait publier à la Rochelle qu'il offrait, « à tous ceux qui vou-
« draient choisir pour retraite le climat de l'Acadie,
« des terres, des prés grandement fertiles, que la Com-
« pagnie de la Nouvelle-France lui avait concédés, abon-
« dants en toutes sortes d'oiseaux et d'animaux de
« chasse [2] ».

Il ne paraît pas néanmoins qu'il ait emmené avec lui, comme Razilly, des familles toutes constituées. Si quelqu'un de ses nouveaux compagnons se trouva marié, ce fut une exception, car la suite des documents ne nous montré aucune famille européenne établie dans ses fiefs avant 1651 [3] ; lui-même ne prit une épouse française que vers 1640 [4] ; il avait auparavant vécu maritalement avec une squaw indienne dont il eut une fille, quasi légitime ou au moins reconnue, nommée Jeanne, née vers 1626 [5].

Son projet de seigneurie agricole et censitaire n'eut donc point de suite, ses cultures, s'il en fit, demeurèrent très-restreintes, et les nouvelles recrues d'engagés qu'il

---

1. Description du fort de Jemsek dans les mémoires des commissaires, cités par Beamish, p. 147.
2. *Gazette de Renaudot*, citée par Moreau.
3. Mius d'Entremont et sa famille, qui furent amenés par lui en 1651. *Archives de la Marine.*
4. Marie Jacquelin, native du Mans. (Moreau, page 156.)
5. Recensement de 1686. *Riv. Saint-Jean. (Archives.)* — Beamish, p. 140. Cette Jeanne épousa Martinon d'Aprendistigni. Voir sa réclamation comme héritière de Latour dans les concessions de l'Acadie.

amena de France furent employées dans son trafic de pelleteries, auquel il donna une grande extension. Le fort de Jemsek situé à vingt-cinq lieues de l'embouchure du fleuve Saint-Jean, et qu'il nommait *le fort Latour*, était un poste important par lui-même (il était fortifié presque régulièrement)[1], et par sa position, car il dominait le bassin du fleuve, par lequel Latour recevait facilement les fourrures d'un immense territoire ; chaque année, en effet, on voyait arriver à Jemsek toutes les flottilles de canots qui descendaient du fleuve et de ses affluents, les uns montés par les agents et les coureurs de bois expédiés par Latour, les autres conduits par les Indiens eux-mêmes ; ce commerce, grâce à la paix rétablie entre les deux couronnes, jouissait d'une sécurité jusqu'alors inconnue, et donnait de tels profits, qu'en certaines années on peut évaluer ceux de Latour de 100 à 150,000 livres [2].

Razilly voulut aussi récompenser les bons services de Denys, en lui concédant en fief les côtes du golfe Saint-Laurent depuis le détroit de Campseau jusqu'à la baie des Chaleurs. Mais Denys était plutôt commerçant que colonisateur ; il s'adonna non-seulement au trafic des fourrures, mais aussi à l'exploitation des bois de charpente, du merrain, et surtout à la pêche maritime ; son principal établissement était à Chedabouctou, près Campseau ; il y fit exécuter quelques travaux de culture, mais il ne paraît pas que nulle part il ait installé une véritable colonie agricole composée de familles européennes [3]. Il se trouvait certes sur ces rivages, fréquentés depuis

---

1. Description du fort Latour citée par Beamish.
2. Voir dans Beamish et dans Moreau le procès intenté par Mme de Latour à un capitaine de navire, et divers autres détails.
3. *Description des côtes de l'Amérique*, par Denys. — Recensement de 1686.

un demi-siècle par les navires de pêche, des filles de sang mêlé. Les gens de Denys purent donc contracter des unions plus ou moins régulières avec ces filles ou avec des squaws indiennes ; mais c'est la seule trace de famille dont on trouve l'indice dans ce quartier de l'Acadie, sauf toutefois celle du seigneur lui-même, dont les enfants succédèrent plus tard à leur père, poursuivirent son œuvre, et devinrent l'origine de plusieurs familles seigneuriales du Canada.

Toutes les familles d'origine européenne se trouvaient donc concentrées au Port-Royal et à la Hève, où résidaient M. de Razilly et M. d'Aulnay de Charnisay ; le commandeur avait gardé près de lui ce dernier : il était son parent et la cheville ouvrière de son établissement seigneurial et agricole ; il désirait en faire le continuateur de ses travaux. Toujours obsédé néanmoins par les difficultés pécuniaires que rencontrait le développement de son entreprise, il conçut un moment un projet dont les conséquences eussent été de la plus grande importance, s'il avait pu réussir : il était, nous le savons, un des grands dignitaires de l'ordre de Malte, et commissionné momentanément dans le service maritime du roi de France. Or il songea à associer à ses desseins l'ordre auquel il appartenait ; les chevaliers de Malte étaient presque tous destinés à être marins ; la possession d'un fief considérable et d'un bon port sur les côtes de l'Amérique pouvait donc être à la fois un but excellent de navigation pour former les jeunes chevaliers dans leurs caravanes, et offrir plus tard à l'ordre un domaine important et fructueux. Il écrivit dans ce sens au grand-maître ; il eût abandonné sa seigneurie de la Hève avec ses dépendances, et probablement aussi le magnifique port de Chibouctou (aujourd'hui Halifax). En y créant une commanderie sous la suzeraineté du roi de France, les chevaliers eussent poussé avec activité la création d'une station navale, dont les chantiers eussent été alimentés par les belles forêts de la contrée, tandis que la population se serait rapidement établie, groupée et développée autour de ce poste.

Dans ce plan, la seigneurie de Port-Royal avec ses alentours était réservée pour d'Aulnay, qu'il aimait particulièrement et dont il connaissait les goûts et les aptitudes agricoles, tandis que lui-même eût pu se ménager encore, sur les côtes du sud ou sur la baie Française, un fief respectable où il se fût installé comme gouverneur royal de l'Acadie. Razilly eût eu de la sorte la satisfaction de voir la colonie acadienne bien établie dans un court laps de temps, avec quatre ou cinq seigneuries coloniales, dont l'ensemble eût acquis promptement une importance capable de balancer l'accroissement, que faisaient dès lors présager les colonies anglaises du Massachussetts et de la Virginie.

Malheureusement ces beaux projets ne purent aboutir : le commandeur *de Paulo*, un des conseillers du grand-maître, répondit que les dépenses considérables entraînées par les fortifications du port Lavalette ne pouvaient permettre de s'engager dans une entreprise si lointaine et pleine d'imprévu[1] ; détermination fâcheuse, aussi bien pour l'avenir de l'ordre de Malte que pour celui de l'Acadie.

Tels étaient les soucis et les vues du commandeur de Razilly, et peut-être eût-il trouvé quelque nouvelle combinaison propre à donner une forte impulsion à la colonie qu'il avait fondée, si la mort n'était venue le frapper en 1636. D'Aulnay se trouvait naturellement désigné pour succéder à son autorité, au moins provisoirement ;

1. Moreau.

il paraîtrait même qu'il fut confirmé dans ces fonctions et comme gouverneur, et comme représentant de la Compagnie de la Nouvelle-France ; mais ce changement fut probablement mal accueilli par Latour et par Denys chacun dans leurs seigneuries respectives, car nous voyons surgir aussitôt des contestations assez fâcheuses pour qu'une patente royale en date du 10 février 1638 intervînt pour les aplanir. Cette patente nommait deux lieutenants gouverneurs en Acadie : l'un, Charles de Menou, sieur d'Aulnay de Charnisay ; l'autre, Charles de Latour de Saint-Étienne ; mais la rédaction de cet acte révèle chez ses auteurs une grande légèreté, une connaissance très-insuffisante du sujet, et la délimitation des fonctions et des territoires s'y trouve si mal conçue, qu'elle aboutit promptement à des dissensions envenimées, comme nous le verrons tout à l'heure.

Poutrincourt avait été dominé par l'idée de fonder une seigneurie, une sorte de principauté pour sa famille ; Razilly, chevalier de Malte et sans famille propre, créa une seigneurie où il se plaisait à préparer l'agrandissement de la France, en lui donnant par delà les mers, comme disait Lescarbot, une province digne d'être sa fille. D'Aulnay se rattacha davantage à la tradition de Poutrincourt : comme lui, il songea à une grande situation féodale relevant de la couronne, et comme lui aussi il voulut établir sa famille en Amérique, dans une seigneurie agricole entourée de ses tenanciers et de sa mouvance, comme celle où il avait été élevé lui-même. Plus heureux que ses devanciers, il put grouper dans cette seigneurie de nombreuses familles qui formèrent une population stable et laborieuse ; il put se fixer au milieu d'elles avec sa femme et ses enfants, et pendant près de quinze ans il y joua le rôle d'une sorte de seigneur suzerain, chef de tribu campagnard et guerrier !

Comme gouverneur du pays, il était chargé au nom du roi de la police intérieure et extérieure, et comme représentant de la Compagnie de la Nouvelle-France, en même temps que seigneur propriétaire, c'était à ses risques et profits que s'opéraient le peuplement de la contrée et les diverses opérations de trafic, qui formaient le bénéfice privilégié des sociétaires. Ses ennemis, et il en eut beaucoup, lui ont reproché avec une partialité excessive d'avoir été dominé par une ambition sans scrupule et par une âpreté rapace ; cette opinion a prévalu trop exclusivement jusqu'ici dans le jugement des historiens [1], et il est même très-regrettable de voir le caractère de d'Aulnay et les faits de cette époque complétement méconnus et défigurés par des écrivains aussi estimables et aussi exacts d'ordinaire que Garneau et Ferland. Mais aujourd'hui que nous connaissons mieux ses travaux, son activité et son intelligence, grâce aux recherches patientes et pleines d'érudition de M. Moreau [2], il est nécessaire de reconnaître que la persistance et le dévouement infatigables qu'il montra dans l'accomplissement de son œuvre méritent plus de justice.

Vers ce même temps, la colonie française du Canada commençait à se développer, et dans cette contrée Champlain, Giffard de Beauport, Juchereau de La Ferté et les Sulpiciens de Montréal nous offrent certainement les types les plus accomplis des colonisateurs de cette époque. Nous pourrions citer au même titre le Hollandais Schüyler à Manhattan (New-York), les cavaliers de la Virginie, Georges Baltimore, et surtout les puritains du Massachussetts. Mais d'Aulnay ne le cède à aucun d'entre eux et son histoire est un des documents les plus curieux à étu-

1. Voir Denys, Nicolas, Garneau, Ferland, Halliburton, Parkmann et même Beamish.
2. Moreau, *Hist. de l'Acadie française* (Paris, Techener).

dier pour celui qui veut bien connaître quel était l'esprit qui animait les colonisateurs du XVIIe siècle et quels procédés ils mettaient en œuvre.

Aussitôt après la mort de Razilly, dont il avait été le collaborateur, d'Aulnay imprima donc une nouvelle impulsion à son entreprise. Il comprenait l'erreur que le commandeur avait faite en multipliant les postes dans une colonie immense et faible, et en choisissant, pour son premier établissement, les terres peu fertiles de la Hève ; il s'attacha aussitôt à réparer cette faute, en réunissant toutes ses ressources et tous ses efforts sur Port-Royal, que la tradition, l'excellence de son port et la fécondité du sol avaient toujours désigné comme le chef-lieu de l'Acadie.

En 1640, le tribunal, le greffe, le manoir et les tenanciers censitaires étaient tous installés à Port-Royal [1] ; on y avait transféré tous les fermiers et cultivateurs qui avaient été d'abord établis à la Hève [2], ne laissant en ce lieu que les familles des métis, les magasins et les gens nécessaires pour les garder, car ce poste conserva toujours une certaine importance commerciale ; souvent en effet on débarquait à la Hève des marchandises que l'on transportait à Port-Royal, en traversant la presqu'île au moyen d'une sorte de route, dont nous avons pu constater encore les traces en 1860, au milieu des forêts qui couvrent l'intérieur du pays entre ces deux villes.

Denys insinue que d'Aulnay dut employer la contrainte pour déterminer certaines familles à quitter la Hève. Cette assertion est-elle bien fondée, ou n'est-elle que le résultat

1. Procès verbal d'information contre Latour, dressé à Port-Royal en 1640. — Procès de l'île aux Cochons, dans le mémoire anonyme de 1702 ; il y est question d'une concession faite par d'Aulnay à Jacob Bourgeois. (*Archives de la Marine.*) — Mémoire de Desgouttins du 29 novembre 1703. (*Id.*)

2. Denys.

de la malveillance de Denys ? Nous ne saurions le décider ; mais ce qui est certain, c'est que l'opération de d'Aulnay fut tellement raisonnable et avantageuse pour tous, que ceux-là même qui vinrent à Port-Royal à contre-cœur durent peu d'années après bénir son intervention en cette circonstance.

La concentration de tous les colons cultivateurs parut néanmoins insuffisante au seigneur de Port-Royal pour former le noyau du fief qu'il voulait créer ; étant donc passé en France dans l'année 1641 [1], il ramena avec lui un certain nombre de familles nouvelles et plusieurs engagés ; divers indices nous donnent lieu de présumer qu'il les chercha dans sa province et dans les propres biens de son père, René de Menou, seigneur de Charnisay (Touraine, sur les confins du Berry) [2]. Tel avait été le plan de Poutrincourt, et c'est ainsi qu'en ce moment même *Giffard de Beauport* et *Juchereau de La Ferté*, seigneur de More, opéraient dans le Perche, pour peupler leurs seigneuries du Canada.

On peut évaluer à une vingtaine le nombre des familles que d'Aulnay transporta alors en Acadie [3]. Lui-même, prêchant d'exemple, avait depuis longtemps installé avec lui dans ce pays sa femme, Jeanne Molin, fille de Louis

---

1. Beamish, page 96. — Moreau, page 120.

2. Moreau, pages 120 et 123, cite un contrat passé entre d'Aulnay et Claude de Razilly, à Tours, le 19 février 1642.

3. Parmi les familles qui nous paraissent remonter jusqu'à d'Aulnay sans atteindre l'époque de Razilly, nous citerons : Doucet *dit* de La Verdure, — Jacob Bourgeois, — Petitpas, — Boudrot, — dont la présence à Port-Royal est attestée par des documents authentiques. *Gestion de la succession du sieur d'Aulnay :* — Contrat de mariage de Mme veuve d'Aulnay avec Latour, — Procès de l'île aux Cochons, — Actes de l'église de Beaubassin, — Informations contre Latour en 1640 et en 1643.

Nous citerons en outre, d'après certaines inductions : les familles Hébert, Blanchart, Dupuis, Sçavoye, etc.

Molin [1], seigneur de Courcelles en Charolais, dont il avait déjà quatre enfants. Ces immigrants étant réunis aux anciens colons de Razilly, il se trouva quarante familles environ de cultivateurs, ainsi groupées dans la vallée de Port-Royal; quelques-unes d'entre elles, quoique nous ne puissions préciser aucun nom, remontaient, au moins par des alliances avec les filles métisses, jusqu'aux colons de Poutrincourt (billets de concession cités par de Meulles et par Cadillac) [2]; d'autres avaient été amenées par Razilly [3], et le surplus venait de s'installer dans la contrée. Tous étaient pourvus de concessions de terre par lots de 100 arpents environ, qui étaient chargées d'une rente foncière et perpétuelle de 1 sol de rente par arpent, plus une redevance variable en poulets et autres menues denrées ; ce mode de colonisation exigeait ainsi fort peu de déboursés de la part des colons ; quelques-uns d'entre eux recevaient même du seigneur des avances en nature pendant le travail de leur installation, et ces avances étaient généralement remboursées en journées de travail durant les années suivantes [4]. Les rentes et les redevances ne constituaient en réalité qu'un profit très-médiocre pour le seigneur, mais il pouvait espérer sinon pour lui, du moins pour ses enfants, un accroissement de recettes notable, par les droits de mouture et par les droits de

---

1. Les uns écrivent Motin, d'autres Molin ; nous avons préféré la version de M. Moreau qui a eu les papiers de la famille entre les mains.

2. Rapport de M. de Meulles en 1685. (*Archives*.)
Mémoire sur l'Acadie qui paraît rédigé sur des notes de Cadillac. (*Archives*.)

3. On peut citer les Martin, Dugas (lettre Desgouttins), Trahan (information contre Latour en 1640), et probablement : Gaudet, Bayols et Peseley, Mélanson, Landry, Pelletret, Aucoin, etc.

4. Voir les contrats passés entre Giffard de Beauport et ses censitaires en Canada en 1640, Ferland, Garneau, t. I, page 158. — Voir aux documents.

lods et ventes prélevés sur les actes d'aliénation ; les charges du colon et les profits du seigneur étaient ainsi reportés, pour la plus forte partie, sur un avenir à long terme, et comme les droits de lods et ventes et autres droits seigneuriaux étaient proportionnels, dans leur importance, au degré de richesse répandu dans le pays, il imprimait à l'œuvre colonisatrice un caractère de solidarité dans le temps et dans les personnes dont la portée morale et sociale est facile à saisir ; ce mode de colonisation n'était du reste que la reproduction du type de la seigneurie féodale et de son institution en Europe depuis l'abolition du servage à la glèbe et sa transformation en propriété censitaire [1].

En outre des fermes de ses tenanciers, d'Aulnay établit par lui-même deux grosses fermes qui étaient exploitées pour son compte, au moyen des engagés qu'il avait ramenés de France. Un de ses premiers soins fut aussi la restauration complète de l'ancien moulin de Poutrincourt, auquel il annexa une scierie, puis il édifia un nouveau moulin à blé qui marchait à l'aide du vent [2]. Les maisons d'habitation étaient sans doute fort grossières : un grand nombre étaient édifiées avec des arbres entassés les uns sur les autres sans même être équarris ; quelques-unes reposaient sur de gros pieux plantés en terre, entrelacés avec des branches, et *bousillés* avec de l'argile (selon l'expression de Diéreville). Les mieux conditionnées et le manoir lui-même étaient formés par de grosses poutres dégrossies, étagées les unes sur les autres et assemblées par les extrémités ; ce genre d'édifice s'appelle encore aujourd'hui une construction de pièces sur pièces. Le tout était

---

1. Guérard, *Polyptique d'Irminon*. — *Hist. des classes agricoles en Normandie*, par Léopold Delisle. — Ch. Louandre, *Terrier d'Abbeville en* 1312.

2. Moreau.

couvert quelquefois en bardeaux, le plus souvent avec des roseaux ou des morceaux d'écorce. Les meubles étaient façonnés avec des quartiers d'arbres encore bruts, et les ustensiles presque tous en bois grossièrement ouvragé. Mais encore de nos jours les établissements des pionniers ne diffèrent guère de ce tableau; ils consacrent leurs premiers soins et tout leur travail à créer les premières récoltes, réservant pour l'avenir la transformation de ces campements primitifs, alors qu'ils se seront munis de certaines avances contre les nécessités urgentes de la vie.

Le peu de Français qui étaient restés dans la vallée de Port-Royal, sous Razilly et avant lui, s'étaient reportés dans l'intérieur, vers le haut de la rivière, afin de s'éloigner des incursions anglaises [1]. Mais le nouveau seigneur ayant fait rétablir, sur l'emplacement du vieux fort de Poutrincourt, une enceinte fortement palissadée et terrassée, on vit plusieurs familles installer leurs cultures et même leurs demeures vers l'embouchure de la rivière [2].

Chaque printemps, d'Aulnay vendait aux navires qu'appelait sur ces côtes la pêche de la morue les pelleteries qu'il avait ramassées pendant l'hiver; on lui livrait en échange du fer, des outils, de la poudre, quelques étoffes et autres marchandises d'Europe. Son père, le vieux sire René, et sa famille se maintenaient d'ailleurs en relations constantes avec lui, et c'est par leur intermédiaire qu'il sollicitait à la cour, dans les litiges et autres difficultés qu'il eut à surmonter, car son père était un seigneur bien posé, ayant du crédit près des minis-

---

1. Denys, *Description des côtes de l'Amérique.*
2. Procès de l'île aux Cochons, dans le mémoire anonyme de 1702, catalogué aux Archives de la Marine comme mémoire important sur l'Acadie.

tres et possédant un hôtel à Paris, rue de Grenelle-Saint-Germain [1], n° 16.

Quant à lui, ayant complétement renoncé à la cour et à toute ambition de charges et d'honneurs, il vécut pendant tout le reste de son existence dans sa petite principauté, en seigneur rustique, comme une sorte de Robinson féodal ; mêlant les habitudes de la gentilhommerie berrichonne aux occupations plus excentriques que nécessitait une colonie naissante, il partageait son temps entre la gestion de ses fermes, les excursions qu'il poussait dans l'intérieur parmi les Indiens, et la surveillance des travaux toujours renaissants, par lesquels il cherchait à développer cette création coloniale à laquelle il s'était voué sans réserve [2].

« Habile en l'art de gouverner les hommes, dit M. Mo-
« reau, il savait les employer avec discernement ; on ne
« voit pas qu'en aucune circonstance il ait rencontré de
« l'hésitation dans l'accomplissement de ses ordres, ni
« que l'intelligence de ses agents lui ait fait défaut. Dans
« la relation que nous venons de citer et qui a été écrite
« à Senlis, trois ans après la mort de d'Aulnay, le frère
« Ignace de Paris lui accorde cette louange, que pendant
« les onze années de sa résidence à Port-Royal il ne
« lui a jamais entendu prononcer aucune parole inju-
« rieuse au moindre de ses gens. Il rend hommage à la
« rare bonté du gentilhomme et à la piété exemplaire
« du chrétien. D'Aulnay n'édifia pas en effet la colonie
« par les seuls actes de sa vie publique ; il lui donna dans
« sa vie privée les meilleurs exemples. La pureté de ses
« mœurs se manifesta dans la fécondité de son mariage

---

1. Procuration en faveur de son père par devant M° Platrier, notaire à Paris, le 8 mars 1642, citée par Moreau et par Beamish, page 97.
2. Relation du P. Ignace de Paris. Senlis, 1653.

« dont il sortit neuf enfants..... Si l'on se souvient qu'il
« ne reçut ni hommes ni argent du gouvernement de la
« métropole, on conviendra volontiers qu'il s'engagea
« dans une entreprise qui passait la portée d'un gentil-
« homme particulier. Aussi le sieur d'Aulnay peut-il
« dire que sans l'assistance particulière de Dieu, quelque
« bon courage et résolution qu'il ait, il lui eût été impos-
« sible de mettre le pays en l'état auquel il est et de l'y
« maintenir comme il a fait, malgré les troubles suscités
« par les Anglais et par Latour, n'ayant jusqu'à présent
« aucun secours que celui qu'il a trouvé en lui-même;
« mais il s'estime assez heureux d'avoir fait sous l'auto-
« rité du roi des choses qui soient à la gloire de Dieu
« et à l'honneur de la France [1]. »

Tous ces travaux, conduits par lui avec une énergie et une ténacité infatigables, ne l'empêchaient point d'avoir l'œil sur ses tenanciers, sur leurs fermes, leurs défrichements et leurs bestiaux ; ces humbles familles, qu'il avait transplantées d'Europe à grands frais, étaient le point essentiel, la partie vitale de sa création; s'ils eussent échoué, à quoi eussent servi ses cultures, ses pêcheries, son commerce de fourrures? La colonie s'écroulait faute d'habitants, et la seigneurie se fût éclipsée avec les tenanciers !

On le voyait donc souvent sortir à cheval de son grossier manoir, bâti en poutres gigantesques, et remonter la vallée de Port-Royal, en parcourant ces métairies naissantes, louant celui-ci, gourmandant celui-là, aiguillonnant tout le monde. Son exemple d'ailleurs, et l'autorité de sa parole, avaient imprimé tout autour de lui une émulation salutaire, et c'était plaisir de voir tous ces laboureurs abattre le bois, construire, cultiver, enfer-

1. Moreau, p. 246 et 251.

mer le bétail dans les pâtures, perfectionnant d'année en année les huttes demi-sauvages et les défrichements informes des premiers jours. Comme il connaissait la situation de chacun, ses travaux, ses bestiaux, les questions qu'il leur faisait étaient positives, pénétrantes, elles allaient droit au but ; il était familier avec les enfants, il examinait l'état des labours, s'informait des veaux, des poulains qui venaient de naître ; n'était-ce point là tout l'avenir de la colonie ?

Déjà plusieurs de ces tenanciers s'étaient assuré sinon l'aisance, du moins une certaine assurance contre les plus urgentes nécessités de la vie ; la certitude qu'il y avait derrière eux, en cas de dénûment et de malheur, une forte main pour les appuyer, donnait à chacun, dans sa lutte contre la nature, une solidité et une confiante audace qui doublaient les chances du succès. Comme leur seigneur, ils songeaient tous à l'avenir, et il n'était aucun d'entre eux qui ne se flattât de créer à sa famille et à sa postérité une existence aisée et indépendante.

Chacun, à la vue de ces forêts immenses et de ces terres fertiles, calculait déjà sans inquiétude les établissements nouveaux que feraient après eux ces enfants nombreux, qui dès lors pullulaient à leur foyer. Dans ce pays où la main de l'homme fait seule défaut pour créer l'abondance, ces enfants étaient en effet le plus précieux gage de leur fortune, de même que leurs familles étaient pour le seigneur le plus beau fleuron de sa couronne. Les bestiaux se multipliaient aussi rapidement, les cultures et les récoltes s'accroissaient; on sentait la vie naître et se développer dans ces silencieuses solitudes : c'était comme le printemps d'une société nouvelle, avec ses âpretés et ses douceurs.

Voilà le spectacle que d'Aulnay voyait se dérouler sous ses yeux, quand il parcourait la vallée de Port-

Royal; et son cœur se réjouissait comme si l'aurore de l'avenir se fût ouverte devant lui. Parvenu aux dernières huttes et aux derniers défrichements, quand il s'enfonçait dans les bois déserts avec quelques trappeurs ou coureurs de bois, la scène qui changeait n'était pas moins émouvante. Le pittoresque de l'imprévu et la sauvage grandeur de la forêt y apportaient un charme particulier ; quelquefois un campement indien s'étalant dans la clairière venait animer le tableau. Cette vue n'inspirait aucun souci, car depuis cinquante ans il s'était consolidé, parmi ces rudes tribus, une tradition de confiance et de respect pour les chefs français, que Poutrincourt avait fait naître, et que Razilly avait fait grandir avec sa dignité froide et sévère ; d'Aulnay, actif et industrieux, père de famille et chef de tribu lui-même, qui émerveillait à chaque instant leur esprit par quelque création nouvelle, avait conservé et développé cette haute influence ; il leur inspirait d'autant plus de vénération et d'attachement, que sans peser sur eux, sans contrecarrer leurs usages qu'il respectait, il travaillait efficacement à leur éducation par les missionnaires et par ses relations familières avec eux, leur rendant mille services peu coûteux peut-être, mais auxquels leur imprévoyance donnait un prix considérable.

Il pouvait donc parcourir les bois et les savanes d'un bout à l'autre de la presqu'île, sans appréhension et sans souci : il n'avait à craindre ni hostilité ni embuscade, tandis qu'il était au contraire assuré de rencontrer partout l'assistance et le concours sans réserve de tous ces fils de la forêt, qui tenaient à son service leur agilité, leurs armes, et la grande sagacité de leur expérience sauvage.

Quand il débouchait dans un campement au milieu

des wigwams, ni les squaws ni les enfants ne s'enfuyaient en poussant des cris effarés ; ils le connaissaient tous, et venaient à la rencontre d'*Ononthio ;* au moment où il descendait de cheval, ils s'accroupissaient en rond autour de lui en chantant un de leurs hymnes gutturaux, et ils attendaient la parole et la bénédiction du grand chef, tandis qu'un vieux sagamore venait lui présenter le calumet avec un collier *de porcelaine* dont les couleurs et les dispositions, devaient former comme le procès-verbal de leur entrevue et des conventions que l'on pourrait arrêter [1].

Un peu de poudre et quelques babioles distribuées parmi eux répandaient une joie naïve parmi ces grands enfants ; les coureurs de bois lâchaient leurs chevaux dans la clairière et pouvaient se reposer sans crainte, car la paix régnait dans la solitude ; les bêtes fauves seules auraient pu troubler le calme de la nuit, mais leur voisinage était peu redoutable avec de tels compagnons que les Indiens.

Quelquefois on venait à croiser en route un parti de ces guerriers peints, armés pour le combat, marchant à la file dans les fourrés inextricables. Ces hôtes subtils et invisibles de la forêt, qui voient tout sans être vus, et qui perçoivent l'approche de l'homme avant d'avoir entendu ses pas, arrivaient souvent en rampant jusque sous les pieds des chevaux hennissants ; mais d'Aulnay ni les siens ne s'épouvantaient de ces rencontres subites : ils savaient que dans ces défilés tout homme devait être un ami ; ces chasseurs incomparables, ces guerriers

---

1. *Collier de porcelaine.* Les premiers colliers consistaient en une série de coquillages enfilés, dont les dispositions avaient un sens consacré par la tradition. C'était un rudiment d'écriture ; plus tard les coquillages furent remplacés par des grains de verroteries européennes, que l'on appelait alors *porcelaines.*

redoutés et cruels, assouplis par le respect traditionnel et une confiante affection, devenaient au contraire pour eux des auxiliaires précieux, et leur servaient de guides dans les sentiers désolés, impraticables, dont eux seuls connaissaient les repères et les détours. L'histoire des Acadiens a cela de particulier, que jamais la bonne harmonie ne fut troublée entre eux et les Micmacs, et pendant cent cinquante ans il est sans exemple qu'un seul coup de fusil, une seule discussion se soient produits entre eux et leurs sauvages amis.

Dans ces excursions chez les Indiens, d'Aulnay était souvent accompagné par quelqu'un des missionnaires qui prêchaient l'Évangile parmi les tribus sauvages : ces moines récollets suivaient depuis longtemps les missions de l'Acadie ; déjà nous avons signalé leurs excursions aventureuses de 1620 à 1630 ; Razilly en avait augmenté le nombre, et leur douce et religieuse influence n'avait pas peu contribué à établir, à consolider ces relations pacifiques entre les deux races. D'Aulnay (bon juge en ces matières) avait su apprécier leurs services, efficaces et modestes ; aussi consacra-t-il une somme importante à leur maintien et à leur accroissement, car il considérait l'établissement des missions comme une des nécessités premières de toute formation sociale.

On avait donc construit par ses ordres, à Port-Royal, une sorte de monastère que l'on appelait dans le pays *le Séminaire*, dans lequel il avait installé douze Récollets, et il y avait annexé une étendue de terre assez considérable, qui pût subvenir ultérieurement aux besoins de ces religieux ; ceux-ci d'autre part s'étaient obligés, non-seulement à desservir la colonie française et à faire des missions parmi les peuplades indigènes, mais encore à recevoir, entretenir et instruire dans leur maison trente jeunes gens et enfants micmacs ou abénakis, afin de propager plus aisément dans la contrée la connaissance de la religion et les premiers éléments de la civilisation ; c'est pourquoi cet établissement est appelé le Séminaire dans les documents du temps [1]. Un des moines, Ignace de Paris, plus tard moine à Senlis, nous a laissé une relation intéressante de leurs travaux, qui se partageaient entre le ministère religieux et l'enseignement qui se donnait aux enfants des Indiens et aux enfants des colons ; il y avait là en germe quelque chose de semblable à l'établissement que les Sulpiciens formèrent à Montréal à peu près dans le même temps. Le séminaire de Port-Royal formait une corporation et une fondation à part, dont les intérêts étaient tout à fait distincts de ceux de d'Aulnay, comme il appert du contrat de mariage de sa veuve en 1653 et de la capitulation de Port-Royal en 1654. Il est fort à regretter que d'une part les événements aient beaucoup contrarié sa consolidation, et que de l'autre l'ordre des Récollets n'ait pas apporté à son développement la même activité et la même énergie que montrèrent les Sulpiciens dans l'île de Montréal.

M. d'Aulnay fit en effet beaucoup pour eux ; mais il ne pouvait suffire à tout : ces constructions, ces défrichements, cette immigration, toutes ces entreprises si variées, entraînaient des dépenses considérables, qui le chargeaient outre mesure, et qui expliquent sans les justifier les différends qui s'élevèrent entre lui et Latour, ainsi que l'acharnement des luttes qui en résultèrent. D'Aulnay en effet ne fut pas seulement un fondateur de colonie, un seigneur campagnard, industrieux et entreprenant, il fut aussi malheureusement un grand batailleur !

Nous avons vu au début de ce mémoire comment le gouvernement français avait partagé l'Acadie en plusieurs

---

[1]. Moreau.

seigneuries entre d'Aulnay, Latour et Denys. D'Aulnay paraît sans aucun doute, d'après les termes de l'ordonnance, avoir été le véritable successeur de Razilly, et, comme tel, devait avoir une certaine prééminence sur les autres ; cependant les termes indécis, le partage très-mal conçu que contenait cet acte devaient amener des conflits, et ces conflits s'envenimèrent par des questions d'intérêt très-graves.

Dès l'année 1640, c'est-à-dire deux ans après les lettres-patentes qui partageaient l'Acadie, nous voyons divers démêlés s'élever entre Latour et d'Aulnay à propos de leurs limites commerciales, démêlés qui dégénérèrent promptement en attaques à main armée. Au commencement de 1640, Latour attaqua et prit deux petits navires appartenant à d'Aulnay ; mais celui-ci, après avoir ravitaillé le fort de Pentagoët où commandait Doucet, son capitaine d'armes, rencontra le bâtiment de Latour et le captura à la suite d'un combat assez vif ; une information fut aussitôt commencée contre Latour, le 14 juillet 1640, par *Germain Doucet, Isaac Peseley* et *Guillaume Trahan* comme représentants les habitants de Pentagoët, la Hève et Port-Royal. La plainte et l'enquête furent envoyées à Paris, et le 29 janvier 1641 [1] Latour fut cité en France pour rendre compte de sa conduite à la cour ; d'Aulnay, qui avait à Paris son père et de puissants amis pour le soutenir, fut chargé de veiller à l'exécution de cet ordre de comparution, voire même au besoin « de saisir et embarquer de force ledit Latour, s'il refusait d'y obtempérer » ; ce dernier fut en même temps révoqué de ses fonctions. Mais il était plus facile de le révoquer que de le saisir, et il se maintint dans son fort de Jemsek en dépit de tous les arrêts du Conseil.

1. Moreau.

D'Aulnay, se trouvant trop faible pour l'assiéger, se rendit en France en août 1641 [1], afin d'éclairer la cour sur la situation du pays et d'obtenir quelques renforts. Il y passa l'hiver et, profitant de cette occasion, il poussa jusqu'en Touraine, chez son père, dans les biens patronymiques de sa famille, situés à Charnisay [2] ; il y a tout lieu de penser que ce fut là, et parmi les censitaires de ces fiefs, qu'il engagea un certain nombre de familles à l'accompagner en Amérique pour aller s'établir sur sa seigneurie de Port-Royal [3] ; quoi qu'il en soit, il est constant qu'il ramena alors avec lui des ménages, hommes, femmes et enfants, et qu'il accrut ainsi sensiblement le nombre des tenanciers déjà fixés en Acadie.

A ces tenanciers, cultivateurs et censitaires, il adjoignit quelques engagés célibataires, tant pour les employer à son trafic de fourrures que pour les armer à son service, et il repartit avec tout son monde au printemps de 1642, porteur de nouveaux ordres royaux contre Latour, datés du 21 février 1642. Afin d'amener ce dernier à composition, il occupa l'embouchure du fleuve Saint-Jean avec les quelques navires dont il disposait ; mais dans l'intervalle Latour, oubliant ses anciennes traditions de loyauté, s'était abouché avec les Anglais du Massachussets dont il espérait le concours, et il put en effet, grâce au secours qu'il en obtint, forcer son rival à lever le blocus ; bien plus, il le poursuivit avec les bâtiments ennemis jusque dans la rade de Port-Royal où il débarqua en commettant quelques dégâts, et ne retourna à Jemsek qu'après s'être emparé d'une pinasse chargée de pelleteries [4].

1. Moreau, page 165.
2. Idem. Acte passé entre lui et Claude de Razilly le 19 février 1642, à Tours, devant Beaufort, notaire.
3. Moreau. — Relation des Capucins. — Mémoire de d'Aulnay.
4. Voir l'information contre Latour du 18 août 1643, et aussi Moreau.

D'Aulnay se vit donc obligé de retourner en France en 1643 ; là il compléta les mesures nécessaires pour amener la réduction du fort de Latour : il y eut un nouveau et dernier jugement rendu par le Conseil d'État le 6 mars 1644[1] ; en même temps, on expédia aux gouverneurs des colonies anglaises des dépêches dans lesquelles on leur reprochait d'être intervenus, malgré les traités, dans les affaires de l'Acadie, et Latour fut mis hors la loi[2].

Une nouvelle attaque fut donc tentée au commencement de 1645 contre le fort de Jemsek ; Mme de Latour y était seule alors avec une cinquantaine d'hommes ; néanmoins elle soutint bravement le choc et força les navires assaillants à se retirer dans le bas du fleuve Saint-Jean où ils hivernèrent. Latour était en ce moment à Boston ; un nouveau secours de la Nouvelle-Angleterre l'eût peut-être sauvé, mais les puritains, obtempérant aux représentations de la France et aux injonctions de leur propre métropole, s'y refusèrent ; trois mois après, la place fut donc enlevée de vive force par d'Aulnay, après un assaut meurtrier.

Mme de Latour, faite prisonnière, mourut trois semaines après, laissant, assure-t-on, un jeune enfant qui fut envoyé en France[3] ; son mari renonça momentanément à

---

1. L'arrêt porte que si dans trois mois Latour ne s'est pas présenté devant le Conseil d'État il est enjoint à d'Aulnay de se saisir de lui, et d'occuper le fort de Saint-Jean (Jemsek), avec défense à qui que ce soit de prêter assistance à Latour et d'obéir à d'autres qu'à d'Aulnay. (Moreau, page 194.)

2. Moreau.

3. Beamish, ch. XIII, page 111. — Williamson, *hist. du Maine*, vol. I, page 320. — Voir aussi le contrat de mariage entre Latour et Mme d'Aulnay en 1653, dont voici un extrait : « ... Quant « à MM. les enfants mineurs du premier mariage dudit sieur de « Latour, il leur sera réservé le cap Sable et ses dépendances, « ainsi que tous les héritages qui peuvent lui survenir dans la « vieille France. » ... Et plus loin il déshérite ses enfants s'ils ne se comportent pas convenablement avec sa nouvelle femme !

la lutte, et il erra pendant plusieurs années sur les côtes de l'Amérique du Nord.

En considérant ces discordes acharnées, on ne peut s'empêcher de s'associer à ces réflexions pleines de sens d'un auteur anglais : « Voici donc deux chefs français très-distin« gués, engagés dans un conflit acharné et illusoire, pour
« la domination d'une terre qui n'était encore (excepté un
« petit nombre de postes) qu'un désert sauvage ; tandis
« qu'au Canada le courage français se déployait dans une
« défense héroïque contre les plus dangereux et les plus
« vindicatifs des sauvages, les solitudes de l'Acadie re« tentissaient de combats fratricides de Français contre
« Français [1]. »

Il est probable en effet que si d'Aulnay et Latour avaient su amortir leurs ressentiments, et consacrer au développement de leurs seigneuries toutes les ressources de temps, d'hommes et d'argent qui furent dévorées dans ces luttes inutiles, il est probable, disons-nous, que l'Acadie eût acquis dès lors dans sa population et ses cultures l'assiette définitive qu'elle ne trouva que trente années plus tard, sous M. de Grandfontaine. Cependant il convient de présenter ici une observation qui, sans justifier entièrement la conduite de d'Aulnay, l'explique, en partie du moins, par les nécessités de sa situation.

Les travaux dispendieux, les créations considérables qu'il avait entrepris, nécessitaient des capitaux qui dépassaient de beaucoup ses ressources personnelles, et le gouvernement français, fidèle à ses traditions coloniales, ne lui donna jamais que des éloges et des brevets ; quant aux profits qu'il pouvait réaliser par le trafic privilégié des pelleteries dans les comptoirs de la presqu'île et

[1]. Beamish-Murdoch.

même à Pentagoët, ils étaient insuffisants pour combler le déficit, et chaque année il s'endettait de plus en plus vis-à-vis de ses fournisseurs de la Rochelle. D'autre part, les travaux qu'il exécutait dans sa seigneurie, travaux excellents, très-bien compris, pleins d'avenir, ne pouvaient donner que des produits à longue échéance, comme toutes les entreprises terriennes ; il était donc à craindre que dans un délai assez court il ne se trouvât acculé entre l'obligation de tout abandonner ou l'impossibilité absolue de satisfaire ses créanciers.

Latour au contraire, par son fort de Jemsek, dominait et possédait effectivement tout le bassin du fleuve Saint-Jean, c'est-à-dire la contrée la plus riche et la plus productive en fourrures, et tandis qu'il n'y faisait aucuns travaux et aucuns frais pour coloniser le pays, il réalisait à lui seul plus de bénéfices que tous les traitants de l'Acadie ensemble ; Latour, qui était un homme habile et un vieux routier dans le commerce indien, avait su concentrer sur le fleuve Saint-Jean et sur ses affluents les apports des nombreuses tribus abénakisses, maléchites, armouchiquoises, qui peuplaient le continent et fournissaient chaque année une immense quantité de pelleteries.

Hubbard, chroniqueur américain, prétend qu'il se trouvait dans le fort de Jemsek, quand il fut pris par d'Aulnay, pour dix mille louis de joyaux, d'argenterie, de mobilier, canons et munitions de toute espèce ; lorsque sa femme revint d'Angleterre à Boston, en 1644, elle se plaignit au tribunal de Boston des préjudices que lui avaient causés les retards volontaires du capitaine anglais qui l'avait transportée, et on lui attribua pour ce seul fait deux mille louis de dommages-intérêts [1] ; l'importance

---

1. Moreau, p. 201.

de ces sommes, les garnisons nombreuses recrutées et entretenues par Latour ne peuvent donc laisser aucun doute sur l'énormité des profits qu'il retirait de la traite des fourrures ; nous savons enfin qu'après lui d'Aulnay traita en une seule année dans le bassin du Saint-Jean trois mille peaux d'orignaux, sans compter les loutres, les castors et les menues fourrures [1].

Mille motifs sollicitaient donc l'esprit de d'Aulnay et le poussaient à supplanter son rival ; quel ne devait pas être son dépit en voyant Latour, qui ne faisait aucun sacrifice pour le bon établissement du pays, réaliser les profits les plus beaux et les plus nets, tandis que lui qui prodiguait son temps, son argent, ses fatigues, sentait s'accroître chaque jour les dettes considérables qui pouvaient ruiner son entreprise malgré tous ses efforts ! La conquête du fort de Jemsek et du riche bassin qui en dépendait devait au contraire changer complétement sa situation, et en effet, dès qu'il eut concentré dans ses mains tous les postes commerciaux de la baie Française, il put donner un nouvel essor à ses travaux de culture et de colonisation, tout en atténuant cependant les dettes considérables dont il était grevé.

Dans ces dispositions d'esprit, toute discussion, toute querelle devait s'aigrir aussitôt, et s'envenimer dans la suite des événements. Latour d'ailleurs était d'un caractère agressif, et ses intelligences avec les Anglais, ainsi que la fâcheuse composition de son personnel, donnaient trop de prise contre lui ; voilà ce qui explique ces dissensions qui semblent oiseuses, et l'inconcevable acharnement avec lequel ces deux chefs gaspillèrent pendant six ans tant d'utiles ressources et un temps si précieux !

---

[1]. Denys, *Description*, etc., cité par Moreau, p. 249.

Après la défaite de Latour, d'Aulnay posséda une situation très-considérable : il s'était trouvé en 1636, à la mort de Razilly, seigneur de Port-Royal par attribution spéciale du commandeur, gouverneur royal comme représentant la couronne, et enfin administrateur particulier comme fondé de pouvoir de la Société d'Acadie, formée en 1632 ; en 1641, les membres de cette Société, pour récompenser ses services, l'intéréssèrent dans leurs opérations pour un septième ; en 1642, le père Honoré, supérieur des capucins de France, le constitua mandataire spécial de sa communauté, pour gérer la part que Richelieu lui avait donnée dans la Société de l'Acadie ; le 19 février 1642, Claude de Razilly, héritier du commandeur, lui fit don de 4,000 livres qui lui étaient dues sur les terres de la rivière Sainte-Croix [1] ; enfin, après la chute de Latour, non-seulement il prit possession des forts et postes de celui-ci, mais en février 1647 il reçut de nouvelles lettres royales, qui, confirmant sa position de gouverneur général, constituaient réellement en sa faveur le domaine entier de l'Acadie comme un fief princier, relevant directement de la couronne [2]. D'Aulnay se trouvait donc, en 1647, gouverneur-seigneur de l'Acadie, sauf les droits antérieurement concédés à la Société d'Acadie, à Denys, etc., etc. ; il était en outre associé à ladite Société et administrateur de ses biens propres, c'est-à-dire des postes qu'elle n'avait point sous-concédés, tels que la Hève, Pentagoët et autres, avec leurs priviléges commerciaux.

Quand il devint gouverneur-seigneur de toute l'Acadie, son fief particulier et favori de Port-Royal se trouvait-il fondu dans la seigneurie générale ? C'est un point

---

1. Moreau, pages 164, 168, 169. — La rivière Sainte-Croix est la même que Pigiguit (recensement de 1701).
2. Moreau, pages 243 et 245.

de droit féodal que nous ne saurions élucider ici ; mais il paraîtrait qu'en fait il n'en fut point ainsi, puisque les revendications de ses créanciers ne s'exercèrent plus tard que sur Port-Royal et les environs ; quoi qu'il en soit, ce fut là toujours pour lui le centre, le noyau essentiel de la colonie, le théâtre spécial de son action, où il aimait à surveiller et à développer tous les progrès auxquels il consacrait sa vie.

Ces progrès étaient aussi rapides que possible. Lorsque M. de Razilly vint s'installer en 1632 dans l'Acadie, on y comptait à peine 25 à 30 Français devenus presque étrangers aux habitudes de la civilisation ; à sa mort, en 1636, on ne comptait pas encore plus de 150 à 180 habitants européens dans tout le pays, et comme le tiers d'entre eux, sinon plus, étaient des engagés au service de Denys et de Latour, il ne se trouvait guère qu'une centaine d'habitants européens, dont quinze familles environ entre la Hève et Port-Royal.

Or, en 1650, quatorze années après la mort de Razilly, d'Aulnay voyait se grouper autour de Port-Royal et de la Hève 45 à 50 ménages européens [1] ; il avait en outre constamment à ses gages, soit comme soldats, soit comme coureurs de bois ou simples engagés, une soixantaine d'hommes, ce qui portait à 320 ou 330 le nombre des habitants de ses domaines ; si l'on y joint les gens de Denys et ses ouvriers, on peut dire que l'Acadie comptait déjà alors plus de 400 âmes. La population s'était donc bien plus que doublée en quatorze ans, et le nombre des familles s'était plus que triplé.

L'accroissement des cultures et de l'aisance générale était non moins important : les tenanciers commençaient à prospérer ; quelques-uns étaient agglomérés

---

1. Mémoire du P. Ignace de Senlis, cité par Moreau.

autour du manoir et sur le rivage du bassin, mais la plupart s'étendaient déjà le long de la rivière de Port-Royal, dont ils remontaient la vallée ; les huttes primitives se transformaient en *maisons de pièces sur pièces*. Plusieurs d'entre eux amassaient déjà par leurs récoltes des provisions considérables ; les troupeaux devenaient nombreux. « Les habitants que M. le commandeur de « Razilly avoit fait venir de France à la Haive, et qui « depuis ce temps-là ont bien multiplié à Port-Royal, « récoltent beaucoup de froment, et ils ont un grand « nombre de vaches et de porcs [1]. »

Nous pouvons même désigner par leurs noms quelques-unes des familles qui étaient les plus notables et les plus aisées, telles que les *Bourgeois*, les *Doucet*, *Trahan*, *Dugas*, *Boudrot*, etc., etc. Ces noms nous sont connus soit par des fonctions qu'ils ont remplies, soit par les transactions auxquelles ils ont coopéré [2] ; nous savons, par les pièces d'un procès qui eut lieu en 1701 et 1702, que plusieurs d'entre eux, entre autres Jacob Bourgeois, avaient reçu de M. d'Aulnay des terres en censive [3] ; Dugas était déjà propriétaire d'une terre en 1640 [4] ; et plusieurs autres noms sont mentionnés dans les actes de ce temps.

Tout en s'occupant activement des progrès de Port-Royal, d'Aulnay ne perdait point de vue l'avenir ; ses excursions dans l'intérieur le conduisirent plus d'une fois dans le bassin des Mines, où devaient se développer plus tard de si florissantes colonies. Il en entrevit la richesse, et peut-être constitua-t-il dès lors ce canton en

1. *Description des côtes*, par Nicolas Denys.
2. Information contre Latour en 1640. (*Archives de la Marine.*) Capitulation de Port-Royal en 1654. (*Id.*)
3. Procès de l'île aux Cochons, dans le mémoire anonyme envoyé en 1702 à M. de Pontchartrain. (*Archives de la Marine.*)
4. Lettre de Desgouttins. (*Archives de la Marine.*)

un fief séparé, car Le Borgne de Belle-Ile, qui lui succéda dans la seigneurie de Port-Royal, fut aussi seigneur des Mines ; il songeait sans doute à y ménager plus tard un ou deux établissements pour ses fils puînés, tandis que l'aîné lui succéderait à Port-Royal. Tel était en effet l'ordre d'idées dans lequel se mouvaient tous ces fondateurs de colonies : ils désiraient distribuer leur postérité dans des fiefs nouveaux autour du manoir central qu'eux-mêmes avaient fondé ; et ce plan fut religieusement suivi comme une tradition par les familles des tenanciers qu'ils établirent dans le Nouveau-Monde.

Ceux-ci en effet étaient unis à leur seigneur par une grande communauté d'idées et de sentiments ; le respect de la hiérarchie n'excluait point entre eux une certaine familiarité expansive et confiante, qui se manifestait dans les relations journalières de la vie. Le dimanche, on voyait déboucher de tous les replis de cette charmante vallée les fermiers acadiens, les uns en canot, les autres sur leurs chevaux, amenant en croupe leurs femmes ou leurs filles, tandis que de longues files de Micmacs, couverts d'ornements bizarres et de peintures voyantes, se croisaient avec eux. Autour du manoir et de l'église, d'Aulnay avait ménagé de grands espaces de terre et de prairie, qu'on appelait *les champs communs*, où les arrivants attachaient leurs montures et déposaient leurs bagages : ces champs étaient destinés au pâturage des bestiaux, alors que les mauvais temps empêchaient de les envoyer au loin ; les habitants pouvaient s'y assembler, et c'était une réserve de terrain ménagée pour les nécessités communes, dans l'avenir, telles que : écoles, églises, marchés, magasins, etc., etc. [1].

1. Mémoire de M. de Brouillan, 1701. Lettre de Desgouttins de 1703. (*Archives de la Marine.*)

Le seigneur arrivait de son côté, sortant du manoir avec sa femme ainsi que ses nombreux enfants, dont l'aîné, Joseph, avait déjà 14 ans en 1650, et les capucins, qui au nombre de douze tenaient le séminaire des sauvages, formaient cortége. Avec leurs trente pensionnaires et avec les enfants du pays qu'ils tenaient en école, ils arrivaient en rang prendre place à l'église. Celle-ci était plus que simple ; c'était une hutte en charpente, grande et massive, sur laquelle les plantes parasites commençaient déjà à grimper, rustique à l'intérieur, mais proprement décorée de fleurs et de feuillée ; il s'y trouvait peu d'ornements, mais beaucoup de piété sincère en une foi profonde. Tous les hommes soutenaient les chants du chœur, et personne n'ignore que ces ensembles de voix, souvent peu harmonieuses dans le détail, produisent toujours en masse, par le recueillement de leurs intonations, un effet saisissant. Les cérémonies étaient sérieuses, touchantes, pleines d'onction, parce que ce peuple était vraiment chrétien, et les sacrements étaient fréquentés, le seigneur donnant l'exemple avec les siens [1].

C'étaient bien là des fêtes communes, dont chacun prenait sa grande part du fond du cœur, et d'où l'on revenait chez soi plus réfléchi, meilleur, plus propre à supporter ensemble les travaux, les privations et parfois les déceptions de cette vie rude et solitaire que menait la petite tribu de nos Français, complétement séparés du reste du monde. En sortant des offices, on s'attardait volontiers, durant la belle saison, sur les champs communs, en devisant sur les récoltes, sur la chasse, sur les défrichements de chacun, sur les travaux entrepris par le seigneur, et aussi sur les mille incidents

---

1. Relation d'Ignace de Senlis.

de la vie privée, ainsi qu'il est d'usage de *commérer* dans tous les pays français. Il se faisait des jeux, il se nouait des parties, quelquefois des marchés et des mariages, et tout se terminait par quelques plaisantes saillies et de larges éclats de rire, car lorsque dix Français se rassemblent quelque part, il y a toujours un compère plaisant et dispos, pour égayer les neuf autres.

D'Aulnay se mêlait souvent lui-même parmi ces propos ; il racontait ses aventures de mer ou de bataille, et ses courses dans le pays indien ; plus d'un vieux routier qui avait chevauché avec Latour et Biencourt, voire même avec Poutrincourt, lui donnait la repartie, et de vénérables sagamos micmacs intervenaient quelquefois avec solennité dans la conversation. C'était une occasion propice pour s'informer de ce qui advenait dans chaque famille ; tout en plaisantant, il fomentait les mariages, et discutait l'établissement des nouveaux ménages dans de nouvelles fermes, car c'était un de ses soucis dominants de multiplier ces foyers domestiques, qu'il considérait avec raison comme la base essentielle, la force vitale de sa seigneurie et de la colonie. Tout en causant de la sorte, les anciens, groupés autour de lui, le reconduisaient jusqu'à sa porte ; d'autres fois c'était lui-même qui remontait avec eux dans la vallée à travers les maisons, les cultures, les vergers qui commençaient déjà à donner leurs fruits.

Tel avait été le rêve du bon sire de Poutrincourt : s'établir en Acadie avec les siens, y créer une sorte de principauté dépendant de la couronne de France, qu'il eût peuplée avec quelques familles de ses anciens vassaux, vivant avec eux dans une familiarité digne et respectable, en travaillant d'un commun accord à féconder les déserts et à agrandir la vieille patrie. Il fut donné à d'Aulnay de réaliser cet idéal, mais un peu tard malheureusement, car déjà les Anglais étaient devenus puissants sur les côtes voisines, et ce voisinage devait être fatal à la colonie française, laquelle, après avoir été la première en date, avait subi par le fait un retard de trente ans. Combien sa destinée eût-elle été différente, si Poutrincourt eût réalisé en 1610 ces travaux que d'Aulnay ne put accomplir qu'après 1640? L'Acadie eût déjà possédé à cette époque assez d'habitants pour se trouver désormais à l'abri de toute agression de la part des ennemis extérieurs!

Tout insuffisants que fussent ces résultats, ce n'était point cependant sans une grande dépense d'énergie et d'activité, sans parler des avances d'argent, que le seigneur de Port-Royal les avait obtenus ; sans cesse préoccupé de ses propres entreprises et de celles de ses tenanciers, il était constamment par voies et par chemins. Tantôt il s'agissait d'allotir des terres dans le haut de la vallée pour une concession nouvelle ; tantôt le trafic des fourrures l'entraînait dans des courses lointaines, chez les sauvages ; tantôt il prenait la mer, pour aller visiter ses établissements de pêcherie. Une de ses grandes préoccupations, après, la pacification de l'Acadie, fut l'extension des *polders* que depuis plusieurs années il avait commencé à enclore, sur la rivière de Port-Royal.

« Il y a sur la rivière de Port-Royal quantité de prai-
« ries des deux côtés, et deux îles qui ont des prairies à
« 3 ou 4 lieues du fort en montant. Il y a une grande
« étendue de prairies que la marée couvrait et que le
« sieur d'Aulnay fit dessécher : elles portent à présent
« de beau et bon froment. » (DENYS.)

La mer, au moment du flux, remonte très-haut dans cette rivière, et elle recouvrait alors sur une assez grande étendue les parties basses de la vallée, sur lesquelles elle avait étalé, depuis des siècles, les dépôts limoneux qui roulaient vers l'embouchure. Les nombreux engagés qui furent alors tirés de l'Aunis et de la Saintonge (notamment quelques saulniers) [1] avaient sans doute raconté les avantages que l'on tirait en leur pays du desséchement de ces prés salés, en montrant en même temps comment on les enclosait avec des digues. Les travaux que d'Aulnay entreprit sur ces indications furent d'abord assez restreints, mais lorsqu'il eut connu par les résultats le grand profit que l'on tirait de ces opérations, quand la cessation des hostilités et la jouissance des grands revenus que lui assura alors la traite des fourrures lui procurèrent plus de facilité pour développer les améliorations qu'il avait entreprises, il donna tout à fait libre cours à son goût pour les travaux des champs, et il se prit particulièrement à augmenter ses polders sur une large échelle ; il entraîna même ses tenanciers par son exemple, ses encouragements, peut-être même par son aide, et il put voir plusieurs d'entre eux ne point reculer devant les dépenses de temps et d'argent qu'entraînait une telle entreprise [2].

Cependant il supportait sans broncher toutes ces fatigues de corps et d'esprit, car il avait une âme bien trempée dans un corps de fer, et perpétuellement en route par terre et par eau, à cheval, à pied ou en canot, il suffisait à tout sans que la maladie ni la lassitude parussent avoir de prise sur ce tempérament solide ; malheureusement, ni sa forte stature ni son énergie, ne pouvaient le garantir contre les accidents qu'un tel genre de vie, semait fréquemment sous ses pas. Cet homme qui avait bravé les orages de la mer, la furie des assauts, les

---

1. Moreau, p. 250.
2. Denys. Voir aussi, dans le procès de l'île aux Cochons, mémoire anonyme envoyé er 1702 à M. de Pontchartrain (*Archives*), les travaux exécutés par Jacques Bourgeois sur l'île aux Cochons.

fatigues et les privations de la vie sauvage, chavira avec son canot dans la rivière de Port-Royal, en allant visiter ses travaux et ses digues; le 24 mai 1650, il fut trouvé mort de froid et de fatigue sur le rivage. Ses jambes étaient entravées dans la boue par son canot renversé; il n'était point noyé, car le buste était hors de l'eau, mais, ayant fait des efforts inouïs pour se tirer de ce péril, le froid l'avait saisi dans un moment d'épuisement, et il avait succombé dans cette affreuse situation, victime de son activité et de son courage.

« ..... Son corps fut découvert par des sauvages qui
« l'emportèrent dans leur cabane, et trois quarts d'heure
« après ou environ, sur l'avis qu'ils en donnèrent, le
« frère Ignace de Paris (capucin qui nous a transmis la
« mémoire de ce fatal événement, dans sa relation du
« 6 août 1653) alla le chercher de l'autre côté de la rivière
« pour le ramener au fort. La cérémonie des funérailles
« se fit avec solennité le matin du lendemain 25 mai,
« veille de l'Ascension; ce fut un jour de deuil pour la
« colonie. Mme d'Aulnay suivit pieusement le cercueil
« de son mari. Le sieur de La Verdure (Doucet), capi-
« taine d'armes de Port-Royal, et les soldats de la gar-
« nison escortèrent le convoi, derrière lequel se pres-
« saient tous les habitants. D'Aulnay fut enterré dans la
« nef de la chapelle, à main droite, en la place où il se
« mettait et où avait déjà été déposé le corps d'un de ses
« petits-enfants. Telle fut la fin prématurée d'un des
« hommes qui ont déployé le plus d'énergie, de courage
« et d'activité dans la fondation de nos colonies amé-
« ricaines; ses ennemis lui survécurent, et l'Acadie fran-
« çaise succomba en quelque façon avec lui. » (MOREAU.)

Quelles que soient les réserves que l'on ait à apporter aux éloges trop absolus de son panégyriste, on ne peut nier que d'Aulnay n'ait été méconnu jusqu'en ces derniers temps, et qu'il ait été un des types les plus complets du gentilhomme colonisateur au XVIIe siècle ; sa mort fut pour la colonisation acadienne un coup aussi funeste que celle du bon Poutrincourt, et s'il lui eût été donné de fournir une plus longue carrière, l'avenir de l'Acadie eût été sans doute profondément modifié.

Le commandeur de Razilly et lui furent les véritables organisateurs de cette colonie, et c'est à eux que la famille acadienne doit essentiellement son origine ; non-seulement ce furent eux qui amenèrent les premiers ménages purement européens, qui ont servi de noyau et de prototype à cette société, mais ils importèrent à eux seuls (de 1632 à 1630) deux fois plus de familles constituées (environ 40) qu'il n'en vint ensuite pendant tout le temps de la domination française, jusqu'en 1710 [1]. On peut donc considérer que le rôle de Razilly et de d'Aulnay à Port-Royal fut exactement semblable à celui des Sulpiciens à Montréal, et à celui de Giffard de Beauport et de Juchereau de La Ferté aux environs de Québec.

Les rêves généreux de d'Aulnay pour sa postérité échouèrent ; la seigneurie ne resta point dans sa famille, et ses huit enfants tous nés en Acadie furent obligés par les circonstances de retourner en Europe, sans plus jamais revenir dans leur pays natal [2] ; ce fief bien-aimé de Port-Royal, où il avait travaillé avec tant d'ardeur et dépensé le meilleur de sa vie, ce fief qui s'était identifié dans sa pensée avec la maison de Menou, où il avait

---

1. Il résulte de nos recherches sur les recensements nominaux de l'Acadie (*Archives*) et sur les actes de l'église de Port-Royal (déposés à Halifax) qu'il ne vint pas ensuite de France en Acadie vingt ménages, constitués ; tous les émigrants ou engagés, qui arrivèrent dans ce laps de temps étaient des jeunes gens qui prirent femme dans les familles acadiennes.

2. Quatre garçons qui moururent tous sur les champs de bataille, et quatre filles.

tant de fois songé à un brillant avenir pour les siens, et d'où ils devaient se répandre dans les contrées voisines comme autant d'essaims féconds, tomba en d'autres mains plus vulgaires ; des cœurs moins haut placés présidèrent désormais à son développement, mais la petite colonie qu'il y avait établie avec tant de soucis et de labeurs resta fortement assise et continua à grandir à travers les vicissitudes de la fortune. Les orages arrachent les grands arbres et les humbles arbrisseaux leur échappent. Les familles acadiennes avaient désormais dans le sol même de profondes racines, elles pouvaient déjà vivre de leur travail sur le pays et par le pays lui-même. Elles survécurent donc à leur seigneur et fondateur, et nous verrons tout à l'heure ce qu'elles étaient devenues vingt ans après l'époque de ce funeste accident.

Messire René de Menou de Charnisay, père de d'Aulnay, bien qu'âgé de plus de quatre-vingts ans au moment de la mort de son fils, fut pourvu à Paris, par acte du 3 novembre 1650, de la tutelle des enfants (quatre garçons et quatre filles). Étant dans l'impossibilité de s'en occuper utilement, il envoya comme son fondé de pouvoir à Port-Royal un sieur de Saint-Mas, qui paraît s'être acquitté très-médiocrement de sa tâche ; celui-ci fut remplacé par le sieur de Lafosse, conseiller d'État, qui ne put se rendre en Acadie. La gestion des biens du sieur d'Aulnay fut donc réellement administrée, sous la surveillance de sa veuve, par un nommé Germain Doucet, dit *La Verdure*, ci-devant capitaine d'armes à Pentagoët, puis à Port-Royal, et qui avait toujours été son homme de confiance.

Ce Doucet eut à se débattre contre plus d'un genre de difficultés : d'abord contre les dilapidations du sieur de Saint-Mas, s'il faut en croire les plaintes des enfants de d'Aulnay ; puis contre les exigences des créanciers de la

Rochelle, dont les réclamations étaient urgentes ; enfin contre les entreprises de Latour. Celui-ci, en effet, se trouvait alors en France ; profitant de la mort de d'Aulnay, il obtint, par ses intrigues, je ne sais quelles promesses et rassembla aussitôt quelques engagés, auxquels s'adjoignit une petite troupe commandée par un gentilhomme normand qui s'adjoignit à sa fortune, le sieur Philippe Mius d'Entremont, dont la postérité devait jouer un rôle considérable en Acadie où elle est encore très-nombreuse. (Lettre de Desgouttins du 23 décembre 1707. *Archives de la Marine.*)

Ils débarquèrent en 1651, pleins d'audace et presque menaçants. Latour présentait une certaine commission royale dont l'authenticité ne nous paraît pas très-certaine, et il obtint de Mme d'Aulnay, moitié en négociant, moitié en l'intimidant, qu'on lui rendit le fort de Jemsek, plus le gouvernement de l'Acadie, à titre de délégué du roi. Il fit en même temps attribuer au sieur Mius d'Entremont, qui est qualifié major de ses troupes, l'ancien fief patronymique des Latour, près le cap Sable. Ce nouveau seigneur s'installa aussitôt avec les siens (car il paraît avoir amené avec lui sa femme Madeleine Élie) dans la presqu'île de *Pobomcoup*, qui, dit-on, aurait été en même temps érigée en baronnie en sa faveur.

Ayant ainsi consolidé son autorité, tant sur le continent que dans la presqu'île de l'Acadie, Latour étendit bientôt ses prétentions ; il s'éleva entre lui et Mme d'Aulnay des difficultés nouvelles, tant sur l'étendue de leurs fiefs respectifs que sur les limites des traités de pelleteries, et après divers pourparlers ces discussions aboutirent à une transaction bizarre ; Latour, qui était veuf, épousa Mme d'Aulnay le 24 février 1653 ! Par cette union, la paix se trouva rétablie, sans que les droits des enfants de d'Aulnay fussent cependant lésés d'une manière grave.

car ils furent longuement spécifiés dans le contrat, en présence des pères récollets, qui avaient toujours été les amis dévoués de leur père; Germain Doucet, l'administrateur du fief et du manoir de Port-Royal, figure aussi dans ce contrat [1]. Quant à Latour, il retourna aussitôt dans sa seigneurie propre de Jemsek avec sa femme.

Les litiges pendants en Acadie paraissaient ainsi résolus, et, par un singulier revirement de la fortune, Latour se trouvait en possession des biens, des honneurs et de la femme de celui qui l'avait poursuivi de sa haine, et ruiné de fond en comble : sauf les fiefs de Denys sur le détroit de Campseau et dans les îles du golfe Saint-Laurent, tout l'ancien gouvernement de d'Aulnay était dans sa main, mais il se préparait à la Rochelle un orage bien autrement redoutable. Quoique d'Aulnay, dans les dernières années de sa vie, eût eu à sa disposition des ressources considérables, il restait encore devoir au moment de sa mort des sommes très-importantes à ses fournisseurs. Le principal d'entre eux, Emmanuel Le Borgne, négociant à la Rochelle, ayant réglé ses comptes avec René de Charnisay, père du défunt et tuteur de ses enfants, fit reconnaître les dettes de d'Aulnay pour le chiffre de 260,000 livres [1].

Cette créance étant reconnue devait être payée sur les marchandises provenant de l'Acadie, mais par suite de la mauvaise gestion de Saint-Mas et de La Fosse, par suite de l'intrusion de Latour, les créanciers ne purent toucher que fort peu de chose; ils obtinrent donc un jugement, et deux d'entre eux, *Emmanuel Le Borgne* et *Guilbaut*, s'embarquèrent à la Rochelle, en mars 1654, accompagnés d'une véritable expédition, afin de pouvoir saisir à main armée la seigneurie de Port-Royal et les

---

[1]. Moreau.

autres biens de la succession. Leurs navires s'arrêtèrent à Campseau, et soit qu'ils fussent aussi créanciers de Denys, soit qu'ils se figurassent, comme représentants de d'Aulnay, avoir droit sur tout ce qui se trouvait en Acadie, ils s'emparèrent des établissements de pêche de Chédabouctou, appartenant à Denys, qui jusque-là avait échappé aux désordres de ces divisions intestines.

Après les avoir pillés, Le Borgne se dirigea sur Port-Royal dont il prit possession et se fit reconnaître seigneur; de là il se préparait à aller attaquer Latour, sur le Saint-Jean, lorsqu'il apprit que Denys, muni d'une commission royale qui le confirmait dans tous ses fiefs, se disposait à se réinstaller à Chédabouctou [1]. Tandis que cette nouvelle faisait hésiter Le Borgne, les Anglais du Massachussetts, profitant de la guerre qui venait d'éclater entre l'Angleterre et la France, se jetèrent sur le fort de Jemsek. où le pauvre Latour, surpris et hors d'état de résister, fut obligé de capituler. Après la prise de cette place, l'ennemi mit à la voile sur Port-Royal; ce poste était mieux pourvu pour la résistance, par suite de l'arrivée du navire de Le Borgne; on y comptait alors 150 hommes en état de porter les armes, en y comprenant les habitants, les engagés et les gens du nouveau seigneur [2] (ceci suppose environ 300 habitants). Mais, faute d'un homme capable de diriger la défense, on dut se rendre presque sans résistance le 16 août 1654. Cette prise fut suivie de celle de Pentagoët, du cap Sable, etc., etc., de sorte qu'en ce moment toute l'Acadie tomba aux mains des Anglais. sauf les postes occupés dans le Nord par Denys, qui venait d'en reprendre possession. Quant à Charles de Latour, il survécut peu à ce dernier désastre et mourut en 1666,

1. Cette nouvelle Commission est imprimée dans le *Rapport de Commissaires sur les limites.*
2. Beamish, page 127.

laissant à sa troisième femme, Mme d'Aulnay, deux fils : Jacques, âgé de cinq ans, et Charles, âgé de deux ans [1].

Les Anglais enlevèrent de Port-Royal les pelleteries et quelque butin, puis se retirèrent en laissant la colonie sous la direction d'un conseil choisi parmi les habitants, et présidé par un syndic nommé Guillaume Trahan; les droits de Le Borgne comme seigneur furent reconnus par eux [2], ce qui n'empêcha point deux ans après, le 9 août 1656, Cromwell de concéder toute l'Acadie à sir Thomas Temple en compagnie de William Crowne et de Charles de Latour [3]; Temple envoya à Pentagoët Richard Walker comme son lieutenant, mais il ne paraît pas qu'il ait eu ni garnison ni délégué à Port-Royal [4]. Les choses demeurèrent en cet état jusqu'au traité de Bréda (1667), qui rendit l'Acadie à la France; et M. Morillon du Bourg vint au nom du roi de France prendre possession de ce pays en 1668. Il donna alors le titre de gouverneur provisoire à Emmanuel Le Borgne, dont le père était seigneur de Port-Royal comme créancier et successeur de d'Aulnay; il prenait dès lors la qualification de Le Borgne de Belle-Isle.

La remise définitive de l'Acadie ne fut du reste complétée qu'en juillet 1670, entre les mains de M. Hubert d'Andigny, chevalier de Grandfontaine, qui fut nommé gouverneur en titre de la contrée. A partir de cette époque, le caractère de la colonie se trouva profondément modifié : jusque-là, l'Acadie avait été comme une espèce de principauté où le seigneur était la seule autorité et le pivot essentiel de l'entreprise. Désormais il y eut à côté de lui un gouverneur royal, qui prit la direction

1. Voir le recensement de 1686.
2. Capitulation de Port-Royal (*Archives de la marine*).
3. Lettres patentes de Cromwell, publiées par Beamish, p. 138.
4. Beamish, pages 144 et 146.

supérieure des affaires du pays, et la contrée ayant été morcelée entre un grand nombre de seigneurs, l'importance de ceux-ci fut très-réduite.

Les enfants de d'Aulnay, deshérités du fruit des longs travaux de leur père, ne reparurent plus en Acadie; Joseph, l'aîné d'entre eux, qui avait trente-quatre ans en 1670, sollicita cependant la fonction de gouverneur royal, mais ayant échoué dans cette demande il embrassa, ainsi que ses frères, la carrière des armes [1], et tous succombèrent glorieusement sur les champs de bataille durant les guerres de Louis XIV, ayant oublié leur pays natal, ainsi que l'entreprise qui avait illustré leur père et qui aurait pu jeter tant d'éclat sur leur maison [2].

---

1. Beamish, page 137.
2. Moreau.

III

LA SEIGNEURIE DE PORT-ROYAL. — LES ACADIENS

Le fort de Pentagoët avait été bâti sur une hauteur un peu escarpée qui s'élevait à l'embouchure du petit fleuve le Penobscot; Latour y construisit le premier, vers 1625, un poste commercial et palissadé, qui fut occupé par les Anglais, puis repris en 1632 par les Français; il fut après cette époque reconstruit et fortifié avec soin par Razilly et par d'Aulnay, et il devint un des forts les plus considérables du nord de l'Amérique. Une description authentique datant précisément de l'époque à laquelle nous sommes parvenus, 1670, nous a été conservée [1], et comme elle donne une idée très-exacte de ce genre d'établissements, nous croyons qu'il n'est pas sans intérêt de la transcrire ici :

« En entrant dans le fort sur la gauche, on trouve un
« corps de garde long de 15 pas sur 10, et sur la droite
« une maison de même longueur et largeur, bâtie en
« pierres taillées et couverte en bardeau; et au-dessus
« d'elle est une chapelle d'environ 6 pas sur 4, couverte
« en bardeau, bâtie en terre, avec une petite tour où il

---

1. Remise du fort de Pentagoët le 5 août 1670. — Procès verbal. (Beamish, p. 147.)

« y a une petite cloche pesant environ 18 livres. Sur la
« gauche en entrant dans la cour, il y a un magasin à
« deux étages, bâti en pierre et couvert en bardeau,
« ayant environ 36 pas de long et 10 de large ; ce magasin
« est très-vieux et a besoin de beaucoup de réparations ;
« au-dessous est une petite cave où il y a un puits ; sur
« l'autre côté de ladite cour, à droite en entrant, est une
« maison de même longueur et largeur que le magasin,
« à moitié couverte de bardeau, et sans couverture sur le
« reste.

« Il y a sur les remparts 3 canons de 6 livres, 2 de
« 4 livres, 2 de 3 livres, et sur une petite plate-forme
« aboutissant à la mer, en dehors du fort, 2 canons de
« 8 livres ; en tout, 12 canons de fer pesant ensemble
« 21,122 livres. — Plus, dans le fort, 2 pierriers sans leurs
« chambres, pesant 1,200 livres. — Les roues et affûts
« sont quelques-uns neufs, d'autres vieux. — Plus 200 bou-
« lets de fer.

« Enfin, à 30 ou 40 pas dudit fort, il y a au dehors une
« petite maison de 20 pas de long sur 8 de large, bâtie
« en planches et à moitié couverte en bardeau, qui ne
« peut servir qu'à loger le bétail ; à 50 pas de cette mai-
« son, il se trouve un jardin carré entouré de pieux, qui
« renferme 50 à 60 arbres à fruit. »

Ce fort possédait une importance notable à cause du
commerce des fourrures ; il formait en outre une avancée
redoutable à l'ouverture de la baie Française, d'où les
Anglais pouvaient surveiller les navires français qui pénétraient dans ces parages, tandis que les Français, quand
ils l'occupaient, dominaient et menaçaient, de ce poste,
la navigation déjà très-considérable des bâtiments de la
Nouvelle-Angleterre.

Il était donc précieux pour l'une et l'autre nation,
qui se le disputaient avec un certain acharnement ; mais

il était particulièrement utile aux Français, parce qu'il formait une tête de chemin entre le Canada et l'Acadie : le bassin du Penobscot communiquait en effet dans l'intérieur avec celui du Kennebek, par le portage de Kidiscuit [1], et, en remontant la rivière *Kennebek* et un de ses affluents (aujourd'hui *Moose-River*), on parvenait jusqu'à la hauteur du bassin supérieur de la rivière *Chaudière*, que l'on gagnait par un nouveau portage, et par laquelle on descendait jusque dans le fleuve Saint-Laurent, à peu de distance de Québec. Cet ensemble de voies de communication était connu dans le Canada sous le nom de chemin de Kennebec.

Du haut des plates-formes du fort, on pouvait suivre pendant longtemps le cours du Penobscot jusqu'au point où il quittait la forêt sauvage, qui le couvrait en avant des montagnes ; ce chemin de Kennebec, dont le Penobscot formait la première étape, était un chemin malaisé et plein de périls, qui n'était généralement pratiqué que par les trappeurs et par les sauvages ; cependant on pouvait voir, le 5 août 1670, toute une flottille de canots d'écorce sortir des sombres voûtes de la forêt, et descendre rapidement le cours du fleuve ; on put bientôt les compter : il y en avait 12 et, parmi les rameurs sauvages, on distinguait les uniformes mordorés d'officiers européens.

En s'approchant de Pentagoët, ces canots infléchirent vers le fort et vinrent s'atterrir sur ses battures : c'était donc là le but de cette petite expédition. Il eût été déjà facile de reconnaître les uniformes français, mais le drapeau hissé sur le canot major ne laissait aucun doute à cet égard. Il en descendit un officier supérieur, homme vigoureux et entre deux âges, qui était accompagné de 4 autres officiers d'un grade moins élevé ; un petit déta-

---

1. Lettre de M. de Grandfontaine (*Archives*).

chement de 25 soldats prit terre avec eux, ainsi qu'une douzaine d'engagés ; une partie des sauvages se joignit à ce petit groupe, les autres demeurèrent dans les canots.

. Les uniformes étaient fatigués et même un peu lacérés, mais la mine des hommes était fière, leur démarche ferme et assurée, et ils montèrent vers le fort en déployant le drapeau parlementaire ; il furent hélés à mi-côte par une sentinelle vêtue de loques rouges et accroupie dans le jardin enclos de palissades ; un sergent se détacha et s'étant abouché avec l'homme aux habits rouges, celui-ci quitta son poste et courut vers le fort. On en vit bientôt sortir un officier accompagné de deux soldats, lequel, après avoir échangé quelques mots avec l'officier français, le salua profondément et le guida avec toute sa troupe vers la porte principale ; là tout le monde fit halte, l'officier du fort fit de nouveaux saluts, rentra dans l'intérieur, et en ressortit bientôt avec une douzaine de soldats habillés comme la sentinelle, quelques sauvages à peu près nus, et un autre officier plus âgé que lui, qui portait à la main une liasse de papiers et un trousseau de clefs.

Ce dernier s'approcha du chef des Français, qui exhiba un parchemin dont on donna lecture ; il l'écouta attentivement, après quoi il ordonna à ses hommes de présenter les armes et il remit à l'officier supérieur ses clefs et ses paquets ; un tambour français battit aux champs, et les soldats firent une décharge de mousqueterie, pendant que les officiers rentraient ensemble dans l'enceinte.

C'est ainsi que le fort de Pentagoët fut remis par sir Richard Walker à M. de Grandfontaine, envoyé par le gouverneur du Canada pour reprendre possession de l'Acadie et de ses dépendances, conformément au traité de Bréda, conclu trois années auparavant entre Sa Majesté très-chrétienne et le roi d'Angleterre ; vingt-deux jours après, M. de Grandfontaine entrait également dans le fort de Jemsek [1].

M. Hubert d'Andigny de Grandfontaine, ci-devant capitaine au régiment de Carignan, puis au régiment de Poitou, et maintenant major d'infanterie, avait servi avec distinction sous M. de Tracy, tant en Europe qu'au Canada. Depuis plusieurs années, il s'était familiarisé avec le pays et les guerres de l'Amérique dans les expéditions dirigées contre les Iroquois; la longue et pénible traversée qu'il venait d'accomplir ne l'avait donc ni effrayé ni surpris. Il avait d'ailleurs choisi pour l'accompagner d'autres officiers plus jeunes que lui, mais qu'il savait capables, par leur énergie et leur dextérité, de lui fournir une assistance efficace dans une expédition aventureuse : c'étaient le capitaine de Chambly, le lieutenant de Marson de Joybert de Soulanges [2], l'enseigne de Villieu, et le capitaine Vincent de Saint-Castin.

Tous ces noms figurent avec honneur dans l'histoire du Canada; mais le dernier que nous venons de citer demande une mention toute particulière. Vincent, baron de Saint-Castin, était des environs d'Oloron dans le pays basque. C'était donc un compatriote de Henri IV, et peut-être le fils d'un de ses anciens compagnons d'armes; capitaine lui-même au régiment de Carignan, il était presque le contemporain de M. de Grandfontaine, dont il avait été non-seulement le collègue, mais en quelque

1. Beamish. — Moreau.
2. « … avons concédé au sieur Joybert de Marson de Soulanges, lieutenant en la compagnie d'infanterie de M. de Grandfontaine du régiment de Poitou et *major de l'Acadie*……, 4 lieues de front à prendre à l'est de la rivière Saint-Jean…… (avec la maison du fort de Jemsek, dont il jouira pour autant de temps seulement qu'il aura la commission de commandant sur ladite rivière, pour lui donner lieu de se loger etc., etc.) Le 20 octobre 1672, par Talon. » (*Registre des concessions d'Acadie*).

7.

sorte l'ami. Leste et vigoureux comme tous les Basques, il était doué d'une de ces natures vives et fougueuses qui sans agitation et sans imprévu ne connaissent pas de plaisir ; il était expert dans tous les exercices du corps, âpre à la fatigue, plein de sang-froid dans le danger et tout rempli d'esprit de ressource dans le besoin. C'était un homme prédestiné pour les aventures et pour les expéditions difficiles ; aussi son vieil ami le choisit-il tout d'abord, bien que son âge ne fût plus déjà celui d'un officier subalterne. Mais il s'adressa à lui plutôt comme son camarade que comme son supérieur, et il n'eut pas de peine à gagner son plein assentiment.

La petite troupe de nos Français n'eut qu'à s'applaudir de posséder un tel compagnon, ou plutôt un tel guide : de même qu'il devait être un jour le héros des montagnes acadiennes, le prince légendaire des tribus abénakisses, de même il fut la cheville ouvrière, le chef de file de cette expédition laborieuse, durant ce long et pénible voyage [1]. Cent vingt lieues de forêts et de montagnes désertes, tel était le trajet à parcourir, tantôt en ramant dans les canots d'écorce, tantôt en se frayant des sentiers difficiles à travers les rochers ; il fallait porter les canots à dos d'homme pour franchir les cataractes ou passer d'une rivière dans l'autre ; il fallait savoir suppléer à tout par sa patience et son adresse, ou se résoudre à se passer de toutes choses.

Cependant ces traversées périlleuses n'effrayaient point

---

[1]. Pour la vie et les aventures du baron de Saint-Castin et de ses enfants, seigneurs de Pentagoët en Acadie, voir *Histoire de la Nouvelle-Écosse,* par La Fargue, — Hildreth ; et les chroniqueurs de la Nouvelle-Angleterre. — Brodhead, *Documents de Paris,* notamment pages 853, 858, 910, 1,026, etc. — Beamish. — Garneau, tome II. — Maurault, *Histoire des Abénakis.* — *French Neutrals,* by mistress Williams. — *Archives de la marine,* Recensements de l'Acadie, etc.

les aventuriers de cette époque, endurcis à la fatigue comme aux privations, et devenus aussi habiles que les sauvages eux-mêmes dans la traque des bêtes fauves et dans la connaissance des forêts et des défilés. Cette entreprise serait encore aujourd'hui une chose difficile, puisqu'une grande partie de ce territoire (l'*Arrostook*) est restée presque inhabitée et sauvage jusqu'à nos jours; mais à l'époque dont nous parlons un tel itinéraire renverse l'esprit, et l'on refuserait d'y croire, si l'on ne savait par les témoignages les plus authentiques que déjà ce trajet avait été parcouru dès l'an 1630 par trois Récollets venus de Bordeaux, qui, s'abandonnant à la conduite des sauvages et à la Providence, se rendirent ainsi en mission parmi les Abénakis. Ils ne cherchaient ni les aventures, ni le profit, ni la gloire; c'étaient des serviteurs de Dieu qui finirent peut-être leur vie au milieu de ces pauvres Indiens, et leurs noms ne sont même pas venus jusqu'à nous; mais la trace de leurs explorations ne resta point inutile. Ils venaient de frayer un chemin entre l'Acadie et le Canada, et après eux les compagnons de Latour et ceux de d'Aulnay suivirent plus d'une fois ces traces pieuses, dont la religion avait posé les jalons, et que le commerce et la guerre vinrent exploiter à leur tour.

Durant toute la route, Saint-Castin se porta toujours en avant. Doué d'un flair admirable pour découvrir les passages, deviner les choses utiles, ou éviter les difficultés scabreuses, amateur passionné de la chasse, il rendait d'inappréciables services, car en de telles secousses il fallait vivre de son gibier et de sa pêche, ménageant jusqu'à la dernière extrémité le peu de provisions que l'on pouvait emporter; mais ni les fatigues de la navigation ni les insomnies du bivouac en plein air n'altéraient ce tempérament de fer, et on le trouvait toujours prêt à se mettre en quête de la bête sauvage, avec quelques bons compagnons au jarret solide et fins tireurs, qu'il choisissait tour à tour. Déjà expert depuis de longues années dans les chasses des sauvages, il ne laissait guère manquer les siens de provisions fraîches, et c'est ainsi que l'on vécut sans trop de privations ni d'encombres, entre Québec et Pentagoët.

Tous les soirs on *cabanait* autour d'un grand feu, et là encore son esprit pétillant de verve méridionale et de gaieté dissipait la mélancolie des uns, réconfortait les autres contre la fatigue, déridait les plus moroses, et relevait le moral de tout le monde.

Lorsque dans les montagnes du Kennebec on rencontra les Abénakis, ce fut lui qui servit d'introducteur, d'interprète, de régulateur; les Abénakis étaient déjà les alliés de la France, par les sympathies dont ils entouraient nos missionnaires, mais ce fut Saint-Castin qui mit le sceau à cette alliance, qui devait durer deux siècles, par l'empire extraordinaire qu'il conquit sur ces peuplades chevaleresques. Il commença précisément durant ce voyage à en établir les prémisses; lorsqu'il les rencontra pour la première fois dans une partie de chasse, et qu'ils l'eurent amené en un de leurs campements, une vive et réciproque sympathie les rapprocha et les unit, comme il était arrivé soixante ans auparavant entre Membertou et le bon sire de Poutrincourt. Son air déterminé et sa loyauté insigne, sa bonne mine et sa grande tournure les séduisirent d'abord : il n'était pas jusqu'à son insouciante gaieté qui, n'étant point dépourvue de grandeur, ne plût, par contraste, à ces populations qui poussaient la dignité du maintien jusqu'à l'extrême; mais quand ils le connurent mieux, il les captiva par sa bravoure à toute épreuve, par son sang-froid, et par la souplesse vigoureuse de son corps et de son esprit; l'affabilité de ses manières, le bonheur extraordinaire qui semblait attaché à toutes ses entreprises, et l'amabilité native qui régnait dans toute sa personne, achevèrent de les enthousiasmer.

Dès ce moment, certains Abénakis se dévouèrent à lui corps et âme, attachés à ses pas comme le chien à ceux de son maître, et c'est à lui que l'on devait ce grand cortége de guerriers indiens, qui avec leurs canots avaient suivi M. de Grandfontaine jusqu'à Pentagoët. Si le baron de Saint-Castin avait produit le plus grand effet sur ses hôtes sauvages, il n'était pas sans avoir éprouvé, de son côté, une impression analogue en leur compagnie. De tous les indigènes, les Abénakis furent certainement ceux qui se rapprochaient le plus du caractère européen, et particulièrement du caractère français ; plus susceptibles qu'aucuns autres de dévouement et de discipline, dotés d'une bravoure brillante et d'une loyauté assez rare parmi les Indiens, ils montrèrent une fidélité inaltérable aux hommes et aux idées auxquels ils s'attachèrent.

Saint-Castin, très-ému de leur chaleureuse amitié, se laissa donc facilement entraîner à l'idée d'un séjour dans leur pays, puis, son imagination s'échauffant à mesure que son influence grandissait parmi eux, il songea à se faire agréer comme une sorte de chef et à se fixer dans leurs tribus au moins pour un temps. Son sang s'allumait en pensant aux expéditions extraordinaires qu'il pouvait combiner avec ces alliés sauvages et intrépides : leurs montagnes dominaient absolument les colonies anglaises, en fournissant de toutes parts des embuscades redoutables durant la lutte, des abris assurés en cas de retraite, des sorties multipliées sur les établissements du Massachussetts, du Connecticut et du New-Hampshire.

Cette perspective de marches et de contre-marches, de retours calculés et d'invasions rapides, offrait un mélange des exercices du corps et de l'esprit, tout à fait propre à séduire ce tempérament béarnais, et peut-être commença-t-il à projeter dès lors cette principauté demi-féodale, demi-sauvage, qu'il devait fonder plus tard au milieu d'eux, projet très-bizarre et plus heureux cependant que ceux de Poutrincourt et de d'Aulnay, car sa postérité put s'y perpétuer pendant plusieurs générations!

Dans ces circonstances, est-ce lui qui demanda à M. de Grandfontaine de demeurer dans cette contrée? Est-ce M. de Grandfontaine qui, démêlant ses émotions secrètes et pressentant son avenir, lui proposa ce poste? Nous ne saurions le dire; quoi qu'il en soit, il demeura à Pentagoët, chargé du gouvernement de toute cette contrée, et c'est ainsi qu'il débuta dans cette destinée étrange, aventureuse, dont nous reparlerons plus tard; type de chevalerie, légende de montagne, qui a tellement frappé l'imagination des Américains, que cet homme est devenu dans leur primitive histoire une sorte de personnage demi-historique, demi-héroïque [1].

Les Français, nous l'avons dit, tenaient extrêmement au chemin de Kennebek; on considérait alors au Canada Pentagoët comme la clef de l'Acadie, et on n'aurait pas été éloigné d'y fixer le chef-lieu de la province. M. de Grandfontaine avait reçu des instructions spéciales sur les travaux à effectuer dans les portages et pour les fortifications du fort [2]; il fallait donc placer là un homme sûr, en attendant qu'on prît un parti définitif. C'est ainsi qu'il laissa en charge, sur les bords du Penobscot, son ami et compagnon d'armes, avec les Abénakis qui lui étaient dévoués; quelques engagés européens, qu'il avait amenés pour travailler sur le chemin de Kennebek, y demeurèrent

---

1. Voir la chronique et les auteurs déjà cités plus haut, page 118, sur la famille Saint-Castin.
2. Lettre de M. de Grandfontaine de 1671, aux *Archives*.

aussi, tandis que le petit détachement français poursuivit sa campagne de Pentagoët à Jemseck, puis à Port-Royal, qui fut occupé le 2 septembre 1670 par M. de Soulanges [1], lequel rejoignait ainsi les vieux établissements de nos Acadiens, dont il est temps de reprendre l'histoire.

Le gouvernement confié à M. de Grandfontaine comprenait une immense région : 1° l'État du Maine, le sud du Nouveau-Brunswick, et la Nouvelle-Écosse qui formait l'Acadie proprement dite; — 2° le pays des Maléchites et de la baie des Chaleurs, c'est-à-dire le nord du Nouveau-Brunswick; — 3° les îles Saint-Jean et du cap Breton. Les postes principaux étaient à Passamacadie, Pentagoët, Jemsek, Miramichy, Népisiguy, Chédabouctou, la Hève, le cap Sable et Port-Royal; de tous ces établissements, Port-Royal, le cap Sable et la Hève étaient les seuls où il se trouvât une population européenne sérieusement établie, avec des femmes, des enfants et des cultures; partout ailleurs on ne rencontrait que des forts plus ou moins considérables avec des magasins; le cap Sable était occupé par le vieux d'Entremont et par les siens; Miramichy, Népisiguy, Chédabouctou appartenaient toujours aux enfants de Denys.

En explorant les divers districts de ce vaste gouvernement, M. de Grandfontaine n'avait pas tardé à se convaincre que si Pentagoët offrait de grands avantages politiques, il était sous beaucoup de rapports inférieur à bien d'autres postes, notamment au point de vue colonial : Port-Royal possédait une vallée bien plus fertile, et une population de cultivateurs, consolidée par une longue occupation du sol depuis le temps de d'Aulnay; un grand nombre de Français étaient nés dans le pays lui-

---

1. Les Joybert de Soulanges existent encore près de Reims au château de Belval, par Corbeny ou Corbery.

même, et leurs familles montraient déjà la puissance de leur prodigieux accroissement; à la Hève se trouvaient aussi quelques familles de colons, quelques métis adonnés à une existence sédentaire, et les relations avec la France y étaient plus fréquentes et plus faciles qu'en aucun autre lieu, à cause des bâtiments de pêche si nombreux qui hantaient les côtes de l'ouest. Jemsek même, moins important comme situation politique et militaire, l'emportait de beaucoup sur Pentagoët comme poste commercial!

Enfin le chemin de Kennebec, dont l'utilité paraissait si capitale au gouverneur du Canada et au ministre, lui parut beaucoup moins nécessaire, lorsqu'il eut appris par les anciens du pays combien les communications seraient plus faciles et plus promptes avec Québec, par la voie de mer, en allant de cette ville, à travers le golfe Saint-Laurent, débarquer à la baie Verte sur l'isthme de Shédiac que l'on traversait par un très-court portage, pour rejoindre le fond de la baie Française, déjà fréquenté par les barques acadiennes. Il retira donc promptement les engagés qu'il avait installés à Pentagoët et au rapide de Kidiskuit, les dirigea sur Port-Royal [1], et reprenant l'œuvre de d'Aulnay il résolut de concentrer désormais en ce lieu tous les colons qu'on pourrait à l'avenir lui envoyer de France.

Les établissements de l'Acadie allaient du reste changer complétement de caractère; les seigneuries immenses, princières, inaugurées avec Poutrincourt, Razilly, d'Aulnay et Latour, avaient amené, comme toutes les grandes féodalités, le relâchement de l'autorité centrale et des dissensions funestes. Les Anglais persistèrent en-

---

1. Procès Campagna, déposition de Renault et celle de Campagna.

core dans cette voie ; mais la France installa partout la prééminence des gouverneurs royaux, et ce gouverneur reçut l'ordre, en Acadie, de ramener à de justes limites les seigneuries existantes et de multiplier les fiefs de moindre importance, système pratiqué avec succès au Canada.

C'était l'époque où l'intendant Talon organisait l'administration de ce dernier pays, et on put espérer un instant de voir l'Acadie profiter de ces velléités colonisatrices que montra Louis XIV, pendant une quinzaine d'années, sous l'influence de Colbert.

D'après l'ordre de Colbert, on avait fait accompagner M. de Grandfontaine par M. Patoulet, spécialement chargé de faire un rapport sur le chemin de Kennebek, entre le Canada et l'Acadie, sur les travaux qu'il serait possible de faire pour en faciliter le parcours, et on en attendait d'utiles renseignements sur l'ensemble de la colonie.

L'Acadie reçut donc pendant plusieurs années quelques renforts d'immigrants ; presque tous se rattachèrent au groupe de Port-Royal. L'étude des recensements, le procès de Campagna, la correspondance de M. de Grandfontaine, et autres documents, nous donnent lieu de croire que de 1670 à 1679 il s'établit de 40 à 50 colons nouveaux en Acadie, célibataires presque tous, mais dont plusieurs se marièrent dans le pays. Nul doute que cette immigration n'eût pris un essor plus considérable, sans le revirement qu'éprouva alors la politique coloniale de la France : Louis XIV n'aimait pas les progrès lents, il comprenait mal les difficultés que rencontre nécessairement l'installation de familles nouvelles dans un pays nouveau[1] ; la guerre semblait sans doute à son ambition impatiente un instrument de puissance bien plus rapide

---

1. Lettres de Louis XIV et de Colbert en 1674 et 1676.

que la colonisation ; il se lassa donc promptement du Canada et de l'Acadie. Talon dut un instant visiter cette contrée, mais il retourna en France avant d'avoir pu exécuter ce dessein, et le gouvernement cessa de s'occuper de ce pays pendant près de vingt ans.

Le premier soin de M. de Grandfontaine fut de se rendre un compte exact de la population, de son assiette et de ses ressources ; il fit dresser à la fin de 1670 ou au commencement de 1671 un recensement exact. Ce recensement, que nous avons retrouvé aux Archives de la marine, est un document capital pour l'histoire des Acadiens [1] ; c'est en quelque sorte le point de séparation entre la tradition et l'histoire positive ; il marque le moment où les divers éléments dont est sortie la population acadienne, ayant pris une assiette définitive, se sont fondus ensemble pour suivre désormais une marche constante et rapide, vers un développement que l'on pourrait considérer comme un phénomène extraordinaire, s'il se fût opéré sur une échelle moins modeste.

Nous avons laissé Port-Royal en 1654 entre les mains des Anglais, dans une situation assez précaire ; il n'était resté dans la contrée que les colons censitaires installés sur leurs fermes, dans la seigneurie de d'Aulnay [2] ; le nouveau seigneur, Le Borgne, dont les Anglais avaient reconnu le titre et les droits dans la capitulation [3], avait laissé à Port-Royal son fils Emmanuel, qui, sans posséder l'intelligence et l'activité de d'Aulnay, s'employa néanmoins de son mieux à rassurer les colons et à maintenir son fief en bon ordre. Il leur servit de centre et

---

1. Ce document a été publié *in extenso* par nous dans *la France aux colonies*.
2. Un certain nombre d'habitants quittèrent l'Acadie après 1664. (Voir Moreau).
3. Cette capitulation est aux Archives, mais le texte en a été publié en anglais par Beamish.

d'appui, et lorsque M. Morillon du Bourg quitta l'Acadie en 1668, après en avoir conclu la remise nominale avec les Anglais, il lui délégua provisoirement ses pouvoirs comme représentant de l'autorité royale[1].

Il y avait alors à peine quarante ans que M. de Razilly avait installé des familles régulières parmi les compagnons grossiers, demi-sauvages, de Biencourt, de Latour et de Krainguille : déjà cependant la troisième génération commençait à surgir ; Port-Royal et ses environs comptaient plus de 70 familles, car nous verrons que le recensement de 1671 contient plusieurs omissions. Telle était la longue habitude qu'avaient les Acadiens d'être abandonnés à eux-mêmes et de ne rien attendre de la métropole, que l'occupation anglaise, et l'abandon absolu dans lequel ils demeurèrent de 1654 à 1670, ne nuisirent que médiocrement à la colonie. Il n'est si fâcheuse situation qui ne possède quelque compensation : les hommes habitués à vivre à la dure se font à cette existence et s'y comportent sans broncher, pourvu que leur tempérament soit solide ; le moindre vent de bonne fortune leur profite plus qu'à d'autres; sans les énerver, et ils quittent et reprennent le harnais de la misère, sans s'effrayer et sans faiblir.

Le résultat le plus fâcheux de ces vingt années fut de priver entièrement le pays de toute immigration nouvelle, et les naissances comblèrent à peine les vides que produisit, après la capitulation, le départ de ceux qui quittèrent la colonie ; mais celle-ci ne fut point désorganisée. Les tenanciers censitaires, accoutumés aux travaux agricoles et à une vie relativement paisible, sous la direction de Razilly et de d'Aulnay, se groupèrent sans difficulté autour de Le Borgne, et lui ayant consenti

---

1. Beamish, pages 142 et 144.

aveu de foi et hommage, ils reprirent le cours de leurs occupations ordinaires ; dans le recensement, il est facile de constater que chaque famille vit sur son bien des fruits de son travail, et que toutes progressent, se développent en faisant essaimer autour d'elles de jeunes ménages qui créent, aux dépens des forêts seigneuriales, leurs nouveaux établissements.

Ces familles du reste étaient précisément celles qui devaient former le fonds essentiel du peuple acadien ; le nombre des colons qui vinrent ensuite se joindre à elles fut assez restreint, et l'avance que ces colons primitifs avaient déjà conquise par la multiplication de leurs propres familles ne permit guère aux autres de compter en Amérique une aussi nombreuse postérité. Nous engageons le lecteur à noter soigneusement dans sa tête les noms contenus dans ce document ; la plupart de ces hommes sont devenus de véritables têtes de clans extrêmement nombreux, malgré les catastrophes successives qui ont décimé et dispersé cette malheureuse race. Nous signalerons tout particulièrement les *Bourgeois, Gaudet, Hébert, Daigle, Terriau, Gautherot, Trahan, Thibaudeau, Bourc, Boudrot, Landry, Doucet, Girouard, Brot* ou *Breau, Leblanc, Poirier, Commeaux, Belliveau, Cormier, Dugast, Mélanson, Robichaux* et *d'Entremont*.

Chacun d'entre eux a été le chef d'une postérité si considérable que quelques-unes de ces familles comptent aujourd'hui plusieurs milliers de branches, soit en Acadie, soit au Canada, soit dans le golfe Saint-Laurent, ou en Louisiane, et même en France où se fixèrent plus tard quelques-uns de leurs proscrits.

Ces noms sont les grands types du peuple acadien, comme les *Mac-Donald*, les *Mac-Nab*, les *Mac-Gregor, Mac-Dougall, Mac-Intyre*, etc., etc., représentent les grandes souches de la race écossaise. Lorsqu'on rencontre ces noms dans les recensements du Canada, des provinces anglo-américaines et autres pays de l'Amérique du Nord, on peut être presque certain que l'on a affaire à quelqu'une des malheureuses familles acadiennes dispersées par la funeste tempête de 1755 ; il y a sans doute dans les divers recensements que nous possédons bien d'autres noms parmi les Acadiens[1], mais nous citons ceux-ci comme représentant plus spécialement les souches qui furent à la fois les plus anciennes et les plus fécondes.

Le recensement de 1671 énumère les principaux postes où étaient alors établis les Français en Acadie. Port-Royal à lui seul contient plus des neuf dixièmes de la population, savoir : 373 habitants en 68 familles : on y comptait 66 hommes, 71 femmes et 236 enfants ; en y comprenant quelques habitations non recensées, ces colons possédaient environ 650 bêtes à cornes, 425 bêtes à laine et 400 arpents de terre mis en valeur ; ce document ne mentionne pas les chevaux, mais nous savons d'une manière certaine que les habitants en possédaient, ainsi que beaucoup de porcs. (Voir le rapport de Lamothe-Cadillac.)

Le *quartier du cap Sable*, qui doit s'entendre de la seigneurie de Pobomcoup, appartenant aux d'Entremont jusqu'au cap Neigre, figure pour 25 personnes, y compris les engagés du sieur d'Entremont et les deux fils de Latour qui étaient venus se fixer près du vieux lieutenant de leur père ; il s'y trouvait 26 bêtes à cornes, 25 brebis, et 7 arpents de terre en culture. — Dans le *quartier des côtes de l'Est*, 16 personnes, plus tous les habitants français et métis des rivières de la Hève, qui

---

1. Il y a 43 noms dans le cens de 1871, et environ 120 nouveaux noms dans les cens ultérieurs.

sont visiblement omis dans ce dénombrement. Le total devait ainsi s'élever dans toute la presqu'île à 440 habitants de race blanche, si l'on tient compte des omissions.

Il y avait en outre sur la terre ferme, à Pentagoët, une dizaine d'hommes avec Saint-Castin, et quelques colons sur le fleuve Saint-Jean, vers le fort de Jemsek où commandait M. de Soulanges et où demeurait aussi un gendre de Charles de Latour, *Martignon d'Aprendistigni* ou *d'Arpentigny*, lequel avait épousé sa fille aînée Jeanne, née de sa première union avec une squaw[1], avant la venue de Razilly. Ce Martignon était à la fois héritier et créancier de Latour; il s'était installé dans les domaines de la famille, afin de se payer, s'il était possible, sur le poil de la bête, et en 1672 il se fit confirmer dans la possession d'une partie de ces domaines[2]. Enfin trois autres fiefs venaient d'être concédés, sur les démembrements de cette immense seigneurie, deux aux frères Joybert de Marsan de Soulanges[3], et l'autre au sieur Potier de Saint-Denys.

Un peu plus haut, vers le fond de la baie Française, un gentilhomme canadien, Leneuf de La Vallière, commençait à établir des postes de traite, au lieu de *Shignitou* qu'il appela Beaubassin, et dont il obtint la con-

1. Réclamation du sieur Martin d'Arpentigny, seigneur de Martignon, du 17 octobre 1672. (Registre des concessions en Acadie.)
2. Recensement de la rivière de Saint-Jean en 1696.
3. Concession du 20 octobre 1672 sur la riv. Saint-Jean, avec jouissance provisoire du fort de Jemsek, au sieur de Marson de Soulanges. Le même jour, concession de 2 lieues de front sur la riv. Saint-Jean à la suite du précédent, jusqu'à la mer, au sieur Joybert de Soulanges. — Le 18 octobre 1672, concession de 2 lieues de front sur la riv. Saint-Jean au-dessus de la concession du sieur de Martignon, au sieur Jacques Potier de Saint-Denys. (*Registre des concessions en Acadie.*)

cession seigneuriale quatre années plus tard. Enfin plus loin encore se trouvaient Denys et ses fils, établis à Chédabouctou, et au fond du golfe Saint-Laurent, à Miramichy. Si l'on additionne tous ces détenteurs de fiefs avec Saint-Castin, les d'Entremont, les Latour et Le Borgne, seigneur de Port-Royal et des Mines, on trouve qu'il y avait déjà en 1672, en Acadie, une quinzaine de seigneuries grandes et petites.

La plupart de ces fiefs furent créés par M. de Grandfontaine, conformément au nouveau plan que l'on avait adopté, et qui avait été suivi avec tant de fruit au Canada : seigneuries d'une moyenne étendue, dont le titulaire entreprenait le peuplement et la mise en produit ; il avait vu la plupart de ses anciens compagnons d'armes du régiment de Carignan, *de Verchères, de Chambly, de Vincennes, La Durantaye, de Contrecœur, de Saurel*, etc., devenir ainsi seigneurs terriens, sur le Richelieu et le Saint-Laurent, où ils avaient été les agents les plus actifs et les plus efficaces de la colonisation, et il espérait obtenir des résultats analogues en Acadie.

Mais ses espérances ne furent pas pleinement réalisées : les seigneurs du Canada trouvaient des colons avec une facilité relative, soit en les tirant de France dont les arrivages étaient assez fréquents et réguliers, soit en les cherchant dans le pays même, parmi les soldats congédiés, ou sur les plus anciennes seigneuries, créées trente ans auparavant ; déjà à cette époque (1670) celles-ci comptaient plus d'un millier de familles depuis longtemps établies, et qui servaient de pépinières aux seigneuries nouvelles. En Acadie, au contraire, toutes ces ressources manquaient, : les communications avec la France étaient rares et irrégulières, il y avait à peine quelques hommes de garnison, et le peu de fortune des nouveaux seigneurs les rendait incapables de suivre l'exemple de ces gentilshommes, qui avaient été recruter en France, sur leurs propres fiefs, les familles de leurs censitaires ; quant à la population si clair-semée de la vallée de Port-Royal, le peu de jeunes ménages qu'elle aurait pu fournir préféraient encore demeurer dans le voisinage de leurs parents, autour desquels abondaient toujours des terres vacantes et fertiles.

Les seigneurs que M. de Grandfontaine attira en Acadie, et ceux qui dans les années suivantes y obtinrent encore des concessions, étant dans l'impossibilité de se procurer des tenanciers censitaires, furent donc promptement portés, par la force des circonstances, à chercher dans leurs fiefs autre chose que les produits agricoles, les redevances féodales et la création d'un apanage pour leur postérité ; il leur vint alors naturellement dans l'idée de profiter de ces fiefs isolés et entourés de tribus sauvages, pour y installer des comptoirs où l'on achetait aux Indiens leurs pelleteries, en leur vendant avec de gros profits les marchandises européennes à leur usage. La traite des fourrures avait été fructueusement exploitée dans ces parages par Latour, par d'Aulnay, par Le Borgne ; chacune des nouvelles seigneuries forma donc comme une subdivision de ce grand commerce ; si la quantité des marchandises était moindre dans chaque comptoir, il faut remarquer d'autre part que les frais de ce commerce se trouvaient simplifiés, et si quelqu'un de ces seigneurs (quels seigneurs !) avait des engagés européens à sa solde, il les utilisait dans la belle saison en les employant à la pêche maritime, qui fournissait à la fois des provisions et du poisson salé que l'on vendait en même temps que les pelleteries.

Tandis qu'au Canada presque toutes les seigneuries se formèrent immédiatement sur le modèle des seigneuries féodales de l'Europe, avec un manoir entouré de tenanciers établis sur leurs arrière-fiefs ou fermes censives, il n'y eut longtemps en Acadie que la seigneurie de Port-Royal qui correspondît à ce modèle ; il est vrai que cette seigneurie présente un type très-curieux à étudier, tant par son importance propre que par les détails exclusivement spéciaux qui la concernent aux Archives ; son isolement même, et le petit nombre d'immigrants qu'on y voit affluer, firent de sa population comme une petite tribu qui se développa d'une manière originale et concentrique, sans dispersion et sans mélange, dont les ramifications se dessinent et se saisissent avec une extrême délicatesse.

Quelques autres concessionnaires cherchèrent cependant peu à peu à créer une véritable seigneurie à la place du poste où ils se tenaient cantonnés d'abord. Nous signalerons sous ce rapport : les Mius d'Entremont du cap Sable qui, dès le principe, s'attachèrent à avoir quelques bestiaux et des cultures ; Leneuf de La Vallière qui, étant originaire du Canada, amena de ce pays, dans son fief de Beaubassin, des engagés et même quelques familles ; celles-ci formèrent ainsi dès l'année 1680, en ce lieu, une véritable colonie censitaire et féodale ; enfin, quelques années plus tard, on vit les tenanciers de Port-Royal, de concert avec leur seigneur, envoyer leurs enfants peupler certains cantons situés au nord de cette place, sur le bassin des Mines, où se formèrent de nouvelles seigneuries terriennes.

Mais la plupart des fiefs, disséminés sur toutes les côtes par M. de Grandfontaine et les autres gouverneurs, demeurèrent à l'état sauvage, et les possesseurs de ces fiefs vivant, avec un très-petit nombre d'engagés européens, au milieu des Indiens, se rapprochèrent de ceux-ci par un régime de vie demi-civilisé, demi-barbare, et conquirent sur les tribus une puissante influence ; Saint-Castin, dont nous avons parlé au commencement de ce mémoire, offre un des types les plus remarquables de ces gentilshommes forestiers, habillés de peaux sauvages; les tenanciers ordinaires de la mouvance se trouvaient alors remplacés par les Indiens du canton. Il se forma de cette façon une espèce de seigneuries bizarres, dont les titulaires furent appelés *Capitaines de sauvages*. Comme ils disposaient ainsi d'un pouvoir et d'une force réels, le gouvernement français les encouragea à plus d'une reprise, et s'en servit souvent pour s'assurer le concours des tribus indigènes.

Nous entrerons plus loin à ce sujet dans des détails plus circonstanciés; mais cette digression doit suffire pour faire comprendre comment M. de Grandfontaine fut promptement amené à renoncer à ses projets primitifs sur Pentagoët et les autres postes de la côte; il se rattacha aussitôt avec raison aux vues de d'Aulnay, comme celui-ci s'était rattaché à la tradition de Poutrincourt, qui était la bonne et la vraie, et, tout en multipliant les seigneuries, il concentra la colonisation dans celle de Port-Royal [1].

Il agissait ainsi du reste avec un complet désintéressement, n'ayant aucune connexité avec la seigneurie dudit lieu; désormais, en effet, le gouverneur de l'Acadie, représentant du roi, et le seigneur du fief furent deux personnes tout à fait distinctes. Le possesseur actuel de Port-Royal était le fils de Le Borgne de Belle-Ile, qui seconda de son mieux les bonnes intentions du gouverneur. Les engagés qu'on y avait ramenés de Pentagoët y furent bientôt rejoints par quelques colons qui vinrent de France; dans l'année 1671, qui suivit le recensement dont nous avons parlé, arriva le navire l'*Oranger*, chargé

---

1. Procès Campagna; déposition de Campagna.

de munitions et ravitaillements divers pour la colonie, et qui portait en outre 60 personnes, tant soldats qu'engagés et colons, parmi lesquels une famille et quatre filles.

Les recrues destinées à la garnison de Pentagoët permirent de congédier quelques-uns des anciens soldats, qui répondirent aux bienveillantes intentions du gouverneur en se mariant dans le pays; celui-ci annonce en effet qu'il désire licencier et établir tous ceux des soldats qui voudront profiter de ses offres, en leur fournissant certaines avances en argent et en provisions, pour faciliter leur établissement [1]; c'était l'usage du Canada. Malheureusement la garnison était très-faible; on n'y comptait pas, y compris les derniers renforts, plus de 80 hommes formant 2 compagnies; la population ne pouvait donc y trouver qu'un petit nombre de recrues.

Quant aux engagés qui venaient dans les colonies, c'étaient des jeunes gens raccolés par des colons ou par les capitaines de navire, et qui, moyennant une certaine prime, s'obligeaient, par contrat transmissible, à servir pendant cinq ans dans la colonie, à condition d'être défrayés de tous leurs besoins; à son arrivée, le capitaine cherchait à placer ses engagés, contre un remboursement avantageux de ses frais; l'engagé entrait alors au service de la famille d'un colon, dont il partageait les travaux, les repas et le logement; à la fin de ces cinq années, il redevenait libre de son temps, soit qu'il voulût louer ses services de nouveau, ou former lui-même un établissement, qu'il trouvait souvent dans la famille même où il avait servi, en épousant une des filles de la maison.

Quelquefois aussi ces engagés étaient enrôlés sous une autre forme, pour le service direct de quelque seigneur terrien, qui cherchait à peupler le territoire qui

---

[1]. Lettre de M. de Grandfontaine de 1671. (*Archives*.)

lui était concédé ; c'est ainsi que les seigneurs du Canada, les Sulpiciens, et plusieurs autres communautés religieuses, emmenèrent de France, non-seulement des familles, mais beaucoup de jeunes gens, dont les parents leur remettaient la direction et l'avenir, avec une confiance qui honorait les deux parties [1] : c'est ainsi que MM. de Razilly et d'Aulnay fondèrent leurs colonies de la Hève et de Port-Royal ; c'est ainsi que Charles de Latour, en 1633, faisait publier à la Rochelle les offres d'engagement que nous avons relatées dans un chapitre précédent ; c'est ainsi que, peu après l'époque à laquelle nous sommes parvenus, le sieur Le Borgne de Belle-Ile, seigneur de Port-Royal, demandait et obtenait par entremise de son frère, André Le Borgne-Ducoudray, l'autorisation *d'engager des gens de l'un et l'autre sexe, de gré à gré; et de les envoyer au pays de l'Acadie* [2].

Ces Le Borgne étaient les petits-fils de celui qui s'était emparé, en 1652, des seigneuries que d'Aulnay avait créées en Acadie ; Alexandre, alors âgé de vingt-huit ans, et fils aîné d'Emmanuel, lui avait succédé dans la seigneurie de Port-Royal ; deux ans après, il épousa une des filles de Charles de Latour, dont les enfants s'étaient presque tous réfugiés dans la seigneurie de Pobomcoup, chez le vieux Mius d'Entremont. Cet ancien lieutenant de Charles de Latour, qui l'avait amené de Normandie en 1651, vivait paisiblement, depuis lors, sur son fief avec sa famille ; il avait élevé les enfants de son ancien chef, et deux de ses fils épousèrent même, quelques années après, les autres filles de Latour.

D'Entremont, de même que Le Borgne de Belle-Ile, était du petit nombre des seigneurs acadiens qui s'oc-

1. Ferland, — Faillon, — Rameau.
2. Note du 24 juin 1705. (*Archives de la marine.*)

cupaient de culture et de défrichement; dès lors les barons de Pobomcoup avaient du bétail autour de leur grossier manoir, et ils avaient pu attirer sur ces côtes retirées et sauvages quelques familles qui cultivaient le sol, tout en se livrant activement à la pêche de la morue[1].

Quant aux seigneurs de Port-Royal, ils suivaient de leur mieux la tradition et l'exemple de Poutrincourt et de d'Aulnay; ils travaillaient sans doute sur une échelle plus modeste au développement de leur seigneurie; mais ils s'appliquaient certainement à continuer le système de défrichements et de travaux que d'Aulnay avait inauguré avant eux, et nous venons de citer un document[2] qui nous montre comment ils s'occupaient aussi d'activer le développement de la population, en attirant des engagés et des colons. Ces efforts ne furent point inutiles, et, se trouvant soutenus par l'énergie laborieuse des familles acadiennes, il en résulta une progression telle qu'en 1679 nous apprenons, par une note annexée à un recensement du Canada, que la population de l'Acadie était alors de 515 âmes, sans compter la garnison. C'était en huit ans une augmentation de 20 pour 100.

Port-Royal consistait alors en un fort grossier, formé de quelques terrassements, couronnés par de grosses palissades en bois; l'église et quelques maisons se trouvaient aux alentours; la plupart des fermes étaient répandues dans la campagne, chacun demeurant sur son terrain.

Ce fort était toujours sur l'emplacement choisi en 1605 par de Monts et Poutrincourt, et c'est même probablement la place où s'élève le fort actuel; en venant de la rade, on le voit encore sur le mamelon décrit par Les-

---

1. Recensements de 1672, 1686, 1693 et 1700.
2. Autorisation donnée en 1705 le 24 juin à André Le Borgne Ducoudray pour engager des familles et colons pour l'Acadie.

carbot et par Diéreville, ayant la grande rivière à sa gauche et la petite rivière à droite, dominant leur point de jonction; on a retrouvé il y a quelques années, dans une fouille, un linteau en pierre portant le millésime de 1606 [1]; c'est bien le même fort que les Français avaient édifié et que les Anglais ont transmis jusqu'à nous par des restaurations successives; l'église anglicane, située vis-à-vis la porte d'entrée, occupe sans doute la place où était autrefois l'église catholique, et tout à côté est le cimetière, où les Anglais reposent maintenant parmi les ossements des anciens Acadiens, dont ils ont proscrit et dépouillé les descendants.

Cette église est aujourd'hui un édifice propre et bien bâti; mais en 1680 elle était en fort mauvais ordre, comme toutes les constructions du pays (lettre de la sœur Chausson [2]), et au rapport de Diéreville il y entrait plus de terre que de bois. Un grand nombre de maisons étaient construites en effet au moyen de gros pieux plantés en terre, dont les interstices étaient bouchés avec de la mousse et de l'argile; les cheminées étaient montées avec des poteaux et de la terre glaise battue, et le toit couvert de joncs, d'écorces, parfois même de gazon. Les meilleures étaient bâties en planches, ou *en pièces sur pièces*, c'est-à-dire avec de fortes pièces de bois équarries, étagées l'une sur l'autre et s'enchevêtrant à chaque angle. Le bois étant très-abondant, toutes ces constructions étaient faciles à édifier, et on pouvait à la première alarme les abandonner sans souci et les perdre sans regret; considération importante, car les fréquentes incursions des Anglais inspiraient la défiance, et on s'efforçait de n'offrir aucune prise de quelque valeur à l'ennemi.

1. Halliburton.
2. Lettre citée par M. Faillon, *Vie de la sœur Bourgeois*.

Quand celui-ci se montrait en force, les habitants se sauvaient dans la forêt, sans inquiétude sur ce qu'ils laissaient derrière eux, car leurs petits troupeaux étaient dressés à la vie des bois, et leur mobilier était d'un enlèvement facile : quelques marmites de fer, les armes, les outils, et un paquet de hardes ; ceux qui étaient embarrassés de trop de richesses en enterraient une partie et emmenaient le reste ; mais tous connaissaient, dans les collines boisées, à quelques portées de fusil, de sûres retraites, qui n'étaient pénétrables que pour eux et pour leurs amis fidèles, les Micmacs de l'intérieur. Ceux-ci, pour qui la guerre était une joie, accouraient aussitôt, et les Anglais ne s'exposaient guère, dans ces forêts escarpées et dangereuses, où chaque arbre pouvait receler un ennemi ; ils s'écartaient peu de leurs navires, brûlaient les maisons, tiraient quelques coups de feu contre le fort, s'il y en avait un, et retournaient à Boston faire grand bruit de leur victoire, annonçant qu'ils avaient détruit les établissements français.

S'ils eussent pu cependant revenir au bout d'une semaine, ils auraient vu combien leur triomphe était vain et leurs prétentions mal fondées ; la hache et la pioche rétablissaient en quelques jours toutes choses en leur ancien état, et les Acadiens reprenaient le cours de leurs cultures, de leurs chasses, de leurs excursions maritimes ; peut-être même eût-on pu trouver, en quelque crique couverte et retirée, des barques flibustières échappées à l'investigation des croiseurs, et se préparant déjà à prendre la mer, pour tirer vengeance du trouble jeté momentanément dans la paroisse ; c'est ainsi que depuis près de cinquante ans les Acadiens vivaient et survivaient aux invasions de leurs voisins et ennemis les Yankees, qui leur portaient une haine mortelle.

La culture, l'élève du bétail, l'exploitation des bois

faisaient le fonds de leur occupation ; il faut y joindre aussi la pêche. Il paraît certain en effet, bien que Diéreville semble insinuer le contraire, que la pêche maritime leur fut toujours plus ou moins familière ; les nombreux tonneliers que le recensement constate encaquaient le poisson salé qu'ils donnaient souvent en paiement aux navires qui venaient de France [1]. L'hiver, qui couvre ces pays de neige, pendant plus de quatre mois, ramenait à l'intérieur l'exercice des industries domestiques. tissages, charronnages, corroyages et autres menues fabrications ; au dehors, les grandes chasses, et la traite des fourrures avec les sauvages de l'intérieur. Ceux de la presqu'île s'appelaient Micmacs, et ceux du continent, Etchemins et Abénakis ou Cannibas, ces amis dévoués des Français, dont nous avons déjà parlé.

Toutes ces nations sauvages, du reste, vécurent toujours dans la meilleure intelligence avec les Acadiens. Nous avons vu dès l'origine, dans la chronique naïve de Lescarbot, quelles étaient leurs amicales relations avec les Français ; jamais cette sympathie réciproque ne se démentit un seul jour : quelquefois on put entendre les Acadiens se plaindre du voisinage incommode des sauvages, de leur importunité, mais jamais, pendant plus d'un siècle que dura la domination française, on n'entendit parler ni d'une agression, ni d'une altercation, ni d'un pillage, ni d'un acte de violence ; il n'existe peut-être pas une autre colonie dont l'histoire présente un pareil phénomène.

Les Acadiens et les Micmacs s'étaient du reste apparentés par quelques mariages ; dans le principe, les aventuriers qui menaient en Acadie une vie de hasard, sans famille et pour ainsi dire sans domicile, contractèrent

---

1. Mémoire de Cadillac.

souvent, ainsi que nous l'avons vu, des unions passagères ou durables avec les squaws indiennes, surtout de 1615 à 1630 ; il sortit de ces unions un certain nombre de métis, principalement à la Hève et autres côtes de l'Est, contrées où les Français se cantonnaient souvent dans les époques primitives, pour se mettre en relations plus faciles avec les navires qui venaient pêcher la morue. Ces filles métisses furent plus particulièrement recherchées par les Français qui vinrent ensuite, et quelques-unes même furent épousées en mariage légitime, par les engagés amenés par Razilly et d'Aulnay avec les premières familles françaises[1] ; c'est de là aussi que sortirent ces nombreux métis français, qui ont plus particulièrement peuplé les côtes de l'Est et du Nord-Est.

Les recensements et les actes de mariage nous offrent plusieurs exemples de ces mariages, même parmi les gentilshommes. Saint-Castin épousa la fille d'un chef indien, et une des filles issues de cette union épousa un d'Entremont. Énaud, seigneur de Népisigny, avait épousé une squaw, etc., etc. Ces alliances, cette parenté, cette familiarité habituelle des relations, la conversion religieuse des Indiens contribuèrent singulièrement à maintenir la bonne harmonie entre les indigènes et les Acadiens. Ceux-ci en recueillirent encore un autre avantage, la facilité d'un commerce constant et avantageux ; quand il n'y avait point de navires à la côte, les sauvages imprévoyants ne savaient absolument que faire de leurs pelleteries, et nos colons, dans leurs relations journalières avec eux, les obtenaient à bon compte contre quelques menus objets.

La France profitait indirectement de ce commerce, car c'était elle qui fournissait ordinairement toutes les

---

1. Recensements de 1671 et 1686. — Actes de l'église de Port-Royal.

marchandises manufacturées ; elle en eût profité bien plus encore, sans la négligence et le désordre qui régnaient dans la direction de nos colonies ; les relations de la France avec l'Acadie étaient en effet si incertaines et si précaires, que très-souvent la colonie manquait de tout ; on voyait alors des navires de Boston venir à la côte offrir leurs marchandises, en échange des fourrures et des denrées, dont on regorgeait sans pouvoir les écouler.

Les marchandises qui venaient de France étaient débarquées les unes directement à Port-Royal, les autres à la Hève, par des navires armés en pêche et qui tentaient quelques échanges à la côte ; du port de la Hève on communiquait avec Port-Royal, en traversant la presqu'île par un chemin tracé au milieu des bois ; chemin abandonné plus tard et reconquis par la forêt, mais dont les traces ont été retrouvées et suivies en ces dernières années sur le parcours d'une route nouvellement ouverte [1]. L'incertitude de ce trafic, qui avait déterminé un commerce interlope avec les Anglais de Boston, fit surgir aussi une foule d'industries domestiques parmi les Acadiens ; durant les longs hivers, ils tissaient leurs étoffes avec leurs laines et le lin que l'on récolta plus tard aux Mines ; ils préparaient leurs cuirs, fabriquaient du savon et de la chandelle, confectionnaient leurs chaussures, harnais, agrès et une grande quantité d'ustensiles en bois, car dès lors ils étaient renommés pour leur adresse à manier la hache et le ciseau ; tous les printemps, l'érable leur donnait son sucre, et ils fabriquaient de la bière « avec des som-
« mités de sapin, dont on fait une forte décoction que

---

1. Ceci m'a été dit en 1860, dans le voyage que je fis à la Nouvelle-Écosse.

« l'on entonne dans une barrique où il y a du levain et
« de la mélasse [1] ».

Leurs seuls besoins étaient donc : les métaux en barre et confectionnés, les armes et munitions, les marchandises de troque sauvage, du sel, un peu de vin et d'eau-de-vie ; pour les plus riches, quelques étoffes et objets manufacturés, et enfin, dans les mauvaises années, une certaine quantité de farines pour la garnison.

Jusqu'à l'époque à laquelle nous sommes parvenus, les seigneurs jouissaient du monopole commercial : c'est ainsi que d'Aulnay, Latour, Le Borgne, Denys, etc., etc, subvenaient aux frais de toute nature, que nécessitaient leurs établissements et leurs dissensions. Avec le nouveau régime d'un gouverneur royal, cet état de choses changea : tantôt le monopole commercial fut remis aux mains d'une compagnie qui devait subvenir aux besoins de la colonie, tantôt il y eut un magasin royal administré par le commis de la marine, sous les ordres du gouverneur ; tantôt il y eut un régime de demi-liberté. Au fond, tous ces systèmes n'étaient guère que des expédients, par lesquels le gouvernement français, toujours à court d'argent, cherchait à défrayer sans bourse délier les dépenses de la colonie ; expédients souvent funestes et toujours insuffisants, comme on peut en juger par les correspondances officielles : on manquait très-souvent du nécessaire, et les Anglais, continuant leur commerce de contrebande, devenaient *nos amis les ennemis*.

« Nous serions très-heureux, monseigneur, écrivait
« Desgouttins, le commis de la marine, si dans le temps
« présent nos ennemis (les Anglais) voulaient encore
« apporter les nécessités du pays, et prendre le castor
« dont il regorge : sans ce qu'ils ont apporté la dernière

---

1. Diéreville.

« fois, on ne mangerait point de soupe, les terres
« auraient été incultes, on aurait arraché l'herbe pour
« faire du foin, et on aurait mordu son pain : il n'y avait
« plus ni marmites, ni fours, ni faucilles, ni couteaux,
« ni fer en ce pays, ni haches, ni chaudières pour les
« sauvages, ni sel pour l'habitant [1]. »

Néanmoins il déplaisait fort au gouvernement français que l'*habitant* s'adressât ainsi à l'Anglais; on aurait voulu *qu'ils aimassent mieux languir que d'avoir recours à eux*, et on trouvait très-choquant, pour les convenances et pour la dignité de la cour de Versailles, que les Acadiens n'attendissent point pour manger, que l'on eût bien voulu penser à eux. Une certaine année de mauvaise récolte (1698, autant qu'il nous semble), on avait si bien oublié l'Acadie, qu'elle demeura près de deux ans sans recevoir aucun envoi de France; on manquait de tout à tel point qu'il n'y eut plus ni blé ni farines pour les soldats; on fut obligé d'aller acheter du blé à Boston. Lorsque le *commis-intendant* en instruisit plus tard M. de Pontchartrain, celui-ci s'en montra fort irrité, et nous avons vu, écrite de sa main en marge de la dépêche, cette note sèche et raide : *Très-mal*. C'est ici ou jamais qu'il conviendrait de répéter l'adage : « Périssent les colonies plutôt qu'un principe. »

Il ne faudrait pas croire cependant que l'on tombât souvent en de pareilles extrémités; cette contrée très-fertile fournissait déjà l'absolu nécessaire, et peu d'années après le dépassait de beaucoup. On agirait donc à l'étourdie si on se hâtait de prendre à la lettre les lamentations des gouverneurs et des commis. Les privations et les misères dont ils se plaignent sans cesse étaient fréquemment plus sensibles à eux-mêmes et à la

---

1. Desgouttins du 23 décembre 1707. (*Archives*.)

garnison qu'aux habitants; s'il fallait s'en tenir au ton désespéré de leurs dépêches, Port-Royal aurait dû succomber chaque année sous le coup de son dénûment, et cependant nous voyons constamment ses habitants croître en nombre et progresser dans leurs cultures.

Si le gouvernement, en effet, faisait peu pour la colonie, celle-ci ne s'abandonnait pas elle-même; on avait affaire à une population d'un vigoureux tempérament et d'un grand fonds de philosophie, de cette philosophie qui est la plus forte et la plus utile : une extrême modération dans les besoins et dans les désirs. « ...Ils sont accoutumés à se contenter de fort peu... » écrivait Desgouttins; il aurait pu ajouter que dans l'occasion ils savaient se passer de tout, faisant contre fortune bon cœur, avec une vertu plus haute que la nécessité.

Cette puissante énergie morale et cette force singulière de réaction contre la misère leur vinrent pour une grande part de leurs sentiments religieux; le catholicisme apprend beaucoup aux hommes sur le chapitre de la résignation et de la dureté pour soi-même; et comme il nous prêche aussi le travail et la méthode, il nous conduit facilement par là aux industries rudimentaires, qui savent créer avec rien ce peu de ressources au moyen desquelles on peut suppléer à tout, quand on a résignation, courage et confiance en Dieu.

Que faut-il donc à l'homme pour conserver ses titres de roi de la nature? Quelques aliments, des vêtements, un abri, de la patience et surtout de fermes croyances, qui créent la force de l'âme ainsi qu'une grande union dans les cœurs, voilà le capital nécessaire avec lequel les hommes les plus délaissés arriveront toujours à forcer la nature par l'obstination et le travail, à leur rendre brin par brin tout ce qu'ils semblent avoir perdu d'abord. Or la religion catholique est souveraine pour donner à ses fidèles de telles qualités, et il se trouva dès le principe de saints missionnaires qui conduisirent les Acadiens dans ces grands sentiments de religion et de piété, où ils se réfugièrent avec tant de profit dans leurs traverses.

Ils affrontèrent donc avec une grande simplicité de mœurs l'isolement et la misère, sans succomber cependant dans l'abrutissement de la vie sauvage. Matériellement, en effet, ils vécurent souvent sans plus de ressources que n'en avaient les tribus indiennes; mais la tradition chrétienne et l'enseignement religieux leur conservaient une certaine élévation d'esprit et de sentiment; dans ce dénûment physique, ils maintenaient la dignité acquise de l'homme civilisé, et leur gardaient l'instinct du progrès, la supériorité et le germe fécond de l'avenir. Or, c'est un grand point d'obtenir un tel résultat, que l'homme commun et le plus vulgaire puisse tomber très-bas dans l'ordre matériel, sans déchoir entièrement dans celui de l'esprit.

C'est ainsi que les Acadiens, envahis par l'ennemi, délaissés par la mère-patrie, oubliés pour ainsi dire dans ce coin du monde, parcoururent cette période laborieuse de 1650 à 1685, non-seulement sans déchoir, mais en progressant par l'emploi judicieux de leur travail et du peu de ressources dont ils disposaient; en 1671, M. de Grandfontaine avait déjà constaté 440 habitants dans le pays; huit ans plus tard, en 1679, nous y trouvons 515 âmes, et en 1686 plus de 900; le nombre des bestiaux, la quantité des cultures se multipliaient à l'avenant; ils étaient donc, en dépit de leur isolement, solidement établis dans ce pays qui leur devint cher; leur existence d'ailleurs ne s'y trouvait dépourvue ni de plaisirs ni de bonheur, car rien n'est plus relatif que le bonheur de l'homme: il ne désire et ne regrette que ce qu'il connaît, et nos jouissances ne se composent guère que de nos espérances satisfaites :

> Ignoti nulla cupido ;
> Miseri pauca voluptate gaudent.

Leurs joies étaient celles du foyer domestique, et au dehors les courses violentes et les pêches hardies ; ils aimaient les fêtes de l'Église, les longues guirlandes des processions fleuries, et les chants solennels auxquels répondait la grande voix de l'Océan. Dans les veillées, ils retrouvaient encore quelques vieilles chansons de France, au milieu des joyeux propos et des récits de chasse et de flibuste ; d'autres fois, songeurs solitaires, ils éprouvaient, aux accords mélancoliques de la mer, ces méditations rêveuses que la religion éveille dans les âmes les plus simples, aussi bien que chez les plus grands esprits : ils en faisaient des légendes et des chants populaires, et c'est dans ces premières ébauches de la vie intellectuelle que Longfellow a été puiser l'idée-mère d'*Évangéline*, ce chef-d'œuvre charmant :

« Still stands the forest primeval...
« In the fishermans cot, the wheel and the loom are still busy ;
« Maidens still wear their norman caps and their kirtles of homes-
[pun ;]
« And by the evening fire, repeat Evangelines story
« While from its rocky caverns, the deep voiced neighbouring Ocean
« Speaks, and in accents disconsolate, answers the wail of the forest !
(LONGFELLOW, *Tale of Acadia*.)

« ... *Ils répétaient l'histoire d'Évangéline, tandis que*
« *l'Océan voisin, mugissant d'une voix profonde, répondait*
« *en accents inconsolables aux gémissements de la forêt.* »

C'est au milieu des émotions de cette poésie primitive que germa et grandit parmi les Acadiens l'idée de la patrie ; le Nouveau-Monde n'était plus pour eux un lieu d'importation et d'exil ; trois générations déjà avaient connu et travaillé cette terre ; au milieu de ces fermes, de ces polders, de ces vergers, leurs pères avaient vécu ; ils avaient vu grandir et prospérer ces plantations et ces cultures ; l'amour du sol était entré dans leur âme avec ses souvenirs, ses attachements et ses joies !

Mémoire de notre passé, lieux toujours charmants qui ont été témoins de nos premiers jeux, et des premiers mouvements de notre cœur, traditions de famille, enseignements aimés de notre enfance, vous êtes toujours pour nous revêtus d'un prisme incomparable ! Les chants qui nous ont bercés, la langue et jusqu'à l'accent qui nous les ont transmis, tout ce qui tient à ces souvenirs du jeune âge, à ces premières émotions de l'adolescence, nous laisse des impressions qu'aucune jouissance matérielle n'égalera jamais. Puis viennent les œuvres de notre virilité. Pouvons-nous revoir avec indifférence les objets qui ont subi l'empreinte de notre travail, ces terres que nous avons façonnées, ces arbres que nous avons plantés, ces progrès que nous avons semés et que nous avons vus grandir, en nous passionnant pour notre œuvre ?

Tout cela nous émeut, nous réjouit, nous attriste par des sentiments multiples et saisissants, supérieurs à tout dans leur vivacité, et plus pénétrants dans leur action que les jouissances les plus raffinées. Il faut bien qu'il en soit ainsi puisque nous voyons tous les hommes, dans les climats les plus sévères, dans les pays les plus pauvres, tous invinciblement attachés, par des charmes secrets, à ce mythe indéfinissable, insaisissable et chéri que nous appelons *la Patrie!*

IV

NOUVELLES SEIGNEURIES. — LES CAPITAINES DE SAUVAGES

Les populations rurales de notre Europe sont ordinairement groupées autour du clocher; les habitations qui sont dispersées dans les champs sont elles-mêmes disposées en petits hameaux, ou constituent de grosses fermes placées au centre des terres exploitées.

Les cultivateurs américains se sont au contraire installés dès le principe dans un ordre tout différent; l'établissement des familles civilisées dans un pays sauvage est en effet subordonné à des nécessités de communication, qui forcent les habitants à s'échelonner d'abord le long des voies navigables, puis le long des chemins nouveaux, à mesure qu'il s'en ouvre. Dans ce plan uniforme qui s'est produit simultanément, par la force des choses, dans toutes les colonies anglaises, françaises et hollandaises de l'Amérique du Nord, les héritages forment tous des quadrilatères juxtaposés en bandes parallèles, et ces carrés sont perpendiculaires aux rivières et aux chemins; chacun bâtit sa maison sur le front de la terre, de sorte qu'il n'y a point à proprement parler de villes ni de villages, mais des espèces de rues, dont les maisons sont espacées, par des intervalles inégaux, selon la grandeur des propriétés ou la fantaisie des propriétaires. Cet état de choses est devenu une habitude traditionnelle qui domine encore aujourd'hui.

Lorsqu'une circonstance particulière, comme un port d'embarquement, un carrefour, la situation d'une église ou d'un fort, motivent sur un certain point une population plus dense, alors les terres se subdivisent, les maisons se rapprochent, et quelquefois il se crée des voies de communication perpendiculaires sur les anciennes, qui pénètrent dans l'intérieur des terres, d'où partent même latéralement de nouveaux chemins parallèles à la voie primitive et centrale; c'est ainsi que surgissent les villes et les villages.

Mais on voit de suite combien l'aspect des campagnes et la distribution de la population diffèrent de ceux de la vieille Europe. Toutes les habitations se trouvent étalées sur le bord des grandes voies de communication, et l'intérieur des terres reste complétement désert, à moins qu'une voie transversale ne soit venue joindre les diverses routes primitivement établies.

C'est un fait rare et tout à fait extraordinaire, de voir un colon s'installer comme nos fermiers, au centre de ses héritages; même sur les chemins transversaux, qui pénètrent dans l'intérieur des zones, il se construit peu d'habitations, par suite des habitudes contractées et à cause de la disposition longitudinale des héritages ruraux.

Les Acadiens, qui furent les premiers colons de l'Amérique du Nord, préludèrent à ces usages en étalant successivement leurs habitations sur les bords de la rivière dont l'embouchure était occupée par le fort; ils avaient tous des bateaux ou des canots d'écorce, et cette rivière fut d'abord leur première voie de communication: en été, on y cheminait à la rame, et en hiver sur la neige avec des raquettes [1] ; leurs terres venaient de chaque côté aboutir sur le rivage, et, s'enfonçant dans l'intérieur en forme de carré long, allaient remonter sur les coteaux, jusqu'à 1,000 ou 2,000 mètres du cours d'eau. Sur la ligne de front, près du bord de l'eau, étaient les maisons, les prés, les précieux marais endigués, toutes les terres cultivées ; puis, dans la profondeur, des pâturages et des terres à bois ; chacun de ces lots formait une ferme de 50 à 100 hectares (100 ou 200 arpents), et ils étaient séparés sur toute la longueur par de longues barrières en bois fixées sur des poteaux (les haies vives sont encore aujourd'hui très-rares en Amérique) ; dans les terres nouvellement établies, les séparations étaient souvent formées par de simples abatis de troncs d'arbres et de branches.

Dans cette disposition de leurs héritages, ils ne tardèrent point à se trouver à l'étroit, car la vallée de Port-Royal est assez resserrée, et personne ne voulait s'établir en arrière des premières censives, en remontant sur les collines dans les terres hautes. Le nombre des familles cependant s'augmentait sensiblement ; il fallut donc songer, peu d'années après le recensement de 1671, à chercher hors de la seigneurie primitive de nouveaux établissements. Non-seulement les habitants y furent poussés par le désir de chercher de nouvelles vallées, mais aussi par le soin de leur propre sécurité.

M. de Grandfontaine s'était employé activement à rétablir dans le pays, en même temps que le drapeau de la France, l'ordre et la paix ; mais cette paix fut malheureusement trop souvent troublée sous ses successeurs immédiats, MM. de Chambly, de Soulanges et de La

---

1. Les raquettes sont des planchettes assez longues, fixées sous les chaussures, pour empêcher d'enfoncer dans la neige.

Vallière. Les flibustiers étrangers débarquèrent plusieurs fois sur ces côtes, et comme la colonie ne recevait de France ni immigrants ni secours d'aucune sorte, ces invasions concoururent, avec l'incurie de la métropole, à ralentir singulièrement les progrès de l'Acadie.

Les flibustiers occupèrent même Port-Royal et Pentagoët en 1679, et cette occupation aurait pu avoir des conséquences assez graves, si Saint-Castin avec ses Abénakis, n'eût surpris l'ennemi qu'il expulsa de Pentagoët; ces pirates se retirèrent également de Port-Royal, où ils avaient déjà commis quelques dégâts, et les habitants, qui s'étaient sauvés dans les bois, avec leurs effets et leurs bestiaux, revinrent avec M. de La Vallière qui réoccupa le fort en le restaurant grossièrement, et chacun, rentrant chez soi, reprit le cours de ses travaux habituels. A défaut de ravitaillement par les navires de l'État, on obtenait les objets les plus nécessaires en pratiquant des échanges avec Boston, ou avec les navires pêcheurs qui venaient d'Europe sur ces côtes.

Il se forma précisément en 1680 à la Rochelle une compagnie de marchands, à la tête de laquelle était un nommé Bergier, qui obtint un privilége de pêche et de commerce, en Acadie et sur le fleuve Saint-Jean, avec le droit d'y former un établissement sédentaire tant pour leurs pêches que pour la culture, mais sans aucun autre concours de l'État. Le gouvernement français suivait toujours, on le voit, le même système, s'efforçant par mille expédients de soutenir ses colonies, sans y débourser d'argent.

En 1684, M. Perrot, ci-devant commandant de Montréal, fut envoyé du Canada à Port-Royal comme gouverneur, et on put croire que l'on allait sortir de cet état d'inertie.

En 1685, en effet, M. de Meulles, intendant du Canada,

duquel relevait l'Acadie, résolut de s'y transporter; c'était un pays dont on parlait quelquefois, qui figurait sur les livres, mais que personne ne connaissait exactement, et qui semblait perdu dans les brouillards de Terre-Neuve comme un château des contes de fées. On doit savoir gré à M. de Meulles d'avoir pris cette résolution, car ce n'était point chose facile ni agréable que de passer en Acadie; il s'embarqua à Québec, traversa le golfe Saint-Laurent, pénétra dans la baie Verte, et descendit sur les côtes alors désertes de l'isthme de Shediak; il traversa cet isthme à pied avec sa suite et ses bagages et s'embarqua au fond de la baie Française, pour Port-Royal, sur une méchante chaloupe pontée.

M. de Meulles étudia sérieusement la situation et les ressources de l'Acadie, sur laquelle il nous a laissé un mémoire très-intéressant [1]. Ce fut sans doute par ses ordres que l'année suivante il fut dressé un recensement que nous avons mentionné dans le précédent chapitre. Il ne paraît pas néanmoins que, malgré son bon vouloir, il ait pu attirer l'attention de la France sur ce malheureux pays; M. Perrot, dans sa correspondance, se plaint toujours d'être sans force; il n'avait que trente soldats, il en réclame cinquante en plus; il eût bien désiré aussi qu'on lui donnât quelque facilité pour faire établir dans le pays, comme colons, ceux qui prendraient leur congé; mais il ne put rien obtenir.

M. de Menneval, qui fut nommé gouverneur le 5 avril 1687, se trouva dans une situation non moins précaire. Lorsqu'on parcourt sa correspondance aux Archives, on n'y trouve qu'un tissu de lamentations et de regrets:

« ... Je commence à désespérer de voir les navires que

---

1. *Archives.*

« nous attendons toujours et qui cependant ne viennent
« point. Si nous passons jusques à la Toussaint sans re-
« cevoir de secours, je ne sais en vérité ce que je ferai,
« car je me vois dans des embarras dont un plus habile
« homme que moi aurait peine à se bien tirer, et plût à
« Dieu que je vous y puisse voir seulement une semaine,
« M. de Lagny et vous, qui êtes tous deux habiles; cela
« m'apprendrait, en vous voyant faire, et me vengerait
« un peu des facilités que vous croyez être en ce pays.....
« Si l'année prochaine je ne sors d'ici, ou j'y mourrai de
« chagrin ou je ferai quelque pas qui déplaira à la cour,
« c'est-à-dire je sortirai d'ici sans congé, quoi qu'il puisse
« arriver. »

A entendre ce bon M. de Menneval, on croirait volontiers qu'en aucun pays aucune population eût été aussi dépourvue et aussi misérable; en ceci pourtant il y a beaucoup à distinguer, comme dans tous les rapports officiels; cette existence, qui paraissait intolérable à un gentilhomme de la cour, transplanté de Versailles à Port-Royal, ne semblait point si fâcheuse aux Acadiens, que nous voyons se multiplier, accroître leurs cultures, étendre leurs défrichements et former sans cesse des exploitations nouvelles; ce qui est vrai, c'est que le pays n'était point soutenu dans ses progrès par la mère-patrie, qu'il était sans défense contre l'ennemi, et M. de Menneval en fit par lui-même la triste expérience, car en 1690 les Anglais s'emparèrent de nouveau du fort de Port-Royal, et l'emmenèrent prisonnier à Boston. C'est ce défaut de sécurité, joint à la grande multiplication de leurs familles, qui poussa les Acadiens à créer des établissements dans l'intérieur du pays, comme nous allons le voir. Plusieurs d'entre eux avaient été longtemps habitués à se partager entre la flibuste et la culture, mais ils s'étaient peu à peu presque exclusivement consacrés aux travaux des champs, et ils commençaient à trouver très-pénible de supporter les incursions périodiques que les corsaires et les Anglais dirigeaient constamment contre Port-Royal. Au fond de la baie Française, au contraire, dans ces parages peu connus et d'un accès difficile, ils espéraient mieux s'abriter contre les ennemis et jouir en paix des dons de la nature et du fruit de leur travail.

Beaucoup d'Acadiens possédaient des chaloupes de pêche et même des barques pontées avec lesquelles ils parcouraient la baie Française, soit pour pêcher, soit pour commercer sur les côtes avec les tribus indiennes ; ils purent donc observer de bonne heure les fonds d'alluvions immenses qui existent au nord de la baie. En ces quartiers, les marées, extrêmement hautes, se précipitent dans les estuaires multipliés d'un grand nombre de petites rivières, sur lesquels ils rejettent tous les dépôts limoneux de leurs deltas ; il se crée ainsi incessamment de grandes étendues de prairies salines, éminemment propres à être converties en polders. Les Acadiens retrouvaient donc là, sur une échelle bien plus considérable, les mêmes phénomènes et les mêmes avantages que dans la vallée de Port-Royal, et ils y cherchèrent naturellement un agrandissement, qui devenait plus difficile et moins avantageux dans la seigneurie primitive.

Ces colonies nouvelles, que forma par sa propre initiative et par ses propres ressources une population encore si faible et si pauvre, présentent un spectacle aussi intéressant qu'utile à étudier ; c'est une des plus curieuses chroniques coloniales que l'on puisse consulter, et sur laquelle nous demanderons au lecteur d'arrêter quelques instants son attention. L'une et l'autre furent établies loin des incursions ennemies, au fond de la baie Française ; la première fut appelée *Beaubassin* et la seconde *les Mines*.

Beaubassin.

Celui qui paraît avoir inauguré ces premières émigrations hors de Port-Royal fut un nommé Jacques Bourgeois : établi en Acadie en qualité de chirurgien par M. d'Aulnay [1], il était devenu un des notables de Port-Royal ; il figure dans la capitulation de 1654, comme beau-frère et lieutenant de Doucet de La Verdure, tuteur provisoire des enfants de d'Aulnay et commandant de Port-Royal ; il fut un des otages remis aux Anglais, et son frère Robert Bourgeois est un des signataires de la capitulation.

En 1671, il est porté en tête du recensement comme possédant trente-trois bêtes à cornes, un petit troupeau de moutons, et 5 arpents de blé ; il avait alors cinquante ans et dix enfants. L'aîné de ses garçons, âgé de vingt-sept ans, était né du vivant de d'Aulnay. Il nous paraît probable, d'après les documents postérieurs [2], que cet homme intelligent et industrieux pratiquait depuis longtemps le commerce avec les Indiens sur les côtes de la baie Française (baie de Fundy) ; et lorsque M. Leneuf de La Vallière établit à Chignitou ses postes de traite, puis son manoir seigneurial de Beaubassin [3], nous pensons qu'il trouva le sieur Bourgeois déjà installé et y possédant même des constructions et des cultures, car son titre de concession renferme une réserve expresse en faveur des colons déjà établis sur le lieu.

Nous pouvons donc considérer comme certain que

---

1. Il reçut de M. d'Aulnay plusieurs concessions de terre. (Procès de l'île aux Cochons en 1703. — *Archives*.)
2. Commerce de ses fils, notamment de Guillaume Bourgeois, mentionné dans les Archives. (Mémoire sur le clergé en Acadie.)
3. Titre de concession de Beaubassin, le 24 octobre 1676.

peu d'années après le cens de 1671 Bourgeois fonda sur le territoire de Chignitou un établissement demi-commercial et demi-agricole où il installa ses deux fils aînés, Charles et Germain [1]. Charles mourut peu de temps après en laissant deux fils, Charles et Claude, et sa veuve épousa un nommé Jean Aubin-Mignaut, qui paraît être venu du Canada avec M. de La Vallière.

Jacques Bourgeois fit de grands sacrifices pour former et consolider cette création [1] : il vendit une partie des terres qu'il possédait près de Port-Royal, notamment *l'île aux Cochons*, qui fut achetée par Étienne Pèlerin [2]. Il avait déterminé deux de ses gendres, Pierre Sire et Germain Girouard, à suivre son exemple et celui de ses enfants ; Germain Girouard entraîna avec lui ses deux beaux-frères, Jacques Belou et Thomas Cormier [3] ; enfin un autre colon de Port-Royal, Pierre Arsenaut, venu dans le pays depuis 1671 et qui était principalement adonné à la navigation, seconda énergiquement Bourgeois dans cette entreprise [4] ; il prit lui-même des terres à Chignitou, mais il ne s'y fixa que plus tard, ainsi que plusieurs autres habitants de Port-Royal, qui y possédaient des terres comme lui. Il paraît aussi par la correspondance de Desgouttins que les prêtres des Missions étrangères, récemment établis en Acadie à la place des Récollets, favorisèrent beaucoup cette petite émigration.

Ce canton de Chignitou fut concédé le 24 octobre 1676 à M. Leneuf de La Vallière, sous le nom de seigneurie de Beaubassin, et pendant que ces Acadiens entre-

---

1. Ils y étaient du temps de M. de Grandfontaine. — Lettre de Desgouttins du 2 octobre 1702.
2. Procès de l'île aux Cochons. — Mémoire anonyme de 1702 contre M. de Brouillan.
3. Recensement de 1686.
4. Lettre de Desgouttins du 2 octobre 1702.

prenants s'établissaient ainsi à leurs risques et périls dans ce pays qui devint son fief, il ne resta pas inactif. Dans les premiers temps, peut-être chercha-t-il à contrarier les travaux et établissements de Bourgeois et de ses compagnons, dont la présence était évidemment nuisible à son monopole commercial ; mais sentant qu'il était forcé par son titre même « *de ne point troubler* « *les habitants de la province qui se trouveraient en posses-* « *sion de terres et héritages, qu'ils cultivent, habitent et font* « *valoir et font cultiver,* » il changea de visées et résolut, puisqu'il ne pouvait exclure les émigrants, de développer autant que possible à Beaubassin la culture et la population, afin d'y créer une seigneurie modelée sur celles du Canada, dont il sortait. Il transforma son poste de traite en un manoir seigneurial ; sur les navires qui commerçaient avec lui par le golfe Saint-Laurent, il fit venir du Canada des engagés destinés à travailler sur ses terres, des ustensiles de toute sorte, et parvint même à amener de ce pays quelques familles [1] qui prirent des terres dans sa seigneurie. De 1676 à 1696, il fit exécuter des travaux considérables autour de son manoir seigneurial [2]. Il ne faudrait pas cependant que ce mot pompeux de *manoir seigneurial* fit naître trop d'illusions dans l'esprit du lecteur ; en de telles entreprises, le manoir consistait, comme les autres habitations, en une construction massive de poutres superposées, et qui, assemblées par leurs extrémités, formaient les quatre murailles, le tout surmonté d'une charpente couverte en bardeaux ; à cette forte maison était attenant un enclos de palissades formées par de gros poteaux fichés en terre et réunis par le sommet ; cet enclos renfermait

---

1. Recensements. — Actes de l'église de Beaubassin.
2. Procès Campagna.

la cour et quelquefois le jardin. Autour du logis principal étaient disposées quelques autres maisons plus grossières encore, où demeuraient les familles et les engagés attachés aux cultures du manoir, puis les étables et les granges, construites quelquefois en planches, quelquefois en bois massif comme les maisons ; la grande abondance du bois, qui souvent était abattu sur le lieu même où l'on bâtissait, facilitait singulièrement ce genre de construction.

M. de La Vallière ne se borna pas à édifier un manoir : il amena des bestiaux, fit enclore des défrichements et des pâturages, et à l'imitation des colons de Port-Royal il créa des polders, en faisant entourer de digues une quantité considérable de marais [1]. Tous ces travaux ne l'empêchèrent point d'ailleurs de continuer ses opérations de troque avec les sauvages, et il possédait un petit navire appelé le *Saint-Antoine*, qui faisait le cabotage sur les côtes de la baie Française ; ce fut ce navire qui conduisit à Port-Royal M. de Meulles en 1685, et l'évêque de Québec qui vint donner la confirmation en Acadie en 1689 ; il transportait en même temps diverses marchandises venues du Canada par le golfe Saint-Laurent et la baie Verte, notamment de l'eau-de-vie [2].

Parmi les familles amenées du Canada par M. de La Vallière étaient les Chiasson, les Cottard [3], les Aubin-Mignaut, qui plus tard retournèrent dans ce pays ; parmi les engagés, nous trouvons Mercier, Lagassé, l'armurier Perthuis, et un jeune homme actif et intelligent nommé Haché Galand, qui était son facteur de com-

---

1. Procès Campagna.
2. Mémoire de 1690. (*Archives de la marine.*)
3. Comparer les recensements de l'Acadie et ceux du Canada. — Voir Extraits des actes de l'église de Beaubassin, communiqués par l'abbé Ferland.

merce, son sergent d'armes[1] et son homme de confiance. Au bout de quelques années, ce jeune homme, comme la plupart des engagés, se fixa dans le pays en épousant une Acadienne, *Anne Cormier*, et il devint la souche d'une famille, qui a joué un rôle notable sur les côtes du golfe Saint-Laurent, où ses descendants se comptent aujourd'hui par centaines de familles.

Il se trouva donc ainsi à Beaubassin deux centres d'origine différente, l'un fondé par le vieux Bourgeois et ses parents, produit spontané de la colonie primitive de Port-Royal, et l'autre groupé autour de M. de La Vallière avec des éléments salariés, provenant du Canada et de la France; les Acadiens dominaient néanmoins et presque toutes les femmes sortaient de leurs familles, de sorte que les deux éléments ne tardèrent pas à se fondre.

Ce qui accroissait beaucoup l'importance de la situation de Beaubassin, c'est que cette colonie devint à cette époque le point de jonction entre le Canada et l'Acadie : on abandonna complétement le vieux chemin de Kennebec, qui avait si fort préoccupé Talon et M. de Grandfontaine, et les communications s'établirent entre Québec et Port-Royal, au moyen d'une navigation qui, traversant le golfe Saint-Laurent, atteignit ce dernier port par la baie Française, au moyen d'un transbordement sur l'isthme de Shédiak. Ce fut cette voie, comme nous l'avons indiqué plus haut, que suivit M. de Meulles, intendant du Canada, lorsqu'il vint visiter l'Acadie en 1685 : ayant débarqué au fond du golfe Saint-Laurent, dans la baie Verte, à peu près où est aujourd'hui *Tatamigouche* (*Tête à ma gauche*), il trouva sur le rivage M. de La Vallière qui, l'attendant avec des chevaux, l'emmena immédiatement au manoir de Beaubassin, où l'on s'embar-

---

1. Recensement de 1686 et procès Campagna.

quait sur la baie Française pour se rendre à Port-Royal.

La visite de M. de Meulles en Acadie commença donc par la seigneurie de Beaubassin, et il a consigné les premières impressions de son voyage, dans le rapport qu'il écrivit à cette occasion [1] :

« La baie de Beaubassin, dit-il, a un quart de lieue
« dans son entrée, deux lieues de profondeur et une de
« large ; il y a tout autour de Beaubassin une si grande
« quantité de prairies qu'on y pourrait nourrir cent
« mille bêtes à cornes ; l'herbe qui y vient s'appelle
« *misette*, très-propre pour engraisser toutes sortes de
« bestiaux. Aux deux côtés des dites prairies, ce sont
« de douces côtes toutes couvertes de bons bois francs ; on
« y a déjà fait plus de vingt-deux habitations, sur de
« petites éminences que les habitants y ont choisi pour
« avoir communication dans les prairies et dans les bois.
« Il n'y a aucun de ces habitants qui n'ait trois ou qua-
« tre corps de logis assez raisonnables pour la campa-
« gne ; la plupart ont déjà douze à quinze bêtes à cornes
« et même vingt, dix à douze cochons, et autant de
« bêtes à laine. Ils ne se donnent point la peine de les
« faire venir dans l'étable, hors deux ou trois mois de
« l'année et lorsqu'ils en ont affaire pour les tuer, ce
« qui est cause qu'ils en perdent beaucoup par les chiens
« sauvages qui les mangent.

« Ils n'ont pas encore grande quantité de terres
« labourées, mais lorsqu'ils seront parvenus d'en avoir
« assez pour recueillir leurs provisions de bled, ils se-
« ront très-heureux, et se pourront passer des étran-
« gers. La plupart des femmes font elles-mêmes des éta-
« mines dont elles s'habillent et leurs maris aussi ; elles
« font presque toutes des bas pour leurs familles, et se

---

1. Rapport de M. de Meulles en 1685. (*Archives*.)

« passent d'en acheter ; ils ne se servent tous que de
« souliers sauvages qu'ils font eux-mêmes. Il vient tous
« les ans dans ce lieu une barque anglaise au mois
« d'avril, qui leur apporte le reste de leurs petites néces-
« sités, qu'ils achètent pour des pelleteries qu'ils ont eu
« des sauvages : il s'y fait aussi de la toile de lin.

« Le portage d'une lieue entre la baie Verte et Beaubas-
« sin se peut facilement couper par un fossé, parce que
« toutes les terres y sont fort basses ; en ce cas, l'on fe-
« rait une communication de la baie Française avec le
« fleuve de Saint-Laurent, qui abrégerait le chemin de
« Québec, pour aller au Port-Royal, de deux cent lieues
« au moins, et donnerait lieu par cette communication
« à plusieurs habitations qui se formeraient en peu de
« temps ; et cela permettrait aux gens de Québec de faire
« tout le commerce que les Anglais font sur ces côtes, et
« qui est assez considérable, puisque tous les étés il y
« vient au moins trois ou quatre barques de Boston,
« qui vendent, à tel prix qu'elles veulent, toutes leurs
« denrées aux habitants de l'Acadie. . . . .
. . . .
. . . . . Ce lieu de Beaubassin est si heureuse-
« ment situé pour faire des nourritures considérables de
« bestiaux, que si l'on établit à Port-Royal des rela-
« tions régulières avec nos îles de l'Amérique, il s'y
« trouverait assez de bestiaux pour faire le commerce
« des îles, et leur fournir leur provision de bœuf, que l'on
« tire des pays étrangers. Les bestiaux actuels sont d'une
« méchante espèce, qu'il faudrait changer, faisant la dé-
« pense d'y en envoyer une trentaine seulement, que l'on
« donnerait à autant d'habitants, qui en rendraient une
« pareille quantité au bout de dix-huit mois ; ce que l'on
« donnerait à d'autres, et de cette manière le pays serait
« bientôt garni.... M. de La Vallière en est le seigneur,

« lequel, depuis six ou sept ans qu'il s'y est établi, y a
« attiré par sa considération beaucoup d'habitants ; il y
« a fait bâtir un moulin à ses dépens, etc., etc..... »

Lorsque M. de Meulles quitta l'Acadie, il donna des ordres pour qu'il fût opéré un recensement général, lequel fut dressé en 1686. — On trouve dans ce recensement que Beaubassin contenait alors vingt-deux familles, dont dix-neuf seulement étaient résidentes ; les trois autres, *Pierre Arsenaut, Guillaume Bourgeois* et *Charles Dugas*, partageaient leur temps entre Port-Royal et Beaubassin, faisant soigner leurs fermes et leurs bestiaux par des engagés ou par leurs enfants, quand ils s'absentaient.

Les dix-neuf familles résidentes comprenaient 129 individus ; le sieur de La Vallière s'y trouve en personne avec tous les siens, savoir : huit enfants, trois engagés, une servante et l'armurier Perthuis. Tout cela logeait dans le manoir ; plusieurs engagés précédemment amenés du Canada et qui s'étaient mariés dans le pays demeuraient autour [1] ; le seigneur avait déjà défriché 60 arpents de terre, mais il ne possède que dix-neuf bêtes à cornes ; sur cent deux fusils qui se trouvent dans tout le quartier de Beaubassin, il y en a soixante-dix dans le manoir, qui sert évidemment d'arsenal et de réserve pour tout le fief, et peut-être pour les sauvages des environs.

On comptait en tout dans la colonie deux cent soixante bêtes à cornes, cent dix-huit moutons, cent quatre-vingt-neuf cochons et 516 arpents de terre en culture. Jacques Bourgeois ne figure pas dans ce recensement, soit qu'il se partageât comme plusieurs autres entre ses biens de Port-Royal et ceux de Beaubassin, soit que, parvenu à

---

1. Recensement de 1686.

un certain âge (il avait alors soixante-cinq ans), il eût senti le besoin de se reposer. Il avait donc à cette époque quitté Beaubassin après avoir divisé entre ses enfants les propriétés qu'il y avait créées : l'aîné, Charles, était mort, mais sa veuve, qui s'était remariée avec le Canadien Aubin-Mignaut, avait eu de son premier mari trois enfants auxquels elle conservait l'héritage de leur père, 8 arpents de terres en culture, et vingt bêtes à cornes; Germain Bourgeois, le fils cadet du vieux Jacques, possédait 5 arpents de terre et huit bêtes à cornes ; enfin le troisième, Guillaume Bourgeois, le plus riche de la famille, qui faisait le commerce entre Port-Royal et les côtes, comptait à Beaubassin 30 arpents de terre en valeur et huit bêtes à cornes. Les autres enfants de Jacques Bourgeois paraissent être restés à Port-Royal. Mais une de ses filles, veuve de Jean Boudrot, avait épousé un Portugais des îles Açores, nommé Manuel Mirande [1], qui paraît avoir été un des colons les plus actifs et les plus laborieux de Beaubassin; il avait alors 25 arpents de terre en valeur et dix-huit bêtes à cornes, et devint la souche d'une famille nombreuse ; c'est de lui ou de l'un de ses fils que vint le nom de la *Butte à Mirande*, hameau situé près de Beaubassin, qui a joué un rôle dans les guerres de l'Acadie.

Le plus riche de tous les colons de Beaubassin était alors Thomas Cormier, apparenté aussi à la famille Bourgeois, et qui figure pour 40 arpents de terre en culture, trente bêtes à cornes et dix moutons.

Une des premières nécessités de ces colonies naissantes était les moulins, tant pour moudre la farine que pour mettre promptement en œuvre les bois de charpente beaux et abondants que l'on trouvait sous sa main;

---

1. Actes de l'église de Beaubassin.

M. de La Vallière en fit construire un ; mais déjà, plusieurs années auparavant, Beaubassin avait été pourvu d'un moulin à farine et d'un moulin à scie par les soins de Jacques Bourgeois, qui les fit venir de Boston par l'intermédiaire d'un négociant nommé Nelson qui venait fréquemment commercer dans la baie Française [1]. Une grande partie des ustensiles et du fer que l'on employait arrivait ainsi par l'intermédiaire des Anglais, et M. de Meulles nous le confirme dans son rapport ; il est vrai qu'il venait directement quelques vaisseaux de France à Port-Royal, mais c'est à peine s'ils subvenaient à la consommation ordinaire du pays, et Beaubassin recevait une grande partie de ses marchandises européennes, soit du Canada par la baie Verte, soit de Boston.

Ce fut aussi de Port-Royal que vinrent à Beaubassin les premiers arbres fruitiers ; il y avait longtemps déjà que cette culture était intronisée en Acadie, et il est probable que ce fut d'Aulnay qui rapporta les premiers plants ; durant tous ces voyages qu'il fit d'Acadie en Touraine pour y chercher des colons, des ustensiles et approvisionnements de toutes sortes, on doit croire qu'il amena en même temps des bestiaux et des plans d'arbres de toute espèce ; quoi qu'il en soit, nous savons par la description du fort de Pentagoët qu'il s'y trouvait des arbres fruitiers en 1655, et dans le recensement de 1698 on trouve à Port-Royal seul 1,584 arbres fruitiers répartis entre cinquante-quatre familles, dont plusieurs avaient des vergers de 75 à 100 arbres, ce qui suppose ces plantations déjà anciennes dans le pays, surtout lorsque l'on songe qu'il ne pouvait exister dans ce climat que des pommiers et peut-être quelques poiriers.

Celui qui paraît avoir importé les arbres fruitiers de

---

1. Beamish.

Port-Royal à Beaubassin fut un nommé *Roger Quessy*, jeune Irlandais qui peut-être avait été capturé dans quelque course contre les Anglais et qui, élevé à Port-Royal, s'était marié à une Acadienne, Marie Poirier [1]. (Il se trouve aussi au Canada un grand nombre de familles qui ont eu une origine analogue.) Ce Quessy, qui naturellement n'avait point d'héritage patrimonial à Port-Royal, se joignit volontiers aux émigrants qui allaient à Beaubassin, dont il fut un des premiers colons; laborieux, industrieux et économe, il y devint promptement un des habitants les plus aisés. En 1686, il avait 8 arpents de terre en culture, dix-huit bêtes à cornes et six moutons: en 1693, vingt-six bêtes à cornes et trente-deux moutons.

En 1698, après avoir établi un fils et une fille (deux ans après l'incursion désastreuse des Anglais de 1696) nous le trouvons encore avec dix-sept bêtes à cornes et vingt moutons. C'est en cette année que fut fait le recensement des arbres fruitiers : il en avait 30, et un autre colon en avait 3; c'est tout ce qui en existait alors à Beaubassin.

La seigneurie fut dès lors constituée en paroisse, sous la direction d'un missionnaire récollet appelé le père Claude, qui dirigeait à la fois les colons et les tribus sauvages des environs, servant comme toujours de trait d'union entre les Européens et les Indiens, qui vécurent toujours dans une parfaite intelligence (fait notable quand on compare cet état de choses avec celui des colonies anglaises) [2].

Cette jeune colonie continua à prospérer : en 1693, le

1. Procès Campagna.
2. Vers 1689, les prêtres des Missions étrangères, qui dès 1678 avaient remplacé les Récollets à Port-Royal, envoyèrent l'un d'entre eux, M. Trouvé, à Beaubassin. (Mémoire sur le clergé en Acadie. 1690. *Archives de la marine.*)

nombre des bêtes à cornes était de trois cent neuf, les moutons deux cent quatre-vingt, les cochons cent quarante-six ; — à ce nombre, il faudrait joindre le bétail du manoir seigneurial, qui ne figure pas dans ce recensement, ce qui nous donnerait environ trois cent cinquante bêtes à cornes et à peu près autant de moutons. Les bestiaux s'étaient donc accrus de plus d'un tiers.

Trois ans après survint un grand désastre en ce quartier : dans les premiers jours de septembre 1696, une croisière anglaise de sept navires, commandés par Church, pénétra dans la baie et débarqua 400 hommes dont 50 Indiens du Massachussetts. Le vieux Bourgeois, qui était revenu à Beaubassin, avait souvent traité avec les négociants de Boston ; il avait même, en 1690, échangé des relations amicales avec William Phips, le commandant anglais qui prit Port-Royal à cette époque ; les habitants le prièrent donc de négocier avec l'escadre ennemie, et malgré son grand âge, montant dans une chaloupe, il alla trouver Church, pour lui montrer une sorte de sauf-conduit, délivré par Phips six ans auparavant. En considération de cet écrit, les Anglais, paraît-il, épargnèrent la maison de Bourgeois et plusieurs autres [1], mais ils brûlèrent et pillèrent la plupart des habitations qui se trouvèrent à leur portée, ils tuèrent beaucoup de bétail, et après neuf jours se rembarquèrent avec leur butin et quelques prisonniers.

La colonie ne se trouva point cependant détruite ; presque tous les habitants s'étaient réfugiés dans les bois avec leurs bestiaux et leurs objets les plus précieux, et comme ils étaient armés, les Anglais s'arrêtèrent à une certaine distance du rivage ; d'après la distribution très-espacée des habitations en ces contrées,

---

1. Beamish, page 227.

ils n'atteignirent donc point les fermes éloignées de la mer, et telle était la fertilité du pays que deux ans après, en 1698, non-seulement toutes les pertes étaient réparées, mais le nombre des bestiaux se montre déjà plus élevé qu'au recensement de 1692 : — on y trouve trois cent cinquante deux bêtes à cornes, cent soixante dix-huit moutons, cent soixante cochons, toujours sans compter le troupeau du manoir seigneurial. Bien plus, le nombre des colons est notablement accru ; il s'élève à cent soixante quatorze, et peut-être à près de deux cent, en y joignant les habitants du manoir.

Il semble, par la comparaison des deux recensements, que ce fut surtout la partie de la colonie créée par Bourgeois qui souffrit de l'invasion des Anglais : s'il parvint lui-même à préserver sa propre demeure et celles de quelques voisins, plusieurs de ses parents et ses deux gendres, etc., perdirent une partie notable de leur bétail, surtout en moutons. Si l'on compare la situation de ces familles avec l'état de celles qui échappèrent au désastre, on peut aisément en conclure que les bestiaux eussent doublé de nombre en cinq ans, sans l'invasion des Anglais.

Ce fut là le dernier service que le vieux Jacques Bourgeois rendit à la colonie de Beaubassin ; il y était sans doute revenu depuis le recensement de 1693, car non-seulement nous le trouvons dans son bien, au moment de la descente des Anglais, mais il y figure encore dans le recensement de 1698 : il demeurait alors, avec sa vieille et fidèle compagne Jeanne Trahan, chez son fils Germain Bourgeois, auquel il avait délaissé sa ferme principale ; il avait soixante dix-sept ans et sa femme atteignait à peu près le même âge. De quatre fils qu'ils avaient eus, l'aîné, Charles, était mort à Beaubassin, laissant une nombreuse famille qui vivait sur une des autres fermes créées par leur grand-père ; le second, Germain, était celui qui leur donnait l'hospitalité; le troisième, Guillaume, avait fixé sa demeure à Port-Royal, sur la vieille ferme patrimoniale où il fit souche, sous le surnom de *Beaupré* [1]; le quatrième, François, ne reparaît plus dans les recensements, soit qu'il fût mort sans s'être marié, soit qu'il eût été s'établir dans ces campements de l'intérieur, dont nous avons déjà signalé l'existence. La postérité de Bourgeois devint extrêmement nombreuse, surtout à Beaubassin, et on pourrait compter aujourd'hui ses descendants par milliers, tant dans l'Acadie que dans le Canada où plusieurs d'entre eux se réfugièrent en 1755.

Ces deux vénérables doyens de la famille acadienne étaient encore deux anciens témoins des premiers jours de la colonie; ils avaient vu d'Aulnay et peut-être Razilly, ainsi que Charles de Latour; ils avaient donc vécu avec d'anciens compagnons de Biencourt, de Poutrincourt et de Lescarbot, avec les derniers restes de cette colonie nomade qui s'était perpétuée de Poutrincourt à Razilly, et ils possédaient ainsi directement la tradition des temps héroïques, où ces pionniers généreux fondaient la société europo-américaine.

Ils étaient du reste les derniers représentants des premières générations de ce petit peuple, mais au recensement de 1707 nous ne trouvons plus leurs noms. La tradition vivante de tout un siècle était désormais éteinte, pour ne plus laisser place qu'à l'histoire!

Après l'invasion des Anglais, le développement des cultures et du bétail reprit son cours avec intensité, et neuf ans plus tard, en 1707, leur importance avait plus que doublé. Quant à l'accroissement de la population, il fut presque exclusivement le résultat du dédoublement des familles de la seigneurie elle-même, dédoublement

---

1. Actes de l'église de Port-Royal.

qui commence à se montrer dès 1693, vingt ans après leur premier établissement. Il ne venait plus presque aucun immigrant de Port-Royal; de 1686 à 1700, c'est à peine si on en compte cinq [1]. D'où venait ce ralentissement subit? L'expédition de Church en 1696 avait montré, il est vrai, que cette côte était aussi accessible à l'ennemi que celle de Port-Royal; d'autre part, M. de La Vallière s'était retiré au Canada, et son neveu M. de Villiers se rendait insupportable par sa hauteur et sa dureté. Mais une raison bien plus grave encore arrêtait l'émigration des Acadiens, ou plutôt en détournait le cours : nous voulons parler de la fondation d'une seconde colonie acadienne dans le *bassin des Mines*, qui pendant plus de trente ans eut le privilège d'attirer exclusivement presque toutes les familles de Port-Royal, qui désiraient former de nouveaux établissements.

Nous venons d'observer dans cette colonie de Beaubassin les résultats d'une entreprise privée formée par quelques-uns de ces pauvres colons acadiens, abandonnés à eux-mêmes depuis quarante ans; mais cette entreprise se trouva soutenue par l'action du seigneur terrien qui cherchait en même temps qu'eux à peupler et défricher son fief. Nous allons maintenant étudier dans l'établissement des *Mines* plusieurs groupes de ces mêmes Acadiens agissant seuls, par leur propre initiative, et sans aucun appui extérieur.

Les Mines.

De même que Jacques Bourgeois, beaucoup d'habitants de Port-Royal poussaient souvent leurs excursions

---

1. Colons nouveaux venus de Port-Royal à Beaubassin de 1686 à 1696 : Michel Bourg, Pierre Gaudet, Laurent Godin, René Bernard, Michel Deveau; de France, il n'en vint directement aucun. (Étude comparée des recensements.)

maritimes le long des côtes de la baie Française ; montés dans de petites barques pontées, et souvent même sur de simples canots, les uns allaient à la pêche faire d'amples provisions de poisson salé, d'autres poussaient sur les rivages pour échanger avec les Indiens, contre des fourrures, les produits de leur industrie domestique ou quelques menues marchandises, apportées par les rares navires qui venaient d'Europe en Acadie ; ils exploraient en même temps les côtes, et souvent, en séjournant à terre, ils se joignaient eux-mêmes aux chasses des Indiens, leurs amis anciens et traditionnels.

Quand ils parvenaient jusqu'au fond de la baie, ils rencontraient deux branches qui la terminaient en manière de fourche : l'une à gauche formait le bassin de Chignitou, que M. de La Vallière avait nommé *le Beaubassin*, l'autre à droite formait le *bassin des Mines*. On entre dans ce dernier par une sorte de détroit, en laissant sur sa gauche le cap *Chignitou* qui sépare les deux branches de la fourche ; puis on pénètre dans une baie intérieure assez vaste qui reçoit plusieurs rivières et une foule de petits cours d'eau : les uns se jetaient directement dans le bassin, les autres se réunissaient avant d'arriver à la mer. La rivière des *Vieux-Habitants* et celle des *Canards*, *la Grand'Prée* où se réunissaient plusieurs ruisseaux, la rivière des *Gaspareaux*, celles de *Saint-Antoine*, de *Sainte-Croix*, de l'*Ascension*, de *Keneskouet*, formaient au sud du bassin un véritable delta où s'accumulaient depuis des siècles des alluvions limoneuses toujours refoulées par les marées énormes qui se précipitent au fond de la baie Française. C'était en réalité une seule et immense prairie, sillonnée par une multitude de petits canaux dans lesquels s'engorgeaient et se dégorgeaient les marées. Aussi les Acadiens, dans leurs excursions, avaient-ils nommé ce district *la Grand'Prée* des

Mines, et c'est dans ce magnifique estuaire, si souvent remarqué par eux, qu'ils songèrent à s'établir, quand leurs familles, devenues trop nombreuses, sentirent le besoin de s'étendre. Il ne faudrait point croire d'ailleurs que ce nom des Mines provînt de quelque gisement de métaux; mais les premiers explorateurs avaient cru trouver des traces de cuivre : de là le nom qui fut donné à la contrée.

Ce fut vers 1680 que deux habitants de Port-Royal, *Pierre Mélanson* et *Pierre Terriau*, conçurent chacun de leur côté le dessein de se rendre aux Mines. Pierre Mélanson, dit La Verdure, était ce colon de 1671, qui, cumulant l'office de tailleur avec celui de cultivateur, avait déclaré d'une manière fort incivile au père Laurent Molin qu'il refusait net de répondre aux questions du recensement [1]; il pouvait avoir alors quarante-sept ans et l'aîné de ses sept enfants était un garçon déjà âgé de quinze ans. Il possédait un troupeau considérable de bêtes à cornes, et probablement un certain approvisionnement de blé, laborieusement amassé pendant les années de paix qui suivirent le traité de 1667. Il put d'ailleurs réaliser quelques ressources en vendant ses terres de Port-Royal; ces terres avaient déjà acquis une certaine valeur, ainsi qu'on peut le constater par les actes passés par Mᵉ Courant, qui remplissait les fonctions de notaire et de procureur fiscal de la seigneurie; Mélanson lui-même figure dans un de ces actes, en 1679 [2].

Quoi qu'il en soit, il quitta sa ferme patrimoniale sans

---

1. Voir le recensement de 1671, publié par nous dans *la France aux colonies*.
2. Ce Courant n'est pourtant pas porté sur les recensements de 1671 ni de 1686, non plus que Desgouttins, ni Lamothe-Cadillac, ni Simon Pelletret, ni beaucoup d'autres dont nous connaissons les noms par d'autres documents, ce qui montre que les recensements n'étaient jamais parfaitement complets.

esprit de retour avec toute sa famille; mais bien différent de Bourgeois, à Beaubassin, il ne paraît pas qu'il ait entraîné aussitôt à sa suite aucun autre émigrant, à moins que ce ne soit un nommé *Noël Labauve*, homme nouveau dans le pays et pauvre, que nous trouvons établi près de lui dès le principe; il est possible que Mélanson l'ait pris à ses gages, ou lui ait fait quelques avances pour l'établir à sa proximité dans ce lieu alors complétement désert. Il avait pourtant de nombreux parents à Port-Royal et aux environs : son frère Charles était un des colons les plus aisés; les frères de sa femme, MM. Mius d'Entremont qui étaient seigneurs de Pobomcoup, Jacques de Latour qui avait épousé sa fille, etc.; mais nul ne songea à s'associer à ses projets. Ce pays paraissait cependant offrir des avantages considérables, qui ne tardèrent pas à attirer une grande quantité d'autres émigrants; mais cet isolement s'explique par le caractère de Mélanson qui paraît avoir été sombre, bourru et peu sociable; il possédait néanmoins les qualités nécessaires pour réussir dans ses travaux, et par son labeur joint à son économie il parvint en peu de temps à créer à la Grand'Prée une ferme considérable et les rudiments d'une colonie qui devait devenir un des plus riches districts de l'Amérique du Nord.

Presque en même temps que lui il est vrai, un autre habitant de Port-Royal, Pierre Terriau, entreprit aussi de s'établir dans la baie des Mines, mais dans cette entreprise, complétement indépendante de celle de Mélanson, il n'eût rien de commun avec lui; loin de là, il paraît, par diverses contestations qui s'élevèrent entre eux, qu'ils ne vécurent point en bonne intelligence. Il dirigea d'ailleurs ses travaux vers un quartier différent de celui qu'avait choisi le premier, et ce fut sur la rivière Saint-Antoine qu'il se porta avec les compagnons qui suivirent sa fortune.

Pierre Terriau en effet, quoiqu'il fût bien plus jeune que Mélanson (vingt-six ans en 1680), entraîna un grand nombre d'Acadiens avec lui. Il était d'une nature diamétralement opposée à celle que nous venons de décrire. Actif et intelligent, il parvint jeune encore à ramasser de forts approvisionnements de blé, qui servirent de base à sa colonie; doué d'un caractère ouvert, gai et généreux, il aimait à rassembler ses parents et ses amis, à se réjouir avec eux, et à les aider de ses conseils et de ses ressources [1]. Il quitta Port-Royal un peu plus tard que Mélanson, peu de temps après avoir épousé Céline Landry, qui sortait comme lui d'une vieille famille acadienne. (Le père de Terriau, Jean, était en 1671 un des patriarches de la colonie, âgé de soixante-dix ans; il paraît être venu dans le pays avec un frère et peut-être avec ses père et mère.)

Pierre Terriau fut accompagné dans sa colonie par deux frères de sa femme, Claude et Antoine Landry, dont l'aîné venait aussi de se marier, par René Le Blanc, un camarade d'enfance, et probablement aussi par Étienne Hébert et par Claude Boudrot; il emmenait un domestique, et peu de temps après il fit venir un de ses neveux, Jean Terriau. Tous étaient mariés et à peu près du même âge; ils se fixèrent tous autour de lui, sur un des plus jolis ruisseaux du bassin des Mines, la rivière Saint-Antoine, où ils furent rejoints peu après par Martin Aucoin, Philippe Pinet, François Lapierre; ces deux derniers étaient nouveaux venus en Acadie [2].

Ce fut Terriau qui avança à ces jeunes ménages une grande partie du blé nécessaire aux premiers temps de leur établissement, et probablement aussi quelques bes-

---

1. Lettre de Desgouttins de 1694 et du 2 octobre 1702. — Recensements de 1671, 1686, 1693, etc., etc.
2. Étude comparée des recensements.

tiaux; ils le lui rendirent quelques années après, *sans intérêts*, observe Desgouttins. Lui-même créa de suite une ferme considérable, avec ses polders bien endigués et bien plantés. Une partie de ces jeunes gens, auxquels il avançait du blé, l'aidaient dans ses travaux [1] ; il avait amené avec lui 9 vaches, et eut promptement enclos 16 arpents de terre.

En 1686, trois ou quatre ans après la première immigration, ils étaient déjà 35 en sept familles sur la rivière Saint-Antoine, tandis que sur la Grand'Prée il n'y avait encore que deux ou trois familles avec le vieux Mélanson ; mais la richesse prodigieuse du sol leur donna bientôt de telles récoltes, que les émigrants affluèrent de Port-Royal vers cette terre de promission. Dans les années qui suivirent 1686, on vit arriver d'abord les parents des premiers colons, quatre *Terriau,* deux *Landry,* un *Boudrot,* quatre *Hébert,* deux *Leblanc;* puis le mouvement s'étendit, et dans un grand nombre de familles, dès qu'un jeune homme se mariait, il allait prendre des terres aux Mines. C'est ainsi qu'en sept ans, de 1686 à 1693, la population sextupla [2].

Le progrès appelle le progrès : cette affluence d'émigrants nécessita bientôt l'installation des industries rudimentaires de toute civilisation. On vit arriver un meunier, François Rimbaut, fils lui-même d'un ancien meunier de Port-Royal ; un forgeron, Célestin André, venu récemment de France, ainsi que trois ou quatre matelots, dont l'existence en ce lieu avec leurs familles dénote un cabotage assez actif pour l'exportation des produits de la contrée [3] ; il s'établit jusqu'à un chirurgien, Amand Bugeaut, nouveau venu lui aussi en Amérique, qui épousa

1. Rapport de Desgouttins du 2 octobre 1702.
2. Recensements.
3. Recensements.

une fille de Pierre Mélanson et s'établit près de lui [1].

Celui-ci n'était plus isolé comme dans le principe; le flot des émigrants se portait maintenant de tous côtés, et la Grand'Prée, qui était le plus riche territoire des Mines, se peupla rapidement; on vit même des fermes se créer en dehors des deux centres primitifs, sur la rivière aux Canards et sur celle des Gaspareaux; il convient de noter que tous ces immigrants, excepté les matelots, le forgeron, le chirurgien et trois ou quatre autres, appartiennent tous aux anciennes souches acadiennes. Plusieurs même de ces émigrants possédaient à Port-Royal une certaine aisance, et c'étaient les familles récemment établies en Acadie, ainsi que les engagés d'Europe, qui restaient généralement au centre de la colonie.

Non-seulement le mouvement d'émigration sur Beaubassin se trouva ainsi tout à fait arrêté, mais on voit une famille de Beaubassin envoyer aux Mines un de ses membres, Gabriel Chiasson [2].

Tout ce quartier du bassin des Mines, comprenant la Grand'Prée et les rivières voisines, formait une seigneurie qui avait appartenu en propre à d'Aulnay, et que possédaient maintenant les héritiers de Le Borgne de Belle-Ile. Mais il ne nous paraît pas, jusqu'à présent, que ces derniers aient coopéré à la colonisation des Mines; ils se contentaient de concéder les terres à rentes et censives à ceux qui les demandaient; peut-être cependant Pierre Mélanson fut-il leur agent, car il figure toujours dans la suite comme le représentant de l'autorité, et comme capitaine de milice dans le quartier des Mines.

Néanmoins, il pourrait se faire que, tandis qu'ils restaient ainsi inactifs en ce lieu, ils se soient occupés avec

---

1. Lettre de Desgouttins du 29 novembre 1703 et autres documents.
2. Recensements comparés.

une certaine sollicitude d'attirer des colons de France pour remplacer à Port-Royal les nombreux émigrants qui partaient pour les Mines; nous trouvons en effet, comme nous l'avons mentionné, une permission accordée en 1705 au sieur Le Borgne du Coudray d'engager des familles pour l'Acadie; et comme il arriva en ce même temps un certain nombre d'immigrants à Port-Royal, on peut supposer que ce fut par son influence, au moins en partie.

L'accroissement des Mines, avons-nous dit, fut très-rapide; on pourra en juger par le tableau suivant :

Années.	Nombre de familles.	Nombre d'habitants.	Arpents en culture.	Bêtes à cornes.	Moutons.	Fusils.	Porcs.
1686	11	57	83	90	21	20	
1693	55	307	360	461	390	41	314
1701	79	498	485	713	722		542

Sur le nombre de fusils recensés en 1686, douze se trouvent dans la maison de Pierre Mélanson, et c'est une des raisons qui nous font présumer qu'il était l'agent et le représentant des seigneurs ; sa maison dans ce cas aurait tenu lieu de manoir, et servait alors de chef-lieu et d'arsenal pour la milice, ainsi que nous l'avons observé à Beaubassin pour le manoir des La Vallière.

Bien que Port-Royal eût plus de soixante ans d'existence agricole, tandis que les Mines ne dataient que d'une vingtaine d'années, on trouve en 1701, dans les deux endroits, à peu près le même état de richesse en bestiaux et en cultures. C'est sur la rivière aux Canards et sur la rivière Saint-Antoine, c'est-à-dire autour de l'établissement de Terriau, que l'on trouve les fermes les plus considérables; non-seulement on y produisait du blé et du bétail, mais la culture du lin y prit une grande extension, et il est fréquemment question, dans les correspondances, des étoffes que l'on fabriquait durant l'hiver, en mélangeant les laines du pays avec le lin que l'on récoltait aux Mines.

Les nombreuses familles qui affluaient aux Mines depuis vingt ans ne purent se contenter longtemps des territoires primitivement choisis par Mélanson et par Terriau dans la Grand'Prée et sur la rivière Saint-Antoine; dès 1693, la plupart des petites rivières qui avoisinaient la Grand'Prée, telles que la rivière des Gaspareaux, la rivière des Canards, celle des Vieux-Habitants, celle de l'Ascension, etc., se trouvaient envahies par les immigrants. Et nous voyons même qu'en 1701 la rivière de Keneskoët, appelée plus tard Pigiguit (aujourd'hui *Windsor*), à 5 lieues au nord de la Grand'Prée, était déjà occupée par six familles acadiennes [1].

Enfin à ce moment même, au fond du bassin des Mines, à 13 lieues au nord de Pigiguit et à 18 lieues de la Grand' Prée, sur le territoire de Wecobeguit (aujourd'hui Truro), surgissait une nouvelle seigneurie, dont il convient d'énoncer la singulière histoire : parmi les colons amenés par M. de Razilly était un nommé Pierre Martin, accompagné de sa femme Catherine Vigneau, et d'un jeune enfant nommé Pierre comme son père; peu de temps après leur installation en Acadie naquit un second fils nommé Mathieu, qui se trouva le premier enfant de pure race blanche né en Acadie [2]. Ce jeune Mathieu

1. Recensements de 1693 et de 1701.
2. Voir le libellé de la concession qui lui fut accordée en mars 1689.

grandit à travers toutes les vicissitudes de cette époque difficile, qui s'écoula entre M. de Razilly et M. de Grandfontaine; c'était un homme résolu et intelligent; qui, tout en apprenant l'état de tisserand [1], sut acquérir à l'école des pères récollets une certaine instruction rudimentaire: il fut à diverses reprises chargé de la surveillance et de la comptabilité des magasins de pelleteries par les négociants de France qui entretenaient des relations en Acadie [2].

Cette traite des pelleteries l'obligeait à des excursions fréquentes et lointaines parmi les indigènes, et c'est ainsi qu'il acquit une connaissance très-sérieuse des portions les plus reculées du bassin des Mines, et de la rivière Cobeguit qui y verse ses eaux ; il y établit même un poste pour la traite. Peut-être manifesta-t-il alors dans ses lettres le désir de former un établissement en ce lieu. Peut-être quelqu'un de ses riches correspondants, parmi lesquels était M. de Chevry, pensa-t-il qu'il leur serait utile d'installer leur facteur d'une manière fixe au fond de la baie Française.

Quoi qu'il en soit, en mars 1689, il reçut un titre de concession qui lui attribuait en fief seigneurial la rivière de *Wecobeguit* ou *Cobeguit;* ce titre contient cette mention bizarre autant que louable, savoir, *que cette concession lui est accordée parce qu'il était le premier-né en Acadie parmi les Français du pays* [3]; c'est ainsi que ce pauvre colon devint tout à coup seigneur d'un fief de 4 lieues de front sur le bassin des Mines. Dans l'acte où ces considérants sont détaillés, après avoir commencé par l'appeler de son modeste nom, Mathieu Martin, on termine en lui donnant la particule : . . . .

1. Voir le recensement de 1671.
2. Lettre de M. de Menneval du 8 septembre 1689. (*Archives.*)
3. Registre des concessions en Acadie. (*Archives.*)

« ...... *Et avons audit sieur Mathieu de Saint-Martin con-
« cédé ledit lieu de Saint-Mathieu, sur la rivière Wecobé-
« guit, à titre de fief, seigneurie et justice*, etc..... »

Le pauvre laboureur acadien était tout à coup passé gentilhomme !

Il fit du reste bon usage de cette faveur de la fortune ; il aurait pu comme tant d'autres, lui surtout qui n'était qu'un courtier en pelleteries, tirer un petit profit net et clair de sa concession, en y installant un poste de traite où il eût échangé avec les Micmacs leurs fourrures contre quelques pots d'eau-de-vie et autres bagatelles ; sur dix concessionnaires en Acadie, il y en avait neuf qui ne faisaient point d'autre métier ; il eût tenu lui-même ce cabaret sauvage, et au milieu des Indiens, qui étaient ses amis de longue date, il eût aisément distancé tous les autres traitants ; cependant à ces faciles profits il préféra le travail long et pénible du défrichement et du peuplement de sa seigneurie. Il voulut y créer un vrai manoir et des fermes ; malheureusement, il fut pendant longtemps traversé dans son projet par plusieurs habitants, et notamment par le commissaire de marine, qui faisait fonction d'administrateur et de juge à Port-Royal, le sieur Desgouttins, lequel prétendait se faire allouer cette seigneurie où il avait dessein, dit M. de Menneval, d'établir un cabaret d'eau-de-vie pour traiter avec les sauvages [1].

L'année même de la concession, en 1689, Mathieu Martin ayant envoyé quelques hommes pour préparer le terrain et l'installation du manoir, ceux-ci furent chassés de vive force par les parents de la femme de Desgouttins et quelques vauriens qu'ils avaient embauchés ; sans la ferme résistance de M. de Menneval, le gouverneur, Mar-

---

[1]. Lettre de M. de Menneval du 7 novembre 1669, *in medio*. (*Archives.*)

tin eût même été obligé d'abandonner la partie. En 1693, nous ne trouvons point encore dans le recensement aucune trace d'établissement à Cobeguit ; ce ne fut que postérieurement que le nouveau seigneur put y commencer une installation sérieuse.

Dans le recensement de 1701, nous voyons trois familles établies sur la baie de Cobeguit : *Bourg (Martin)*, *Blanchard (Martin)* et *Guérin (Jérôme)*. Ces familles venaient de Port-Royal, et le seigneur Martin (Mathieu) dut lui-même les accompagner dans la nouvelle colonie, car, à partir de 1700, il ne figure plus sur les recensements de Port-Royal, tandis qu'on le trouve constamment à Cobeguit.

Bourg (Martin) appartenait à une des plus anciennes et une des plus nombreuses familles de Port-Royal; son père, Antoine Bourg, était un des chefs de famille du cens primitif de 1671 ; il y est désigné comme âgé de soixante-deux ans, et paraît s'être marié en Acadie, car sa femme est une Landry, autre famille très-ancienne aussi dans la contrée ; comme l'aîné de ses enfants avait alors (en 1671) vingt-sept ans, cela supposerait qu'il vint à Port-Royal vers 1640, c'est-à-dire parmi les familles ou les engagés amenés par M. d'Aulnay. Cette famille Bourg, qui était devenue considérable par sa situation et par le nombre de ses branches, était de celles qui restèrent cantonnées dans la seigneurie primitive, sur le territoire de Port-Royal; aucun de ses membres n'avait encore émigré vers les nouvelles colonies [1]; ce fut Mathieu Martin, dont la sœur avait épousé un des fils Bourg, qui parvint à les ébranler et à emmener avec lui Martin Bourg, un des frères de son beau-frère. Celui-ci fut suivi peu

---

1. Étude comparée des recensements acadiens. (*Archives de la marine.*)

d'années après par un de ses frères, *Abraham*, deux de ses neveux, *Jean Bourg* et *Pierre Bourg*, et deux *Aucoin* qui avaient épousé deux de ses nièces, de sorte que la famille Bourg fut une des colonnes de fondation dans le peuplement de Cobeguit.

Voilà comment, de proche en proche, la population se poussait, par l'enchaînement des causes incidentes, vers les établissements nouveaux. Blanchard (Martin) appartenait aussi à une ancienne famille de l'Acadie ; quant à Guérin (Jérôme), c'est un nom nouveau, quelqu'un des rares immigrants, peut-être, venus de France à Port-Royal, où un soldat congédié, que Mathieu Martin engagea pour sa nouvelle seigneurie, où il le maria avec Isabelle Aucoin, fille de l'un des premiers colons établis aux Mines dès 1686 [1]. Cette seigneurie de Cobeguit ne tarda pas à prospérer : en 1707, on y comptait déjà dix-sept familles, cent soixante-dix bêtes à cornes et cent vingt-quatre moutons ; comme elle était fort distante du quartier central des Mines, elle constitua une colonie à part qui bientôt devint importante ; Mathieu Martin y résida toujours de sa personne, et le recensement de 1714 nous le montre encore, à l'âge de soixante-dix-neuf ans, vivant dans son manoir, au milieu de ses censitaires.

Les immigrations nombreuses qui se dirigèrent alors vers le fond de la baie Française venaient presque exclusivement de Port-Royal, car il est à remarquer que toutes ces nouvelles colonies furent peuplées par des rejetons sortis des vieilles souches acadiennes, établies dans le pays depuis un demi-siècle environ. Leurs noms figurent pour la plupart dans le recensement de 1671.

Déjà nous avons établi avec détail quelle était l'origine de la population de Beaubassin ; quant aux Mines, sur

---

1. Recensements de 1686 et de 1701.

soixante-dix-neuf familles que contient le recensement, on n'en trouve, en 1701, que neuf dont les noms ne soient pas déjà portés sur les registres en 1686, et, sur ces neuf, la plupart avaient séjourné à Port-Royal avant d'aller aux Mines [1].

Il est donc visible qu'il ne venait directement de France aucun colon dans les nouveaux établissements, et en considérant que Port-Royal a dû fournir seul le recrutement de cette croissance rapide des Mines et de Beaubassin on serait tenté de croire que le chef-lieu dut se dépeupler à peu près entièrement; on n'y comptait en effet que 515 habitants en 1679, et de cette époque à 1701, dans un laps de vingt-deux ans, cette petite paroisse dut fournir aux deux autres 550 colons! Néanmoins le recensement de 1701 nous y montre encore 447 habitants, sans compter la garnison, ni les employés.

Il y a là sans doute une forte diminution. Mais ce chiffre fût tombé bien plus bas encore et presque à néant, si la population n'eût été soutenue : 1° par la nombreuse multiplication des familles ; 2° par des colons nouveaux et des engagés venus de France.

Le mouvement de la population se dessinait donc ainsi : les vieilles familles acadiennes se portaient en grande partie vers les établissements nouveaux ; ceux qui restaient à Port-Royal étaient en général ou les aînés de famille qui conservaient les fermes paternelles, en donnant assistance à leurs frères dans leur émigration, ou quelques familles très-aisées, qui achetaient aux émigrants les propriétés qu'ils vendaient, comme il arriva à Jacques Bourgeois, à Pierre Mélanson et à bien d'autres.

Certaines familles acadiennes, en effet, ne quittèrent jamais Port-Royal où elles restèrent cantonnées, sans

---

1. Étude comparée des recensements de l'Acadie.

fournir aucun élément à l'émigration, ainsi les *Bellivaut*, *Brun*, *Guilbaud*, *Pitre*, *Petitpas* et *Robichaut;* si quelque individu de ce nom se trouve ensuite dans les autres colonies acadiennes, on peut affirmer que ce ne fut que longtemps après 1680 qu'il quitta Port-Royal pour s'y fixer. Il se forma ainsi dans chaque canton, par la grande multiplication de chaque famille, certaines tribus qui lui étaient propres. — Celles que nous venons de nommer étaient spéciales à Port-Royal, de même que les *Sire*, les *Cormier*, les *Kuessy*, les *Poirier*, les *Mirande*, les *Haché-Galand*, les *Arsenaut*, etc., etc., ne se trouvaient qu'à Beaubassin ; tandis que les *Aucoin*, les *Babin*, *Douaron*, *Gautreau*, *Trahan*, etc., se portèrent tous dans le quartier des Mines.

Quelques-unes de ces familles devinrent si nombreuses qu'elles formèrent en certains endroits de véritables clans, tels que les Landry, Le Blanc, Commeaux, Haché-Galant, Arsenaut, Bourg, Trahan, Cormier, Bellivaut, Hébert; quelques-unes donnèrent leur nom au canton dans lequel ils dominaient ainsi : la *Prée des Bourgs*, — la *Rivière des Héberts*, — la *Butte à Mirande*, — la *Prée des Richards*, etc., etc. [1].

Les héritages de Port-Royal restèrent donc ainsi entre les mains des aînés ou des familles qui n'émigraient point; ceux-ci recherchèrent alors les soldats de la garnison qui prenaient leur congé, les engagés qui venaient de temps à autre sur les navires de France, et les rares familles qui pouvaient venir par cette même voie [2]; ces

---

1. Recensements de l'Acadie. — Lieux cités dans les pièces et rapports aux Archives.

2. Nous trouvons par les actes de l'église de Port-Royal, de 1700 à 1710, trois ou quatre familles qui paraissent être venues de France toutes constituées : Maisonnat (de Bergerac) et Judith Soubiran, Pretieux (de Charente), Poitevin et peut-être Moyse

nouveaux habitants, soit comme engagés, soit comme fermiers, aidaient les habitants de Port-Royal à exploiter leurs fermes, jusqu'à ce qu'ils pussent eux-mêmes s'établir à leur propre compte, au bout de quelques années, les uns en défrichant des terres neuves dans la seigneurie de Port-Royal, les autres en émigrant eux aussi dans les nouvelles seigneuries.

C'est ainsi que la population de Port-Royal s'était maintenue, en comblant une partie des vides par les immigrants français, tandis qu'une grande partie des colons primitifs se transportait en avant, dans les établissements qui se formaient dans l'intérieur du pays. Ce double mouvement est du reste, ordinairement, une des conditions normales de toutes les colonies qui se développent régulièrement.

Nous avons parlé tout à l'heure des soldats qui prenaient leur congé, pour se fixer dans le pays; ce fut toujours un des modes de recrutement les plus suivis dans les colonies françaises de l'Amérique. Il est constamment prévu et encouragé, dans les instructions officielles données aux gouverneurs et aux commandants des troupes. On accordait certains avantages à tout soldat qui se mariait dans la colonie; ainsi, au Canada, il avait droit pendant un an à une ration de vivres, et on donnait une petite dot à sa femme. Les correspondances officielles insistent sans cesse pour pousser les soldats à s'établir de cette façon [1] : malheureusement

(d'Arcachon). Dans ces mêmes actes, deux noms de femmes natives de France : Marie Brunet (de la Rochelle), 1710, et Marguerite Guy. D'autre part, il semble résulter des recensements que les femmes : de La Rozette, *Jeanne la Rivière*; — de Martin Benoît, *Marie Chosegros*; — de Saulnier, *Louise Pécher*, — et de Jacques Corne, *Marie Grislard*, seraient venues de France avec eux, à moins que ce ne fussent des métisses.

1. *Archives de la marine, passim.*

les garnisons étaient fort peu nombreuses ; au Canada, qui était une province considérable, le chiffre variait de 700 à 1,400 hommes ; en Acadie, elle dépassa rarement 200 soldats, mais le plus souvent elle ne s'élevait pas même à 100 hommes. Si peu importantes que fussent ces garnisons, elles eussent encore rendu de grands services pour le recrutement de ces colonies, où les immigrants français étaient très-rares ; mais la plupart du temps ces troupes étaient composées d'une façon si fâcheuse, qu'une grande partie des soldats étaient tout à fait impropres à la colonisation, les uns à cause de leur inconduite et de leur fainéantise, les autres à cause de leur âge ou de leur état de santé. Nous ignorons si les compagnies d'infanterie de marine, qui formaient les garnisons coloniales, étaient plus particulièrement mauvaises que l'infanterie ordinaire, mais on ne peut s'imaginer quels tristes éléments entraient dans leurs cadres, et quel déchet il en résultait dans l'effectif réellement serviable de ces garnisons, déjà si médiocres par le nombre : une certaine quantité de vauriens ramassés sur les quais et dans les faubourgs de Paris y figurent constamment, avec cet esprit de déréglement et ce physique malingre qui dès lors caractérisaient la population parisienne ; les uns avaient été embauchés par les sergents recruteurs, les autres y étaient envoyés de force, sur la demande des parents poussés à bout par leur libertinage.

On peut concevoir maintenant combien peu d'immigrants fournissait en Acadie, malgré les encouragements de l'administration, une garnison si peu nombreuse et si médiocre en qualité ; encore faut-il dire que, parmi ces colons militaires, il s'en trouvait nécessairement une partie dont l'établissement eût été plus regrettable qu'utile ! Quelques-uns cependant, plus fougueux que méchants, revenaient naturellement au bien et au travail ; quelques autres, plus libertins, étaient heureusement influencés par le milieu et les circonstances, et la plupart de ces colons improvisés se modifiaient, dans leurs nouvelles familles, à l'unisson d'une population honnête et laborieuse.

D'après les actes de Port-Royal, nous savons que de 1705 à 1710 il y eut douze mariages de soldats contractés dans cette paroisse avec des Acadiennes ; mais il en survint peut-être quelques autres dans les paroisses de l'intérieur, et quelques soldats ont pu se fixer dans le pays sans que nous ayons saisi leurs traces ; ainsi il est certains noms nouveaux dans cette période, lesquels, nous avons tout lieu de le présumer, appartenaient à des soldats congédiés ; nous ne pensons pas néanmoins que, durant ces cinq années, il ait pu s'en établir plus de 20 ou 25. Or dans ce même temps nous estimons qu'il vint en tout environ une centaine d'immigrants à Port-Royal. On voit par là (et c'est l'époque où l'immigration fut la plus considérable) combien peu la colonie recevait de renforts de France, et pour quelle proportion la garnison intervenait dans ce contingent.

A l'époque que nous étudions ici, les immigrants étaient bien moins nombreux encore, et la garnison presque nulle ; nous avons constaté que de 1686 à 1701 on trouve à peine 30 à 35 immigrants, de tout sexe et de tout âge ; c'est avec ce faible concours que les familles acadiennes, demeurées à Port Royal, se soutinrent, non-seulement sans s'appauvrir, mais encore avec un accroissement d'aisance très-visible ; bien que l'on eût exporté chaque année beaucoup de bestiaux à Beaubassin et aux Mines, bien que l'on eût subi de la part des Anglais une invasion fâcheuse en 1690, le nombre des bestiaux, qui en 1686 était à Port-Royal de six cent quarante-trois bêtes à cornes et de six cent vingt-sept moutons, se trouve élevé, en 1701, à sept cent vingt-huit bêtes à cornes et à sept cent quatre-vingt-trois moutons. Or, comme le nombre des habitants était moindre en 1701 qu'en 1686, il en résulte que la richesse moyenne de chaque famille s'était accrue en vingt ans dans la proportion de 6,50 à 8,50.

Enfin Port-Royal était l'entrepôt général des pelleteries de toute la baie Française, et ce commerce, ainsi que la préparation des fourrures, occupait une partie des gens, surtout pendant ce long hiver du nord de l'Amérique. Beaucoup d'habitants, même parmi les plus aisés, passaient alors une partie de leur temps à traiter avec les sauvages : les uns parcouraient l'intérieur du pays en chassant pour leur propre compte, et en achetant les pelleteries des Micmacs qu'ils pouvaient rencontrer ; ils faisaient en petit le même trafic que faisaient les *coureurs de bois* du Canada, et comme eux se ménageaient dans certains endroits des *caches*, où ils entassaient les peaux, qu'ils ramassaient ensuite à leur retour. Ces caches étaient marquées d'un signe particulier par chaque coureur, et c'était un usage accepté par les autres coureurs et par les sauvages eux-mêmes de respecter les *caches* que l'on rencontrait.

D'autres habitants se cantonnaient dans des postes où ils apportaient un petit dépôt de marchandises européennes et de denrées, et là, pendant une grande partie de l'hiver, tenaient un commerce ouvert avec tous ceux qui leur apportaient des pelleteries. — Ces postes étaient généralement établis dans les seigneuries concédées sur toutes les côtes de l'Acadie, et qui, pour la plupart, n'avaient point d'autre objet que d'établir un monopole local pour la traite des fourrures et la pêcherie sur la côte. Les uns étaient tenus par les titulaires eux-mêmes, comme les Denys, Degrez, Énaud sur le golfe Saint-Laurent; Damours, Chartier, Saint-Aubin, etc., etc., dans la baie Française. Les autres étaient exploités par des habitants de Port-Royal qui étaient commissionnés par les titulaires (ainsi Mathieu Martin fit longtemps ce métier), ou par d'autres qui, moyennant une petite redevance, allaient y commercer à leurs risques et périls.

Ces postes de traite variaient beaucoup d'importance : les uns étaient qualifiés *forts*, et présentaient en effet une sorte de magasin en bois, armé et palissadé; telles étaient les résidences des Denys à Miramichy et dans les îles, celle des Saint-Aubin à Passamacadie, celles de Nachouak, de Cocagne, etc., etc., à plus forte raison les seigneuries de Pentagoët, de Jemsek, de Chedebouctou, de la Hève, qui étaient réellement des points fortifiés.

Beaucoup d'autres n'étaient que de véritables cabanes temporaires, où le principal commerce se faisait, malgré les règlements, au moyen de l'eau-de-vie que l'on débitait aux Indiens. Ces cabanes situées au milieu des bois, hors de toute espèce de surveillance, et la plupart du temps inconnues, étaient, comme le disent plusieurs fois les gouverneurs, des *cabarets sauvages*, extrêmement funestes aux indigènes et même aux colons, bien que plusieurs d'entre eux parvinssent à y réaliser de jolis profits.

Ils servaient de refuge aux vauriens de la colonie, aux déserteurs de la garnison, à tous les métis qui se faisaient vagabonds, et aux individus les plus dégradés parmi les tribus indiennes. Cependant ce genre d'établissements devint quelquefois, surtout à l'ouest du Canada, le noyau de populations demi-indiennes, demi-européennes, aux trois quarts sauvages, avec un grain de civilisation barbare ; ce germe se développait avec

11.

le temps, et plus d'une fois ces repaires, se purifiant peu à peu par le cours des générations, devenaient des espèces de colonies d'une sorte particulière, dont nous aurons plus loin l'occasion d'étudier avec quelque détail les origines, la population, le développement et l'influence ; seulement nous devons dire ici que leur rôle fut très-limité en Acadie. Il se trouvait certainement en ce pays, comme partout ailleurs, quelques mauvais sujets, que le contact fâcheux de la garnison empirait encore, mais ils furent toujours en petit nombre ; et le chiffre des métis était également fort restreint. Presque tous ces derniers vivaient sur les côtes de l'Est, depuis la Hève jusqu'à Campseau ; ils descendaient en grande partie de ces premières bandes d'aventuriers errants qui, après Poutrincourt, étaient restés en Acadie avec son fils et les Latour ; plusieurs d'entre eux même portaient des noms français, qui témoignent de leur origine [1].

Il se dessina ainsi, dès le principe, deux courants fort distincts dans l'émigration européenne. Les éléments les plus aventureux, les plus grossiers, préfèrent la vie vagabonde du trafiquant ou du chasseur : aux Antilles, ce genre d'hommes s'appelaient *flibustiers* ou *boucaniers;* dans l'Amérique du Nord, on les nommait *coureurs de bois*, et *bois-brûlés* lorsqu'ils étaient métis. Au contraire, les familles plus rassises, plus honnêtes, les éléments les plus précieux pour le travail présent et le progrès à venir, se rattachèrent à la vie sédentaire et agricole, sous

---

[1]. Actes de Port-Royal. — Tournée du 22 mai 1705, par le missionnaire, sur les côtes de l'Est.— Actes des 14 et 27 octobre 1705. — Baptême de Pierre Charet du 20 juin 1726; de François Doucet du 25 juin 1726; de Martin Grand-Claude du 25 février 1727. — Baptême de François Pisnet en 1729, etc., etc. — Recensements des côtes de l'Est en 1686. — Beamish, *passim;* page 503 en 1734; page 81 en 1746.

le patronage fortement constitué de la hiérarchie traditionnelle. Latour et les capitaines de sauvages furent les chefs des premiers; Razilly, d'Aulnay, La Vallière, etc., etc., servirent de centres et de points d'appui aux seconds.

Ce phénomène peut être considéré comme l'application d'une loi générale, qui s'observe au début de toutes les sociétés ; c'est une des formes les plus répandues et les plus naturelles de l'expansion civilisatrice. Si les centres agricoles lui servent en effet de foyers, les bandes de vagabonds, les trafiquants sauvages sont les véhicules naturels qui propagent, par un rayonnement gradué, les modifications progressives des hommes les plus barbares répandus dans les déserts [1].

A la fin de l'hiver, tous les habitants qui s'occupaient de ce trafic, et qui n'appartenaient point à la classe la plus infime des coureurs de bois, rentraient chez eux avec leurs fourrures, et chacun reprenait les travaux de sa ferme ou de son métier. Les traitants plus considérables, qui tenaient des forts et des manoirs seigneuriaux, les capitaines de sauvages dont nous avons déjà parlé, menaient un genre de vie spécial, demeurant toute l'année au milieu des forêts et des déserts, n'ayant point d'autre société que celle des naturels ou de quelques engagés. Beaubassin et les Mines étaient pour ces aventuriers des lieux d'approvisionnement, des centres considérables ; Port-Royal était une ville, une capitale avec laquelle ils ne communiquaient que rarement et difficilement.

---

1. L'étude de ces colonies demi-sauvages peut être fort utile pour rechercher par assimilation comment put s'opérer l'expansion primitive des premières civilisations de l'humanité, au milieu des déserts qui se peuplaient autour d'elles, par les déclassés et les fugitifs de ces sociétés préhistoriques.

Cette dernière partie de la population acadienne échappe en grande partie à nos recherches et à nos constatations, car les recensements ne comprennent communément que les gens domiciliés à Port-Royal, aux Mines et à Beaubassin ; très-rarement trouve-t-on quelque mention de ceux-là mêmes qui étaient fixés sur des fermes avec leurs familles dans les seigneuries isolées et écartées telles que Pomboncoup, Chipoudy, Jemsek, Ekoupag, etc., etc.. Quant à ceux qui vivaient soit seuls, soit en famille, mais à l'état dispersé, avec les capitaines de sauvages, avec les trafiquants, ou sur les pêcheries du littoral, comme ceux de la Hève, Mirliguesh, la Petite-Rivière, Chibouctou, Campseaux et les îles du golfe Saint-Laurent, il n'en est presque jamais question. De sorte que les constatations à peu près régulières que nous pouvons établir sur la population acadienne sont toujours incomplètes, et laissent de côté un certain nombre d'habitants, qui varie du sixième au dixième sur le total.

On en trouve des preuves flagrantes par la comparaison des recensements, dans lesquels on voit fréquemment disparaître des familles assises depuis longtemps dans le pays, qui reparaissent dans les recensements suivants ; ceci ne s'explique que par suite des courses passagères ou des établissements nouveaux, entrepris dans l'intérieur, dans les endroits isolés, dans quelque colonie récemment fondée, que les recensements n'atteignaient pas. Cette même observation doit s'appliquer aux recensements du Canada, mais les omissions s'y montrent dans une proportion beaucoup plus forte, à cause du nombre si considérable des coureurs de bois, qui se fixaient plus ou moins longtemps dans l'Ouest.

Nous croyons donc que les recensements acadiens de 1686 et de 1701 doivent être trop faibles ; en 1686, on annoncé en tout pour l'Acadie 885 habitants, savoir : 592 à Port-Royal, 57 aux Mines, 129 à Beaubassin, 15 au cap Sable, 20 à la Hève, et 32 dans divers autres postes ; celui de 1701 contient 1,153 personnes, savoir : 466 à Port-Royal, 498 aux Mines, et 189 à Beaubassin, Mais nous pensons qu'effectivement on doit évaluer le chiffre des Européens à 920 en 1686, et à 1,450 en 1701. Nous évaluons la répartition de ce chiffre de la manière suivante :

Port-Royal, les Mines et Beaubassin, 1,153 habitants ; Chipody, 15 ; Pentagoët, 25 ; Megaïs, 6 ; Passamacadie, 15 ; la Hève et son canton [1], 75 ; Pobomcoup et le cap Sable, 40 ; fleuve Saint-Jean, 50 ; Miramichy, Chedebouctou, Népisigny, etc., 40 ; divers lieux sur la côte et dans l'intérieur, 31. Total en 1701, 1,450 âmes.

Parmi ces coureurs de bois, et les familles de stabilité irrégulière, dont nous indiquons ici les centres principaux, quelques-uns avaient fini par vivre au milieu des Indiens, d'une manière grossière, brutale et scandaleuse, suivant plus ou moins les errements de ces compagnons de Latour stigmatisés par d'Aulnay, en 1640, dans le mémoire que nous avons cité.

Voici par exemple comment le gouverneur Villebon parle de la famille des *Damours-Dechoffour* : « Ces

---

1. Nous ne comprenons pas dans ce chiffre, non plus que pour le fleuve Saint-Jean, toutes les familles de métis, mais seulement celles qui avaient tout à fait adopté les habitudes stables et plus ou moins agricoles des familles européennes qui étaient mêlées avec elles. Beaucoup d'autres métis restaient mélangés avec les tribus indiennes et de temps à autre venaient rallier les petits centres des capitaineries de sauvages, soit en engageant leurs services et s'y acclimatant, soit par des mariages. Nos évaluations sont basées : 1º sur des comparaisons approximatives de plusieurs recensements partiels indiqués à diverses époques pour ces localités ; 2º sur les renseignements fournis par les baptêmes et mariages des actes de Port-Royal.

« quatre frères vivent sur la rivière Saint-Jean depuis
« dix à douze ans, et y mènent une existence licencieuse
« et vagabonde ; ils sont insubordonnés et séditieux, et
« méritent d'être surveillés de très-près. Bien qu'ils
« aient de vastes concessions dans les plus beaux can-
« tons du pays, on leur connaît à peine un logement ;
« ils ne possèdent ni cultures ni aucuns bestiaux ;
« mais ces *prétendus gentilshommes* vivent en trafiquant
« avec les Indiens, faisant la débauche, réalisant de
« gros profits, et étant plutôt nuisibles qu'utiles au bien
« général [1]. »

Cependant tous ces seigneurs ou *capitaines de sauvages*
n'étaient pas heureusement semblables à ce portrait.
Les Saint-Castin, les d'Entremont, les Denys, etc., etc.,
nous offrent des types très-différents, et beaucoup plus
respectables : il est même évident que Villebon, qui
avait eu plusieurs altercations avec les Damours, a
chargé un peu ce tableau, car nous savons qu'à cette
époque même les quatre frères Damours étaient
mariés : chacun d'eux élevait une famille assez nombreuse [2], et dès 1698 quelques familles de colons étaient
déjà fixées près du manoir de Jemsek. Mais il s'en
trouvait certainement quelques autres auxquels ce type
se rapportait plus fidèlement, surtout parmi les nombreux concessionnaires qui figurent passagèrement dans
les seigneuries acadiennes [3], et qui venaient du Canada,
tels que Potier, Chartier, Meunier, Genaples de Belle-
fonds.

Ces chefs étaient d'autant plus influents sur les tribus

1. Archives de la Marine.
2. Recensements de 1686 et de 1699. — Recensement spécial
du fleuve Saint-Jean en 1693 et 1698. — Recensements spéciaux
de la Hève et côtes de l'Est en 1689, 1693 et 1700. (*Archives.*)
3. Registre des concessions.

sauvages qu'ils adoptaient une partie de leurs usages et de leurs mœurs : Saint-Castin avait épousé la fille d'un grand chef abénakis ; un des d'Entremont épousa une des filles issues de ce mariage; Latour avait eu sa première fille, Jeanne, d'une squaw maléchite; Énaud de Népisigny avait épousé une Indienne, et il est très-probable que Richard Denys de Fronsac, seigneur de Miramichi, avait pris pour femme une squaw ou une métisse.

Il ne se passait pas d'année sans que chacun des capitaines ne fît dans son quartier une grande distribution de présents aux guerriers des tribus, tant en son nom qu'au nom du roi de France ; ils les réunissaient alors dans de grands festins, où assistaient souvent des officiers français. Ces festins n'étaient point toujours d'une grande délicatesse, si bien que ces derniers, dans leurs rapports, appellent plaisamment ces réunions *des repas de chiens*. Les viandes qu'on y servait étaient entassées dans de grandes chaudières à la manière indienne ; pendant plusieurs jours, les récits de chasse et de combat, les danses sauvages, y étaient entremêlés avec force rasades d'eau-de-vie. Ces réjouissances grossières servaient de prélude aux expéditions de chasse ou de guerre, quand les capitaines de sauvages, ces seigneurs fauves habillés de peaux de bêtes, rassemblaient leurs vassaux indiens, sur la réquisition des gouverneurs français.

Le manoir seigneurial de ces chefs était ordinairement un fort, grossier, entouré de fossés, dont l'escarpe était revêtue de pièces de bois formant palissades et soutenues à l'intérieur par des épaulements en terre, ou par des contre-forts en bois. Sur ces épaulements, on voyait fréquemment quelques pièces de canon en fonte, posées en barbette et la plupart du temps sans affût; dans cette enceinte, quelques bâtiments rustiques servaient de logements et de magasins, et c'est souvent à peine si aux environs du fort on trouvait une ébauche de jardin qui restait trop souvent inculte.

Les maîtres de céans vivaient peu dans leurs demeures, se tenant presque toujours au dehors avec les sauvages, dont ils partageaient volontiers les plaisirs et les fatigues. Les femmes et les enfants gardaient le fort avec des engagés, ou quelques vieux Indiens de confiance, bien fermés et calfeutrés dans leurs palissades, et plus d'une fois on vit ces femmes faire le coup de feu contre les Anglais, quand ils débarquaient sur la côte. Lorsque le seigneur revenait au manoir, il apportait les pelleteries qu'il avait ramassées, et des provisions de venaison que l'on conservait en les salant ou en les fumant.

La plupart de ces forts étaient situés sur quelque gros cours d'eau qui facilitait ce genre d'existence, car presque toutes les excursions se faisaient en canots, et c'était ainsi seulement que l'on pouvait charroyer les pelleteries d'une part, et les approvisionnements européens de l'autre : pendant la belle saison, en effet, on entrait en communication avec les bâtiments pêcheurs qui fréquentaient ces parages, et on échangeait avec eux les fourrures et quelques provisions fraîches, contre des armes, des outils, des étoffes, du vin, etc., etc.; on allait même jusqu'à Port-Royal avec les canots, chercher de la farine et autres munitions. Cette description, nous le répétons de nouveau, ne s'applique rigoureusement qu'au commun de ces manoirs sauvages ; il en était plusieurs, que nous signalerons par la suite, qui présentaient un véritable germe de civilisation, possédant des bestiaux, des cultures, et quelques familles attachées à l'exploitation du sol.

Les capitaines de sauvages étaient de véritables intermédiaires entre les commandants des postes français et les tribus indiennes. Lorsqu'une certaine dignité dans le caractère et dans l'existence leur attirait le respect et la confiance des tribus, ils exerçaient une influence considérable et bienfaisante, qui fut constamment d'une grande utilité pour la France et pour ses colonies.

On peut même, sans trop de présomption, affirmer que si nous eussions soutenu avec plus de vigueur et défendu avec plus de constance le magnifique domaine colonial que nous possédions en Amérique, il se fût développé, par le cours des âges, un mouvement civilisateur analogue à celui qui se produisit en Europe, après la conquête des Barbares, avec cette différence cependant que la vassalité germanique fut imposée par la force et subie avec crainte, tandis que l'ascendant des gentilshommes français était accepté librement et reposait sur la confiance du peuple conquis, aussi bien que sur la supériorité du vainqueur.

A côté du capitaine, d'ailleurs, se trouvait le missionnaire, dont l'influence compensait ce qu'il y avait de trop brutal chez le premier. Autour de ces manoirs grossiers et des missions chrétiennes, les tribus indiennes se seraient groupées et transformées peu à peu ; civilisation moins brillante, infiniment moins rapide, mais préférable peut-être, sous certains rapports, au développement social qui s'est produit en Amérique ; préférable surtout au point de vue général de l'humanité : elle eût introduit en effet, dans le cours de la civilisation moderne, les éléments vraiment originaux d'une race neuve et d'une société nouvelle, résultat précieux pour l'ethnologie générale ! C'est par de tels procédés, l'étude de l'histoire nous le montre, que se superposent, d'une manière stable et féconde, les phases successives de nos progrès !

V

TRAVAUX ET PROGRESSION DES ACADIENS

Le concours que les gouverneurs français tiraient des capitaines de sauvages pendant la guerre, et la combinaison qu'ils parvenaient ainsi à opérer entre l'action des troupes européennes et celle des bandes indiennes, étaient absolument indispensables pour la protection de nos colonies : le nombre des habitants était trop inférieur à celui des Anglo-Américains. On eût pu suppléer sans doute à cette inégalité, en y entretenant des forces militaires considérables, mais la France, toujours absorbée par sa politique trop continentale, n'envoyait en Amérique que de faibles détachements; c'est à peine si, à la fin du XVIIe siècle, il se trouvait 500 soldats réguliers tant au Canada qu'en Acadie.

Non-seulement la population coloniale était trop faible, mais encore fallait-il qu'elle eût à supporter tout le poids de sa propre défense; lors donc que les hostilités éclataient, les capitaines de sauvages mettaient sous les armes leurs bandes indiennes; ils tâchaient de ménager, dans leurs manœuvres irrégulières, un certain accord avec la marche des officiers de l'armée et de la milice, et permettaient ainsi au Canada de repousser les agressions anglaises, malgré l'infériorité du nombre; la plupart du temps même, ils portaient leurs incursions jusqu'au cœur du pays ennemi, et paralysaient ses forces en l'obligeant à un rôle défensif, en dépit de la supériorité de sa puissance.

Ce fut M. de Frontenac, gouverneur du Canada en 1689, qui intronisa, ou au moins perfectionna ce genre de guerre, dont il sut tirer un si merveilleux parti : M. de Menneval, gouverneur de l'Acadie, avait été attaqué et capturé dans Port-Royal, en 1690, par une flotte anglaise partie de Boston, sous le commandement de l'amiral Phips; cette agression n'était que le prélude d'une expédition plus considérable que Phips dirigea aussitôt contre le Canada, qu'il tenta d'envahir par mer, en remontant le Saint-Laurent; cette tentative fut repoussée avec perte, mais les Anglais, pour réparer leur échec, organisèrent plusieurs incursions contre le Canada, par les frontières de terre, et on pouvait craindre de voir se renouveler l'agression maritime qui venait d'échouer.

C'est alors que M. de Frontenac, homme énergique et intelligent, se voyant réduit presque à néant comme force militaire, dénué de tout secours de la métropole, pressé par les Iroquois que soudoyaient les Anglais, sachant ces derniers vingt fois plus nombreux que les habitants de toute la Nouvelle-France, chercha à développer par terre contre leurs établissements un système d'incursions modelé sur celles qu'il avait lui-même à subir de la part des sauvages armés et dirigés contre lui. Mais, plus habile que les Anglais, il manœuvra en mêlant avec dextérité les Indiens et les Européens, ce qui décupla la force d'attaque et la portée de ce genre de guerre.

Profitant adroitement des sympathies naturelles, qui existaient entre la plupart des nations sauvages et les

Français canadiens, connaissant parfaitement les aptitudes de ces derniers pour la vie militaire et les expéditions aventureuses, il organisa avec soin pour ce but spécial quelques bandes de jeunes Canadiens; plusieurs parmi eux étaient habitués dès leur enfance à vivre avec les Indiens, soit dans les chasses, soit dans les expéditions de la traite des fourrures; ils savaient faire de longues courses en hiver, dans les pays déserts, sur la neige, avec des raquettes; ils savaient se guider au milieu de la solitude et des frimas, se cabaner le soir de manière à reposer la nuit, malgré la rigueur du froid, vivre de peu, et se créer mille ressources au milieu de la nature sauvage; on en forma des compagnies qui s'adjoignirent aux guerriers des tribus. Dressées à la fois pour la guerre européenne et pour la guerre indienne, douées d'une incomparable mobilité, éminemment propres aux surprises, aux embuscades et aux agressions impétueuses, susceptibles cependant de se rallier, de faire corps et de présenter une défensive solide, d'une merveilleuse mobilité, ces bandes formaient de véritables machines de guerre, et d'autant plus dangereuses pour les Anglais que leurs colonies, plus peuplées et déjà riches, 'offraient' des points d'attaque multipliés, et une perspective attrayante de butin.

Frontenac eut la chance heureuse de trouver sous sa main, pour mettre à la tête de cette jeunesse, des officiers et de jeunes gentilshommes d'un vrai mérite, qui adoptèrent promptement et ce genre de vie et ce genre de guerre. Il nous suffira de nommer : d'Iberville, de Sainte-Hélène, de Bienville, trois frères dont la famille fournit à la fois sept officiers distingués, Le Bert de Senneville, de Varennes, d'Ailleboust, Hertel, de Portneuf, Tonti, de Joncaire. Tels furent les principaux héros de ces expéditions aventureuses, au moyen desquelles Frontenac, sans troupes, sans argent, avec une population de 14 à 15,000 âmes à peine, tint en échec pendant sept ans toutes les colonies anglaises, qui comptaient alors 200,000 habitants [1].

Ces chefs canadiens dirigèrent souvent leurs attaques et leurs marches de manière à appuyer l'action des capitaines sauvages de l'Acadie, et ils parvinrent ainsi à dégager ce pays de l'étreinte des Anglais, qui l'attaquaient sans cesse : après s'être emparés de Port-Royal en 1690, ces derniers n'y avaient laissé qu'une faible garnison; elle fut expulsée presque aussitôt par le lieutenant de M. de Menneval, le sieur Perrot, qui, avec le commissaire de marine Desgouttins, se mit à la tête de quelques hommes pour attaquer l'ennemi. Mais dix jours après cet exploit arriva un navire français monté par M. de Villebon, successeur de M. de Menneval, et celui-ci, ayant constaté l'état de délabrement du misérable fortin de Port-Royal, se retira au fort de Jemsek sur le fleuve Saint-Jean, avec les quelques soldats dont il pouvait disposer; les colons restèrent seuls dans leurs fermes éparses, prêts à se réfugier dans les bois à la première alarme.

Ces inquiétudes n'étaient point vaines, car deux corsaires anglais entrèrent dans la rade peu après le départ du gouverneur, et achevèrent l'œuvre de Phips; celui-ci n'avait fait que piller, ceux-là brûlèrent, non-seulement le fort et les magasins, mais encore l'église et vingt-huit maisons; ils tuèrent deux habitants, plus une femme et un enfant, et tout ce qu'ils purent surprendre de bestiaux fut enlevé ou égorgé sur place. Du reste, ils firent comme Phips, ils ne s'écartèrent point du rivage, et la plupart des fermes échappèrent ainsi au désastre. Villebon lui-même

1. Garneau. — Ferland.

ne tarda pas à être attaqué à Jemsek. Phips, qui venait d'échouer sur le Saint-Laurent, chercha à réparer son échec, en 1692, en dirigeant deux brigantins et un vaisseau de guerre contre le fort de Jemsek; mais cette agression fut repoussée par la vigilance et la fermeté de Villebon, et les Anglais, obligés d'aller défendre leur propre territoire attaqué par les Canadiens, le laissèrent en repos pendant plusieurs années.

Il était en effet parti du Canada, à diverses reprises, des expéditions qui répandirent la terreur dans le nord de la Nouvelle-Angleterre. Une des plus notables, commandée par M. de Portneuf, fut dirigée jusque sur les côtes de l'Acadie, où elle opéra de concert avec notre ami le célèbre Saint-Castin. M. de Portneuf partit de Québec le 28 janvier 1690 avec 40 Canadiens, ayant pour lieutenant le jeune Tilly de Courtemanche, fils comme lui d'un seigneur de la vallée du Saint-Laurent. Pendant tous les mois de février, mars et avril, c'est-à-dire en plein hiver, dans ce rude climat, ils vécurent au milieu des bois, en un pays entièrement désert, presque sans provisions, rencontrant de temps en temps quelque parti de sauvages, qui n'étaient guère mieux munis qu'eux-mêmes; ils se dirigèrent ainsi, avec ces Indiens, vers les établissements anglais, les côtoyant, les pillant et cherchant l'occasion de quelque coup d'éclat. Enfin, au mois de mai, ils rejoignirent Saint-Castin et ses Abénakis non loin de *Falmouth*, sur la baie de Casco; ils se trouvaient alors à plus de 100 lieues de leur point de départ!

Les Anglais avaient construit en ces quartiers, à l'embouchure du Kennebec, un fort dit le fort *Loyal*, avec trois autres fortins, destinés à protéger leurs colons et leur commerce. La garnison comptait 70 hommes pourvus de 8 canons. Portneuf et Saint-Castin attaquèrent résolûment ces fortifications, et le 20 mai les Anglais furent obligés de capituler ; on enleva les canons et tout le butin, les forts furent brûlés et détruits, ainsi que toutes les maisons à deux lieues à la ronde, et les soldats ennemis faits prisonniers avec tous les habitants, y compris les femmes et les enfants [1].

Quatre ans après, M. de Villieu, neveu de La Vallière, le seigneur de Beaubassin, renouvela dans les mêmes parages une semblable expédition : il surprit à *Pemaquid* (au sud de Pentagoët) les colons anglais de ce quartier ; ceux-ci perdirent 104 morts, 27 prisonniers, et 60 fermes qui furent brûlées. Villieu retourna à Montréal avec son butin, ayant parcouru en plus d'un mois 250 lieues à travers les forêts sauvages et montagneuses qui séparaient le Canada de la Nouvelle-Angleterre. L'année suivante (1695), il reparut encore sur ces côtes, de concert avec d'Iberville, et captura les milices yankees qu'on avait envoyées pour protéger la contrée sous les ordres de Chubb [2].

Mais ces courses militaires sont bien peu de chose, auprès de l'expédition de *Corlaër* ou Shenectady, dont Lemoyne de Sainte-Hélène, frère d'Iberville, fut le chef. Pendant plus de soixante-quinze ans, la ruine de cette ville a plané comme un effroyable fantôme dans les traditions des frontières, et les lecteurs pourront en trouver le curieux récit dans les historiens du Canada. C'est ainsi qu'un petit nombre de détachements mobiles, appuyés par la coopération des Indiens, et adroitement disséminés dans les solitudes qui confinaient aux colonies anglaises, maintenaient celles-ci dans des inquiétudes incessantes ; toujours sur un pied de défensive pénible et difficile,

---

1. Garneau, — Ferland, — Bancrofft.
2. Williamson, *Hist. du Maine*. — Beamish, pages 211 et 219.

leurs précautions cependant se trouvaient toujours insuffisantes, parce qu'il était impossible de deviner la marche et les intentions de l'agresseur, dont les mouvements étaient perdus dans la forêt [1].

Villebon profita de cette situation fâcheuse des colonies puritaines pour se maintenir à Jemsek; mais l'extrême médiocrité de ses ressources le laissait sans force; il parvint néanmoins à faire subir d'assez grands dommages aux Anglais, en attirant vers son refuge, dans la rivière Saint-Jean, un certain nombre de corsaires qui firent la course sur les bâtiments de la Nouvelle-Angleterre. Nous connaissons les noms de plusieurs d'entre eux, tels que *Robineau* de Nantes, *François Guyon* (probablement le beau-père des Damours et de Cadillac), et *Baptiste*, le plus redoutable de tous [2]; ces corsaires allaient de temps à autre se ravitailler à Port-Royal et aux Mines, d'où ils rapportaient aussi des vivres à Villebon, car autour de Jemsek il n'y avait à vrai dire ni fermes ni bestiaux; plusieurs fois même ils recrutèrent des hommes pour leurs équipages dans les familles acadiennes [3].

Le commerce de Boston et des colonies voisines éprouva alors de tels préjudices, qu'il s'y organisa en 1696 une expédition maritime, dans le but d'enlever aux corsaires leur port de refuge, en détruisant le fort de Villebon. Le commandement fut donné au colonel *Church*, le plus habile officier des colonies anglaises, le seul même, à dire vrai, qui entendît réellement cette guerre spéciale de partisans et de surprises que les Français pratiquaient

---

1. Garneau. — Ferland. — Bancrofft.
2. Le véritable nom de Baptiste était Pierre Maisonnat, natif de Bergerac : il finit par se fixer à Beaubassin, où il vivait encore en 1704. — Ceci résulte de l'Étude comparée des recensements et des actes de l'église de Port-Royal.
3. Beamish.

12

avec tant de succès; avant d'attaquer Villebon, il se porta dans le fond de la baie Française, sur la paroisse de Beaubassin, où il opéra une descente subite dont nous avons déjà parlé plus haut. La population, selon l'usage, s'enfuit aussitôt dans les bois et dans les fermes éloignées de la mer; Church resta en ce quartier neuf jours, pillant tout ce qu'il put atteindre, tuant les bestiaux et brûlant un grand nombre de maisons ainsi que l'église, mais il ne put saisir qu'un très-petit nombre de prisonniers. Il remit alors à la voile et arriva le 18 octobre 1696 devant Jemsek où il débarqua avec environ 600 hommes.

Villebon était sur ses gardes, et reçut très-chaudement l'attaque des Anglais qui furent obligés de se rembarquer le 20 octobre, après avoir eu 8 hommes tués et 17 blessés, dont 5 officiers. Cette défense avait été secondée par le corsaire Baptiste, embossé sous le canon de Jemsek, lequel aussitôt après le départ de l'ennemi se rendit à Port-Royal, afin d'y renouveler les approvisionnements du fort; il emmenait en même temps trois soldats malades qu'on envoya aux Mines pour s'y rétablir tranquillement. Quant à Villebon, il répara les dommages qu'avait occasionnés l'artillerie anglaise, et resta désormais sans être inquiété jusqu'à la paix de Ryswick qui se conclut le 25 septembre 1697, au moment même où le chevalier de Callières, lieutenant-gouverneur du Canada, projetait une expédition qui aurait probablement consommé la ruine de la colonie de New-York, s'il eût été convenablement secondé par la France.

La paix de Ryswick, en nous assurant la possession paisible de l'Acadie et de toutes ses dépendances, affranchissait de tout danger Port-Royal et les autres colonies acadiennes; néanmoins le gouverneur Villebon resta dans son fort de Jemsek; il rebâtit même, en 1698, le fort de Nashouack à l'embouchure du fleuve Saint-

Jean [1]. Il avait alors avec lui deux compagnies, c'est-à-dire 50 ou 60 soldats, et cet état de choses dura jusqu'à sa mort; ce furent sans doute quelques hommes de cette petite garnison qui, après les coureurs de bois de Latour, furent l'origine des familles européennes et métisses, que nous trouverons ensuite répandues en divers lieux, sur les côtes occidentales de la baie Française, et dont les noms sont pour la plupart étrangers aux familles acadiennes.

Villebon avait d'ailleurs, bien avant la fin de la guerre, envoyé à Port-Royal son délégué le commissaire de marine *Desgouttins*, dont la volumineuse correspondance, aux Archives de la marine, est une des principales sources de l'histoire à cette époque; M. de Belle-Isle, seigneur de Port-Royal, était aussi revenu dans son manoir, et Desgouttins, de concert avec lui, administra le pays sous la direction de Villebon; ce furent eux qui reçurent M. de Fontenu, commissaire de marine, qui vint alors de France en Acadie, et qui fut accompagné dans cette inspection par M. de Villieu, neveu de M. de La Vallière, dont nous avons plus haut raconté les exploits. Il fut décidé dès ce moment que l'on reconstruirait le fort de Port-Royal, et on ordonna d'en préparer les matériaux : on voulait, en effet, y rétablir le siége du gouvernement, en laissant toutefois M. de Villebon à Jemsek jusqu'à la fin de sa carrière.

Il mourut précisément en 1700, et fut remplacé par un brave officier qui commandait à Plaisance (Terre-Neuve) et qui se nommait M. de Brouillan; celui-ci, au lieu de faire le tour de la presqu'île par mer, pour aller prendre possession de son nouveau poste, se fit débarquer dans le havre magnifique de Chiboucton, aujour-

---

1. Beamish.

d'hui Halifax, mais alors complétement désert, avec l'intention de se rendre directement à Port-Royal par terre, en traversant le pays des Mines, dont la richesse naissante lui avait déjà été signalée.

Il remonta en canot d'écorce un des affluents du havre de Chibouctou, puis il gagna par un portage très-court la grosse rivière de Chiben-Acady, qui traverse la presqu'île et va se jeter dans la baie des Mines; cette arrivée du gouverneur à travers les forêts, à la manière indienne, comme s'il eût été un natif même du pays, plut aux habitants des Mines, qui lui firent un accueil très-cordial, tout en gardant le franc-parler de leur nature un peu rude et farouche. Brouillan de son côté fut étonné de la prospérité déjà visible de cette colonie toute nouvelle et qui n'avait rien coûté à l'État : « Le « bétail y est très-abondant, dit-il, et on pourrait aisé-« ment en exporter 7 à 800 barriques de blé, mais les « habitants sont à demi des républicains, très-indépen-« dants de caractère, et habitués à décider de tout par « eux-mêmes. »

Les seigneuries de ce quartier avaient singulièrement progressé ; nous avons vu plus haut que la population avait sextuplé, le bétail quintuplé, et les défrichements quadruplé de 1686 à 1693. Il y avait trois fois plus de bestiaux que d'habitants, et encore ne comptons-nous pas les chevaux dont les recensements ne parlent jamais. Presque toutes les familles de Port-Royal, surtout celles qui étaient aisées, y envoyaient leurs enfants à mesure qu'ils se mariaient ; une certaine partie des anciennes familles quittèrent même entièrement la vieille seigneurie, vendant leurs héritages pour aller se fixer aux Mines.

En visitant cette contrée, M. de Brouillan, frappé de la promptitude de ses développements et de la richesse du pays, songea aussitôt à faciliter ses relations avec Port-Royal; jusque-là, les transports ne pouvaient guère s'exécuter que par mer, au moyen d'un très-grand détour, bien que la distance entre les deux paroisses ne fût guère que de 20 lieues; cet intervalle plein de bois sauvages et de déserts était impraticable, et il ne s'y rencontrait que des sentiers abrupts à l'usage des piétons. Il assembla donc les gens des Mines, ces *demi-républicains*, comme il les appelle, et il leur proposa d'ouvrir une route entre leur paroisse et Port-Royal, route dont ils feraient eux-mêmes la moitié, c'est-à-dire 10 lieues; cette proposition fut bien accueillie, et ils promirent de commencer le travail à l'automne.

Brouillan partit alors pour Port-Royal en suivant le tracé de cette route nouvelle, et il arriva dans son chef-lieu le 20 juin 1701. Les fermes, les cultures, l'éducation du bétail avaient continué à progresser dans cette seigneurie, malgré les invasions des Anglais, malgré l'émigration considérable qui s'était portée aux Mines, mais l'aspect du port et du centre de la colonie était peu satisfaisant pour un gouverneur; les ruines laissées par les Anglais commençaient à peine à se réparer, tout présentait encore un aspect misérable, les débris du fort jonchaient le sol, et, malgré les recommandations de MM. de Fontenu et Saccardie, c'est à peine si on avait commencé à approcher quelques matériaux pour le reconstruire.

Là, comme aux Mines, M. de Brouillan rassembla les habitants, afin de mieux connaître les besoins et les ressources du pays; il y parla de la route des Mines, et il insista sur la nécessité de relever promptement le fort et les magasins, s'étonnant de la lenteur que l'on avait apportée dans les préparatifs de ce travail. Les habitants ne lui dissimulèrent pas la répulsion que leur inspirait cette entreprise ; ils craignaient, dirent-ils, que l'on ne concédât la contrée à une compagnie commerciale ! Or tels étaient les abus que ce genre d'institution entraînait, que ces compagnies étaient partout souverainement redoutées ; les gens de Port-Royal avouèrent naïvement que, s'ils devaient être gouvernés par une compagnie, ils préféraient ne pas être défendus contre les Anglais, dont ils avaient, disaient-ils, moins à craindre [1].

Quels que fussent les abus du gouvernement royal que nous avons souvent signalés, il faut donc croire qu'ils provenaient pour une forte part des circonstances et du milieu dans lequel on vivait, car les sociétés commerciales, composées de gens du tiers état, versés dans le négoce et les transactions d'affaires, offrant certaines garanties de capacité et d'intelligence, étaient encore plus appréhendés par les peuples, que les officiers de la couronne.

Le gouverneur rassura les Acadiens, en leur montrant leur erreur, et les détermina à s'occuper plus activement de la restauration du fort. Du reste, il proposait en même temps à la cour de France de consacrer à ce travail une somme assez forte ; il eût désiré que les grosses œuvres fussent construites en maçonnerie, dont il estima le coût à 68,835 livres ; il demandait aussi que l'on envoyât de France 6 tailleurs de pierre, 12 maçons avec un chef d'équipe, 2 charpentiers, 2 carriers et 1 chaufournier ; enfin les vaisseaux qui venaient en Acadie eussent pris pour lest de la pierre à chaux, qui manquait dans ce pays. Toutes ces demandes n'obtinrent que des réponses partielles ou tardives, et dans le laps de trois ans on ne put édifier qu'une sorte de blockhaus, avec des terrassements avancés garnis de palissades en bois.

---

1. Mémoire de M. de Brouillan, 1701. (*Archives de la marine.*)

Cependant, si les fortifications, le commerce, la première vue de Port-Royal laissaient encore beaucoup à désirer, si la négligence du gouvernement français avait été extrême, le progrès des cultures, des récoltes, de l'aisance publique était considérable, comme nous l'avons vu dans le précédent chapitre ; la population elle-même de la vieille seigneurie se soutenait, malgré les émigrations constantes et nombreuses qu'elle envoyait dans les nouveaux fiefs. Voici l'état exact de cette situation :

RECENSEMENTS DE PORT-ROYAL

Années.	Bêtes à cornes.	Bêtes à laine.	Terres cultivées.	Habitants.
1686	643	627	460	592
1698	982	1,136	1,275	575
1701	728	783	1,315	447

La quantité du bétail avait donc augmenté depuis quinze ans, malgré les exportations, et la richesse moyenne de chaque famille s'était encore accrue bien davantage, puisqu'il y avait plus de bestiaux et moins d'habitants ; le nombre de ceux-ci en effet, qui s'était assez bien soutenu de 1686 à 1698, avait tout à coup considérablement diminué de 1698 à 1701, époque où se prononça le plus fort mouvement d'émigration sur les Mines ; cette même raison explique aussi la diminution des bêtes à cornes dans le même temps, bien que chaque famille se trouve posséder néanmoins un tiers de bestiaux de plus qu'en 1686 ; quant aux terres cultivées, elles avaient triplé, et rien ne pouvait arrêter leur progression.

L'émigration sur le quartier des Mines aurait même dépeuplé bien davantage Port-Royal, s'il n'était venu de France quelques immigrants ; nous avons déjà signalé ce fait dans le chapitre précédent, et nous avons même précisé quelques noms (page 184) ; autant qu'on peut le relever dans les recensements nominaux de l'Acadie, on trouve 22 Français qui vinrent s'établir en Acadie entre 1686 et 1701, mais ce chiffre est évidemment trop faible parce qu'un certain nombre de noms nous échappent, et que les simples engagés ne paraissent pas dans les recensements ; on peut donc raisonnablement évaluer le nombre des immigrants à 35 ou 40, en y comprenant les soldats congédiés ; ces observations nous permettent d'évaluer avec quelle rapidité se multipliaient les familles acadiennes. En 1686, il se trouvait à Port-Royal et aux Mines 649 habitants ; — en 1701, nous y comptons 945 âmes ; si nous déduisons de ce dernier chiffre les immigrants venus de France, on voit que la population autochtone s'était accrue de quarante pour cent en quinze ans. Il convient même de surélever un peu ce chiffre, à cause des émigrants que Port-Royal dut aussi disséminer dans le reste de la contrée.

Ces calculs nous montrent que la colonie progressait surtout par elle-même, et sur son propre fonds ; sa population se doublait par son essor naturel tous les vingt-cinq ans (la rapidité de cette progression s'accrut même notablement dans la suite), et les neuf dixièmes des habitants appartenaient aux vieilles souches acadiennes, implantées par Razilly et d'Aulnay, dont le recensement de 1671 a consacré la mémoire.

L'aisance de chaque famille se développait, nous l'avons vu, plus promptement encore, non-seulement par la culture, mais par un certain essor d'industrie naturellement lié à l'esprit d'entreprise, qui caractérisait les Acadiens.

La pêche maritime commençait à se populariser parmi eux ; le gouvernement français ayant, en 1680, autorisé une compagnie commerciale à former en Acadie de grands établissements de pêcheries, cet exemple entraîna quelques familles à donner plus de développement à leurs pêches ordinaires, car nous voyons en 1701 un Acadien de Port-Royal, Pierre Landry, à la tête d'une véritable entreprise pour la pêche maritime ; il avait avec lui, outre ses 5 fils, 9 engagés, dont cinq avaient été probablement embauchés sur des navires venus de France, car ils étaient étrangers aux familles du pays. Cette industrie de la pêche maritime eût pris certainement un grand essor et joué un rôle important en Acadie, sans les courses perpétuelles des corsaires, et sans les événements graves dont nous allons bientôt parler.

Il commençait aussi à s'opérer un certain commerce de bois de construction ; ainsi les Archives nous révèlent les noms de deux contractants [1], qui chaque année livraient une assez grande quantité de mâts à la marine ; ces mâts étaient déposés dans des fosses, et chargés sur les navires du roi pour leur retour. D'autres fabriquaient du bardeau pour couvrir les maisons, et même un peu de merrain, industrie qui avait été introduite dans le pays en 1635 par Denys, lequel avait amené de France les premiers fendeurs de bois.

Les moulins s'y multipliaient. Dès 1689, on comptait à Port-Royal deux moulins à farine, l'un à eau et l'autre à vent ; un autre moulin à eau était muni d'un double mécanisme, pour la mouture et pour le sciage. En 1700, il y avait au moins trois moulins à eau (*La Mothe-Cadil-*

---

1. *Naquin* et *Louis Allain*, tous deux habitants de Port-Royal. Allain faisait un assez grand commerce, même avec Boston, mais il est plusieurs fois signalé comme un esprit difficile, indiscipliné et même brutal.

lac), et nous verrons tout à l'heure comment un de ces meuniers, Thibaudeau, était devenu un homme riche et important.

Non-seulement les défrichements s'étaient étendus très-loin en remontant dans la vallée, mais on les voyait même déborder déjà sur les collines, malgré la répulsion traditionnelle qu'éprouvaient les Acadiens à cultiver d'autres terres que les marais endigués. Les autres cultures leur paraissaient offrir un produit relatif si médiocre, qu'ils les négligeaient volontiers [1]. Néanmoins, en 1689, on comptait déjà 136 arpents défrichés dans les terres hautes, et en 1701 la quantité s'en était probablement doublée.

Mais leur occupation habituelle et leur principale richesse consistaient dans la culture de ces marais conquis sur le flux de l'Océan, que d'Aulnay avait créés avec tant de patience et d'industrie; il n'y avait presque point de familles qui n'en possédât quelque parcelle, et quelques-uns des plus riches tenanciers avaient à force de travail singulièrement agrandi ces terrains fertiles, où l'on récoltait avec abondance des fourrages, du lin, des légumes et même des grains. Ces cultures les attiraient tous vers le voisinage du cours d'eau, et leurs petits fiefs étaient généralement disséminés le long de la charmante rivière, qui rend aujourd'hui si riante la situation de la moderne Annapolis.

Là s'éparpillaient sur les deux rives les modestes cabanes de ces colons, flibustiers et laboureurs tour à tour, qui maniaient le mousquet aussi bien que la charrue. Toutes gracieuses dans leur pauvreté, chacune d'elles était entourée d'un enclos bordé d'aubiers : c'était leur jardin et leur verger; de vigoureux pommiers, se mêlant à la pâle

---

[1]. Recensement de 1701.

verdure des saules, masquaient la construction rustique dans leurs touffes vertes, à travers lesquelles on voyait s'ébaudir des bandes d'enfants blonds et joyeux.

« Les familles acadiennes sont en effet plantureuses
« en progéniture ; deux couples voisins ont fait à l'envy
« l'un de l'autre chacun 18 enfants tous vivants ; c'est
« être fort habile en ce métier, cependant un autre
« couple a été jusqu'à 22 et en promet encore davan-
« tage. Mais c'est la richesse du pays ; quand ils sont en
« état de travailler, ils épargnent à leur père des jour-
« nées d'hommes qui coûtent là 25 et 30 sols, et cela va
« à une dépense qu'ils ne sauraient faire, car il en
« coûte beaucoup, pour accommoder les terres que l'on
« veut cultiver [1]. » (Diéreville.)

Tous ces nids de verdure gais et fleuris qui s'épanouissaient sur la rivière, les prairies, les champs fertiles qui les entouraient, n'étaient en effet que des terrains artificiels, conquêtes laborieuses de l'industrie humaine : de fortes digues les séparaient du cours d'eau et les abritaient contre les hautes marées qui refluent jusqu'à 8 ou 10 lieues dans l'intérieur.

« ..... Mais quel travail ne faut-il pas pour les mettre
« en état d'être cultivées ! Cependant les Acadiens en
« viennent à bout, par de puissantes digues qu'ils ap-
« pellent des *aboteaux*, et voici comment ils font : ils
« plantent cinq ou six rangs de gros arbres tout entiers,
« aux endroits par où la mer entre dans les marais, et
« entre chaque rang ils couchent d'autres arbres de
« long, les uns sur les autres, et garnissent tous les
« vides si bien avec de la terre glaise bien battue que
« l'eau n'y saurait plus passer. Ils ajustent au milieu de
« ces ouvrages un *esseau*, de manière qu'à la marée

---

1. Diéreville, *Voyage en Acadie*. Amsterdam, 1708, in-12.

« basse il permet à l'eau des marais de s'écouler par
« son impulsion, et défend à celle de la mer d'y entrer.

« Un travail de cette nature, qu'on ne fait qu'en cer-
« tains temps, que la mer ne monte pas si haut, coûte
« beaucoup à faire et demande bien des journées, mais
« la moisson abondante qu'on en retire dès la seconde
« année, après que l'eau du ciel a lavé ces terres, dé-
« dommage des frais qu'on a faits. Comme elles appar-
« tiennent à plusieurs, ils y travaillent de concert; lors-
« que la terre est à un seul particulier, il faut qu'il paye
« les autres, ou bien que dans d'autres travaux il leur
« donne autant de journées qu'on en aurait employé
« pour lui, et c'est comment ils s'accommodent ordinai-
« rement entre eux. » (Diéreville.)

La rivière circulait parmi ces habitations et ces vergers, les branches des aubiers pendant çà et là jusque dans l'eau; et derrière les feuillées, dans quelque crique retirée, chaque famille tenait ses barques, les unes en écorce de bouleau, les autres creusées dans des troncs d'arbres; elles servaient aux communications journalières, aux transports et à la pêche, car bien des habitants tiraient encore des eaux d'abondantes ressources; les femmes et les enfants se mettaient de la partie, et chez eux, dès le bas âge, c'était plaisir de manier la rame.

« Ils naviguent la plupart du temps en canots de bois
« ou d'écorce, dit Cadillac; les femmes font la même be-
« sogne, ne craignant point l'eau, et presque toutes
« bonnes ménagères ayant un grand naturel pour leurs
« enfants [1]. »

Le cours d'eau était ainsi fort animé, sillonné continuellement par leurs canots, et tout traversé de chansons

---

[1]. Mémoire de La Mothe-Cadillac sur les côtes de l'Amérique du Nord en 1692. (*Archives*).

et de causeries joyeuses; il servait autant que les chemins aux transports journaliers : navigation sous la verdure, bizarre et charmante autant qu'on puisse le désirer; rue ombreuse et fraîche, naturellement peuplée par le bavardage des femmes et des enfants, qui se mêlait au chant des oiseaux; vraie musique du bon Dieu, soutenue en cadence par le battement des avirons, tandis que par intervalles jaillissaient les refrains graves et réguliers des rameurs, comme un hymne solennel du bonheur et de la paix.

Sur cette scène mobile, où foisonnait la vie naïve de l'homme et de la nature, se révélaient à chaque pas en effet, dans la profondeur des bosquets, mille tableaux d'intérieur, saisissants et variés, qui faisaient deviner, sous l'ombre des pommiers et des saules, ce bonheur des misérables : le contentement de leur médiocrité. « Les habitants ne laissent pas d'y être contents, dit « Diéreville, et on n'y parle ni d'impôts ni de tailles.

« Sans avoir appris de métiers
« Ils sont en tout bons ouvriers;
« De leur laine ils se font habits, bonnets et bas,
« Ne se distinguent point par de nouvelles modes,
« Ils portent toujours des capots,
« Et se font des souliers toujours plats et commodes
« De peaux de loups marins, et de peaux d'orignaux;
« De leur lin, ils se font encore de la toile;
« A voir seulement un modèle.
« Ils trouvent tout aisé pour l'exécution;
« C'est comme faire un vers à moi quand j'ai la rime [1] !

« Sauf les asperges et les artichauts, ils ont toutes sortes
« de légumes, et tous excellents; ils ont des champs
« couverts de choux pommés et de navets, qu'ils con-
« servent toute l'année; ils mettent les navets à la cave :

1. Diéreville.

« ils sont moelleux et sucrés, et beaucoup meilleurs
« qu'en France, aussi les mangent-ils comme des mar-
« rons cuits dans les cendres. Les choux restent dans les
« champs la tête renversée, et la neige les couvre qui
« les conserve. On fait de plantureuses soupes avec ces
« deux légumes et de grosses pièces de lard; ils font
« surtout beaucoup de choux, car les cochons en man-
« gent les débris et c'est leur unique nourriture pendant
« l'hiver..... Les chênes et les hêtres y sont très-com-
« muns, et on y trouve des cours ou courtils, aussi bien
« plantés de pommiers qu'en Normandie. » (Diéreville).

Derrière ces heureux bocages, où s'abritait la demeure de l'homme, se prolongeaient jusqu'aux montagnes les longues bandes de terre closes et cultivées qui formaient l'héritage de chaque famille; à leur extrémité dans les terres hautes, elles restaient boisées et confinaient à la forêt sauvage, où l'on allait chasser les bêtes fauves pendant l'hiver. Chez les colons anglais, ces lots de terre formaient des carrés réguliers; chez nos Français, ils furent toujours plus longs que larges, ce qui permettait de rapprocher davantage les habitations sur la ligne de front. Cette disposition du terrain en parallélogrammes allongés se retrouve partout où furent établies des colonies françaises, jusque dans le bassin supérieur du Mississipi, à Saint-Louis, à Kaskaskias, à la prairie du Chien, au saut Saint-Antoine, à Dubuque, à Saint-Paul, etc., etc. Quelques-uns expliquent cette diversité d'habitudes par la différence du besoin de sociabilité chez les deux peuples. En tout cas, l'observateur peut, à la seule inspection du cadastre et d'après la configuration des terres, juger presque avec certitude quelle a été la première origine d'une colonie américaine. Entre les maisons et la rivière se trouvaient les polders; la culture de ces fertiles enclos était la grande affaire des Acadiens, depuis le mois d'avril jusqu'à la fin de novembre, époque où la neige commence à tomber; ils y joignaient l'élève du bétail dans les pâturages des terres hautes, et les soins de la basse-cour.

« L'Acadie produit froment, seigle, bled d'Inde, et
« toutes sortes de légumes, herbes potagères, principa-
« lement des choux cabus, qui y viennent d'une grosseur
« excessive sans y prendre que peu de soin; les plantes
« y réussissent aussi fort bien, entre autres les pommiers
« et les poiriers. On sème le froment depuis le commen-
« cement d'avril jusqu'à la fin de mai, et on fait la ré-
« colte vers la fin d'août; on y élève des bestiaux autant
« qu'on le veut; le bœuf y est d'un goût merveilleux, les
« moutons y sont aussi gros et grands que dans les Pyré-
« nées et en Espagne. On les mène sur la montagne,
« c'est-à-dire à une demi-lieue, où ils s'engraissent extrê-
« mement, à cause de la quantité de serpolet qu'elle
« produit. Les chevaux y sont de belle taille, bien tra-
« versés, forts, la jambe bonne, l'ongle dur, la teste un
« peu grosse, mais on ne prend point de soin pour en
« élever, à cause qu'on n'en trouve point le débit. Il y a
« aussi quantité de volailles, des oyes, des coqs d'Inde,
« et des pigeons francs [1]. »

Lorsque La Mothe-Cadillac écrivait ces choses vers 1690, la population en était déjà à la troisième génération, et les bestiaux, dont l'importation datait de 60 ou 70 ans, s'étaient certainement reproduits douze ou quinze fois depuis lors. Les diverses races d'êtres vivants commençaient donc à être complètement naturalisées, et en subissant les modifications que pouvaient entraîner les lieux et le climat, elles avaient revêtu un caractère approprié à leur nouvelle patrie. Les hommes eux-mêmes avaient

---

1. Mémoire de La Mothe-Cadillac, 1692. (*Archives de la marine.*)

éprouvé cette influence : les enfants des émigrants français étaient devenus les **Acadiens**, et parvenaient à former un petit peuple nouveau avec de nouvelles coutumes, unis par les traditions et les usages que la force des choses leur avait imposés en commun ; un attachement profond à leur foi religieuse, qui se liait intimement à toutes les habitudes de leur vie, maintenait parmi eux cette union et cet esprit d'ensemble qui lui permirent ensuite de vivre en paix pendant si longtemps (de 1710 à 1750), sans police, sans tribunaux et presque sans lois.

Les caractères cependant n'étaient point toujours faciles, parmi ces hommes grossiers que venaient souvent aigrir les difficultés de l'existence au milieu desquelles ils vivaient ; il s'y joignait en outre les défauts propres à la race française, et que l'on retrouve partout où elle s'établit : une certaine légèreté d'esprit, qui s'inspire bien plus volontiers des impressions présentes que des prévisions de l'avenir ; une vanité individuelle, féconde pour quelques hommes qu'elle pousse aux grandes actions, mais qui, dans le commun de la vie, nous rend souvent insupportables les uns aux autres ; peu de subordination, à moins qu'elle ne soit imposée par la force ou l'entraînement ; enfin un grand amour de la critique et du commérage, avec une jalousie innée de ses voisins, suites abusives de notre grande sociabilité.

De là des divisions fréquentes, des coteries, et des difficultés de détail qui tendent à dissoudre les sociétés humaines, quand elles ne rencontrent pas de contrepoids ; un des gouverneurs, M. de Menneval, prétend que son existence en ce pays est un enfer[1] ; un autre, M. de Brouillan, signale les Acadiens comme des *demi*

---

1. Corresp. de M. de Menneval, 7 novembre 1689. (*Archives.*)

républicains. Les gouverneurs anglais, après la conquête, les considéraient comme ingouvernables [1]. La religion seule parvint à assouplir assez ces esprits rudes et chagrins, pour qu'il s'établît et se développât parmi ces êtres *ingouvernables* une société solide qui résista à toutes les traverses; et cependant, malgré l'autorité particulière que leur assurait une foi vive et sincère, les prêtres eux-mêmes qui les dirigeaient ressentirent plus d'une fois les effets de ce caractère difficile.

Il y avait au milieu d'eux comme curé, en 1670, un religieux cordelier nommé *Laurent Molin;* ce fut lui qui exécuta personnellement, allant de porte en porte, le recensement demandé par M. de Grandfontaine. Nous avons vu ce document signé par lui, écrit de sa propre main; c'était un brave homme simple et doux, patient par tempérament ou par vertu, répondant à une rebuffade par un soupir, et passant plus loin avec une révérence, attendant, comme le moine de Sterne, un meilleur moment pour ramener à la douceur le caractère irritable qui venait de le contrister. Il y raconte sans détour comment, en quelques maisons, il fut reçu à contre-cœur et presque avec colère, car les gens soupçonneux se regimbaient contre cette intrusion inaccoutumée de l'administration. Il n'en montre du reste aucun emportement, et son écriture dépourvue de hâte et de prétention, humble et commune sur un gros papier qui buvait, semble jeter aux yeux sa modestie, sa bienveillance, et tout ce poëme d'abnégation ignorée du missionnaire, dont le cœur et l'esprit acceptent un isolement presque sauvage pour le service de Dieu.

« ..... The poor Franciscan made no reply..... but letting his
« staff fall within his arm, he pressed both his hands within resi-

---

1. Notamment Armstrong et Mascarene. (*Archives d'Halifax.*)

« gnation upon his breast, and retired. » (STERNE, *Sentimental Journey.*)

Mais ce même homme les retrouvait à d'autres heures, sous l'impression d'autres sentiments, quand la prière, quand les pratiques et les cérémonies religieuses les ramenaient à la réflexion et à la déférence; il les morigénait alors, et eux, se recueillant en eux-mêmes, se retournaient contre leur propre violence, et refrénaient cette furie d'écart, qui souvent menaçait de tout rompre. Ils se reprenaient alors à lutter d'ensemble contre les difficultés de leur situation, les surmontaient avec courage, et parvenaient à grandir et à s'accroître, au lieu de se laisser entraîner à la dérive par la dureté des circonstances et le désespoir de leur pauvreté.

Dans l'église, ils se groupaient moralement et matériellement; ses fêtes étaient presque les seules fêtes de ces braves gens; ils s'enthousiasmaient de ces mélodies, de ces cérémonies pompeuses, de ces réjouissances champêtres, triomphes agrestes dans lesquels ils se comptaient, s'y retrouvant plus sûrs les uns des autres, unis dans une même idée, une même confiance et une même sincérité, sous l'œil du Dieu tout-puissant. C'est alors que leur curé trouvait, chez ces hommes rudes et grossiers, les esprits mieux disposés à s'assouplir sous ses remontrances, et à s'associer dans une action commune.

Dans le cours que prenaient les passions humaines sur cette scène chétive, aussi bien que dans les plus riches cités, le prêtre était donc le grand modérateur, calmant la fougue de ceux-ci, protégeant la débilité de ceux-là, maintenant le mieux possible chacun dans la juste mesure, de sorte qu'ils ne songeassent point, quand venait la détresse, à s'arracher les uns aux autres le peu que chacun pouvait avoir acquis.

Cet inévitable penchant à la médisance et à la jalousie, que nous signalions tout à l'heure dans le caractère français, nous rend en effet plus difficile qu'aux autres peuples de concerter nos efforts en un ensemble fécond et bien ordonné. C'est pourquoi il a toujours été nécessaire à notre race d'avoir un pivot d'action reconnu et accepté par la masse, une influence qui pût dominer tous les froissements de détail, soit par la subjection de tous à une autorité qui s'impose, soit par l'acceptation d'une idée commune, à laquelle tous se soumettent par la croyance.

Le caractère du prêtre catholique, qui participe à l'un et l'autre principe, dominait de très-haut l'émulation des vanités, l'antagonisme des intérêts, les jalousies mesquines et l'animosité des propos; il devenait presque toujours le centre où l'on venait se consulter ; c'était le conseiller dans les affaires difficiles, le président naturel et accepté des délibérations destinées à mettre en branle les établissements nouveaux, les entreprises de desséchement, de moulins ou de pêcheries (et encore en est-il ainsi aujourd'hui dans ces pays du Nord). La communauté se maintenait de la sorte ; non-seulement elle ne se disloquait point sous l'effort des tiraillements intérieurs, mais encore elle surmontait la fortune, et, en dépit des caprices du sort, elle parvenait à progresser par une expansion constante et bien entendue.

C'est ainsi que vivaient au milieu des brouillards du banc de Terre-Neuve ces tribus singulières, presque séparées du reste des humains, dans les premiers ébats de leur civilisation naissante, partagés entre le souci de leurs travaux et les émotions cordiales d'une foi naïve, entre la joie de leurs chasses et des soucis de guerre qui ne déplaisaient qu'à moitié à leur tempérament gaulois. Qu'on ne croie point du reste que ce soit par fantaisie que nous nous sommes étendus sur ce sujet ; il était nécessaire de noter ces préludes, pour que l'on connût bien comment se forma le peuple acadien, et que l'on comprît mieux les crises qui traversèrent son histoire.

Quoi qu'il en soit, il est visible qu'à cette époque les gens de Port-Royal jouissaient déjà d'une véritable aisance ; ils étendaient dans l'intérieur des terres leurs travaux et leurs défrichements. A partir de 1701, le nombre des habitants se reprit même à augmenter d'une manière normale, bien que les jeunes gens continuassent à remonter vers les Mines, mais ces départs se trouvèrent alors compensés, en partie du moins, par l'arrivée de quelques immigrants français, attirés par les travaux que l'on entreprit alors pour les fortifications et pour l'église.

La seigneurie de Beaubassin était loin de montrer un développement semblable à celui des Mines ; cependant elle avait aussi notablement progressé en toutes choses, progression d'autant plus notable que ce pays avait eu à subir, en 1696, une invasion anglaise, l'incendie de plusieurs maisons, et la perte de beaucoup de bestiaux.

De 1686 à 1693, la population avait un peu diminué, il est vrai, dans cette seigneurie, parce que M. Leneuf de La Vallière ayant cessé d'habiter le pays, sa famille et ceux qui le suivirent au Canada y laissèrent un vide de plus de 20 personnes ; de 129, le nombre des habitants tomba à 118. Mais le bétail s'était fort accru ; il s'y trouvait, en 1693, 309 bêtes à cornes et 280 moutons, un moulin à eau, un à vent et 164 arpents de terre cultivée dont 87 arpents de terres hautes ; ce mouvement de croissance se prononçait de plus en plus, lorsque survint l'invasion anglaise de 1696 ; malgré ce désastre, on trouve encore en 1698 la population fort augmentée (174 âmes). Cette augmentation provenait en partie des mariages et des naissances, et aussi du fait de cinq à six familles venues de Port-Royal : mais le bétail avait souffert de l'invasion ; il ne s'y trouve que 352 bêtes à cornes, 178 moutons et 160 cochons. En 1701, le mouvement ascendant est visible sur toute la ligne : 189 habitants, 379 bêtes à cornes, 306 brebis, 169 cochons. Il ne venait plus cependant depuis plusieurs années aucune nouvelle famille ni de Port-Royal ni d'ailleurs ; le souvenir de l'incursion anglaise, et le mauvais renom de Villieu qui administrait la seigneurie, en écartaient les immigrants ; la colonie s'accroissait donc exclusivement par elle-même. Aucun des recensements ne mentionne jamais les chevaux ; nous en ignorons le motif, mais nous n'en savons pas moins, par l'ensemble des documents, et par plusieurs détails mentionnés par Lamothe-Cadillac, Diéreville et autres, qu'il en existait un bon nombre dans tous les quartiers de l'Acadie.

Cependant, si la seigneurie même de Beaubassin ou Chignitou n'avait réalisé que des progrès relativement lents de 1686 à 1701, la baie de Beaubassin nous présente à cette même époque, sur sa côte occidentale, le spectacle de deux nouvelles colonies, dont nous allons raconter la fondation ; récit d'autant plus intéressant que nous avons pu retrouver, dans les documents d'un procès conservés aux Archives de la marine, de précieux détails, infiniment propres à nous faire connaître les mœurs et les procédés de ce petit peuple acadien, si rempli d'initiative, d'industrie et d'énergie.

VI

LE MEUNIER THIBAUDEAU ET LA SEIGNEURIE DE CHIPODY

Il y avait à Port-Royal un vieillard nommé Pierre Thibaudeau [1], qui figure dans le cens de 1671 comme âgé de 40 ans et marié à une fille acadienne, Jeanne Terriau, âgée de 27 ans, dont il avait déjà six enfants. Il était donc probablement venu en Acadie très-jeune, avant l'occupation des Anglais en 1654, soit vers la fin de la vie de d'Aulnay, soit après sa mort, avec Leborgne ;

Il avait établi un moulin sur la rivière de Port-Royal, à deux lieues de son embouchure, en un endroit appelé la *Prée-Ronde* [2] ; il était laborieux, intelligent, actif, et se créa dans son moulin et dans sa ferme une situation prospère. En 1691, on fut sur le point de lui acheter son bien, pour y transférer le fort situé à l'embouchure de la rivière ; on l'eût rebâti sur un petit monticule rond

---

1. Les descendants de Thibaudeau comptent aujourd'hui 12 ou 1,500 branches, tant en Acadie qu'en Louisiane, où l'un d'eux a fondé une ville, *Thibaudeauxville*, et au Canada, où des négociants considérables et plusieurs membres du Parlement sont sortis de cette famille.

2. Corresp. de Desgouttins. — *Acte du décès de Thibaudeau*, en 1714.

qui domine la vallée à cet endroit [1] ; mais ce projet n'eut pas de suites, et il était encore meunier quand se manifesta ce grand mouvement d'émigration, que nous avons signalé, vers Beaubassin et les Mines.

Bien qu'il eût déjà 67 ans en 1698, se sentant soutenu par 7 grands garçons dont l'aîné avait déjà 28 ans, et pourvu de toutes les avances nécessaires, il voulut, lui aussi, fonder un établissement nouveau [2] ; il arma donc une grande barque où il monta, au printemps de 1698, avec quatre de ses fils, Pierre, Jean, Antoine et Michel, accompagnés d'un de leurs camarades, Pierre Gaudet. Ils se rendirent ainsi au fond de la baie Française, dans la fourche occidentale qui formait la baie de Beaubassin ; laissant alors Chignitou sur leur droite, et poussant tout à fait à l'ouest de la baie, ils rencontrèrent d'abord la rivière de Chipody (Nouveau-Brunswick), puis celle de Peticoudiak dont l'embouchure est comme un bras de mer, et, remontant son cours, ils pénétrèrent jusqu'à la rivière de Memeramcooke. Tous ces cours d'eau étaient bordés d'admirables prairies, que la marée recouvrait en partie ; c'était la même physionomie, la même richesse du sol que dans toutes les autres rivières où s'étaient établis les Acadiens.

Thibaudeau et ses compagnons furent frappés de l'aspect du pays ; on fit *chaudière* sur la rivière Chipody (on appelait ainsi les haltes dans les expéditions de canotage), et, après une exploration attentive des environs, le chef de l'expédition repartit pour Port-Royal, laissant dans un bon campement deux de ses fils et le reste de son monde. Ceux-ci devaient préparer des loges et magasins pour abriter convenablement les hommes ainsi

---

1. Mémoire sur les moyens de conserver l'Acadie. (*Archives de la marine.*)
2. Desgouttins. Lettres du 1er nqv. 1699 et 20 octobre 1702.

que les approvisionnements, et préparer les bois nécessaires pour construire avant l'hiver une habitation sérieuse et solide.

C'était pour s'assurer de tous les éléments nécessaires au succès de son entreprise que Thibaudeau retournait à Port-Royal; et il devait en revenir le plus tôt possible, avec les provisions et matériaux qu'il avait préparés de longue main; il s'arrêta en route à la rivière Saint-Jean, où il vit au commencement de juillet M. de Villebon [1], pour lui faire part de sa découverte et de son projet; le gouverneur l'approuva, l'encouragea, et notre meunier repartit pour Port-Royal, plein de résolution et d'espérance.

Le meunier de la Prée-Ronde était un homme connu et bien posé ; il était réputé pour son habileté et pour sa richesse ; sa fille aînée avait épousé le sieur Desgouttins, commissaire de la marine et administrateur civil de la colonie.

Les récits qu'il fit de son voyage, sa résolution, la promptitude et l'activité de ses préparatifs, frappèrent fortement les esprits déjà tout prédisposés à l'émigration vers des établissements nouveaux ; plusieurs proposèrent de se joindre à lui, mais aucun ne fut plus prompt que Guillaume Blanchart qui lui aussi possédait une grosse barque, qu'il monta aussitôt avec ses deux fils aînés, et il partit de conserve avec Thibaudeau [2].

Celui-ci emportait de la farine pour six mois, des outils, deux bœufs, un cheval, quelques semences ; plusieurs jeunes gens se joignirent à lui pour la campagne, sans qu'il s'obligeât à autre chose qu'à défrayer leur entretien ; quelques-uns d'entre eux se proposaient de

---

1. Correspondance Desgouttins, du 1er novembre 1699.
2. Rapport de Desgouttins du 20 octobre 1702.

prendre des terres de sa main, et de s'établir dans cette nouvelle colonie.

Il arriva dans la rivière de Chipody à la fin de juillet 1698, et y retrouva tout son monde gai et dispos ; ces jeunes gens étant familiers avec les expéditions dans la solitude et avec la vie des bois, une telle existence ne les effrayait en rien, et ils savaient se créer mille ressources là où les premiers émigrants européens n'avaient trouvé si souvent que le dénûment et le désespoir. Les Blanchard se séparèrent ici du convoi, pour aller explorer les rives du Peticoudiak, tandis que Thibaudeau reprenait avec les siens la suite de son entreprise.

On y travailla activement pendant tout l'automne ; au sommet d'une éminence qui dominait la prairie, une maison d'habitation fut bâtie, avec une étable et une grange où l'on serra une forte provision de foin ; sur le versant, on nettoya un bon quartier de terre, destiné à être ensemencé en blé ; tous les débris de la construction et du défrichement y furent brûlés, les cendres répandues sur le sol, et le tout fut clos en entassant les bois abattus sur le terrain, en forme de barrières, comme il est d'usage en Amérique.

Pendant ces travaux, les pionniers, tout en profitant de leurs approvisionnements, trouvèrent de grandes ressources dans la chasse et dans la pêche ; ils se rencontrèrent ainsi souvent avec les sauvages des environs, qui étaient des *Malécites* ou *Maréchites*; ceux-ci vinrent à leur tour visiter à diverses reprises les nouveaux arrivés ; visites amicales et utiles, car de tout temps les sauvages et les Acadiens étaient alliés, par une confiante réciprocité de sympathie et de bienveillance. Les Maléchites étaient eux-mêmes de ces Indiens cultivateurs de maïs, chez lesquels Poutrincourt alla plusieurs fois chercher quelques ravitaillements ; ils venaient néanmoins troquer des pelleteries et du gibier contre du pain européen, et surtout contre de la poudre ou des ustensiles ; malheureusement aussi ils acceptaient volontiers des spiritueux, et nous devons avouer que Thibaudeau ne craignait point les profits de ce genre de commerce [1]. Les Indiens fournissaient encore des renseignements utiles sur la contrée. et notre meunier, qui était habile et prévoyant, fit plus d'une fois avec eux des excursions dans l'intérieur ; il reconnut durant une de ces courses une place favorable pour établir un moulin, et la remarqua soigneusement en homme du métier.

Tous les dimanches on célébrait une messe blanche : c'était un usage consacré dans les nouveaux établissements, et qui persiste encore aujourd'hui, quand les missionnaires ne peuvent venir qu'à des intervalles inégaux et très-éloignés. Tout le monde s'assemble dans le lieu ordinairement consacré aux offices, et là le doyen des pionniers, prenant la présidence de l'assemblée, récite les prières de la messe, entremêlées des chants liturgiques qui sont soutenus en chœur par l'ensemble des assistants. On rencontrait en effet parmi ces pauvres colons, beaucoup plus souvent que nous ne l'imaginons, des personnes sachant lire et écrire ; nous avons été nous-même fort étonné, en parcourant les anciens actes et registres de ces contrées, d'y rencontrer autant de signatures dont plusieurs sont propres et correctement écrites ; on peut même affirmer, sans crainte de méprise. que la proportion des illettrés, bien que considérable, y était moins forte qu'elle n'était dans nos communes rurales du centre il y a trente ans.

Cette expansion relative de l'instruction primaire

---

1. Plaintes contre Thibaudeau dans le mémoire anonyme de 1702, sur l'île aux Cochons. (*Archives.*) — Lettre de M. de Menneval, du 7 novembre 1789.

surprend d'abord dans un pays complétement privé d'écoles. Après la destruction des Récollets, la première école régulière fut établie en Acadie par la sœur Chausson, en 1702. Mais cela s'explique en partie par les habitudes religieuses des populations. De même que chez les peuples protestants l'usage fréquent de la lecture de la Bible a contribué puissamment à entretenir parmi les populations rurales un certain degré d'instruction, de même il en était pour les cultivateurs français, dans les temps où les pratiques religieuses étaient plus strictement et plus fréquemment observées. Il était rare que les curés ne s'attachassent point, d'année en année, à quelques enfants mieux doués que les autres, auxquels ils apprenaient certains éléments des connaissances usuelles; et d'autre part, durant les longues veillées d'hiver, les parents perpétuaient souvent parmi leurs enfants le peu de savoir qu'ils possédaient, savoir que la lecture des livres de piété maintenait, soit dans l'intérieur de la famille, soit dans les réunions publiques.

Ces assemblées dominicales, auxquelles assistaient les sauvages voisins, étaient parfois suivies dans la soirée de quelques jeux violents et d'un grand repas, où se cimentait l'amitié des deux races, dans de longs récits avec force causeries et chansons. Quelquefois un missionnaire parvenait jusqu'au *Camp des pionniers*, à travers ses longs et laborieux pèlerinages, et c'était alors jour de grande frérie, avec office du matin et du soir (il y avait alors à Beaubassin un prêtre résidant, M. Trouvé, des Missions étrangères [1]; et un moine récollet, M. de Noinville, évangélisait les tribus à l'ouest de la baie Française [2]). Plus tard, lorsqu'il y eut des familles et des enfants, le mission-

---

1. Mémoire sur les moyens de conserver l'Acadie. (*Archives* nº 53.)
2. Note trouvée sur les actes de l'église de Port-Royal.

naire s'arrêtait plusieurs jours, confessant les uns, catéchisant les autres, mariant les jeunes couples, édifiant toute la communauté en une sorte de retraite spirituelle, où tout le monde se recueillait dans un campement improvisé, autour de cet homme apostolique.

Cependant l'hiver s'approchait, et il était inutile de passer à Chipody cette rude saison, qui n'eût pas permis de pousser plus avant les travaux d'établissement ; on ferma les bâtiments, en y laissant les gros outillages, et on en confia la garde aux amis sauvages que l'on s'était ménagés, absolument comme avaient fait, un siècle auparavant, le bon Lescarbot et Poutrincourt ; on embarqua le bétail, le menu ménage, et nos gens, pleins de joie et d'espérance, firent voile sur Port-Royal à la fin de 1698.

Cet hiver fut employé à compléter les préparatifs nécessaires pour mener à bonne fin cette grande entreprise, et dès le printemps de 1699 on reprit la mer avec de nouveaux approvisionnements et quatre bœufs ; on trouva tout en bon ordre sous la garde des Maléchites, et on put se remettre promptement au travail. Les approvisionnements de foin assuraient largement l'existence des bestiaux ; le labourage et les semailles furent exécutés de suite ; puis les travaux d'abatis, de défrichement et de construction furent poussés de nouveau avec activité, et on commença même le fossé et l'abboiteau ; les Indiens apportèrent leurs fourrures de l'hiver, et à l'automne, quand le chef de la famille retourna à Port-Royal, il laissa sur place trois de ses fils, Pierre, Antoine et Michel, pour garder son établissement, ses cultures et ses bœufs ; ils devaient en même temps continuer le trafic des pelleteries, plus fructueux en hiver qu'en toute autre saison.

Il arrivait donc à Port-Royal joyeux, frais et dispos, lorsqu'il s'y trouva surpris par un orage que rien jusqu'alors n'avait fait soupçonner. Les Blanchard, qui l'avaient accompagné en 1698, étaient encore venus de nouveau, cette année même 1699, explorer les côtes où ils désiraient s'établir; mais ils étaient retournés à Port-Royal bien avant Thibaudeau, et avaient raconté avec de grands détails leurs excursions, ses travaux, les avantages qu'il pensait en tirer, et jusqu'aux gros profits qu'il réalisait sur les fourrures.

Comme ces causeries se colportaient dans toute la seigneurie, et y faisaient grand bruit, il arriva qu'un des officiers de la petite garnison, M. de Villieu, gendre de M. de La Vallière, le seigneur de Beaubassin, se mit en tête que tous ces événements, se passant dans la baie de Beaubassin, devaient intéresser la seigneurie de son beau-père, car il s'imaginait naïvement que celui-ci étant seigneur de Beaubassin, tout ce qui touchait cette baie devait lui appartenir. De Villieu éprouva donc une grande irritation contre ce qu'il appelait les usurpations et déprédations des Thibaudeau et autres gens de Port-Royal; il se répandit publiquement en menaces contre eux, ne visant à rien moins qu'à faire détruire tous leurs travaux et à les poursuivre devant le gouverneur[1].

Ce fut sur ces entrefaites que Thibaudeau débarqua à Port-Royal: il ne fut pas médiocrement étonné de tout ce bruit, surtout après la démarche qu'il avait faite auprès de M. de Villebon; mais comme il était de sens rassis et expérimenté dans les traverses de la vie, il alla, sans s'effrayer outre mesure, se consulter près de son gendre Desgouttins, le commissaire de la marine, et celui-ci le rassura de son mieux, en écrivant aussitôt à M. de Villebon sur cette affaire.

Les pourparlers traînèrent ainsi pendant l'hiver (1699

---

1. Lettre de Desgouttins du 1er novembre 1799. (*Archives*.)

à 1700), et Thibaudeau, dans cet intervalle, commanda à Boston les mécanismes d'un moulin à blé et d'un moulin à scie, qu'il destinait à Chipody. Les communications avec la France étaient si difficiles, si rares, si peu certaines, qu'il fallait souvent, comme on voit, s'adresser aux colonies anglaises, et sous le coup des nécessités urgentes l'autorité française fermait elle-même les yeux.

Cependant la discussion durait toujours; Thibaudeau et ses amis montraient avec raison que les rivières de Chipody et de Peticoudiak, se versant dans une fourche de la baie, tout à fait séparée de la seigneurie, et fort loin d'elle, ne pouvaient être comprises dans ses limites; d'autre part, M. de Villieu assurait que son beau-père avait toujours considéré cette contrée comme une dépendance implicite de son poste de traite et de sa seigneurie; que l'annexion régulière lui en avait été promise, et qu'il avait toujours envoyé ses agents dans cette contrée, pour faire la troque avec les Indiens.

Le temps se passait donc et le procès allait s'entamer, lorsque Thibaudeau et Blanchard, agissant en gens prudents et pratiques, offrirent à M. de Villieu de prendre des concessions éventuelles, émanant de M. de La Vallière, auquel ils se soumettraient s'il était reconnu seigneur du lieu; tandis qu'elles tomberaient à néant et que la seigneurie leur serait dévolue, si le gouvernement ne reconnaissait pas la légitimité de ses prétentions; ils préféraient un sacrifice aux ennuis et aux pertes d'un plus long retard[1]. Mais Villieu qui avait un caractère hautain et difficile, au lieu de reconnaître la modération de leur conduite, reçut fort mal leurs ouvertures, et ne voulut leur accorder que des concessions de terrain si petites qu'elles étaient dérisoires pour une telle entreprise.

1. Lettre de Desgouttins du 1er novembre 1699.

La négociation fut donc rompue, et Thibaudeau ainsi que Blanchard, chacun de leur côté, demandèrent directement au gouvernement royal qu'il leur fût accordé en fief la rivière Chipody et la rivière Peticoudiak, avec deux lieues de front sur la baie de Beaubassin [1]; ils s'autorisaient de l'exemple de Mathieu Martin, à qui on avait concédé en fief la rivière de Cobeguit; ils alléguaient les frais qui étaient déjà faits, les travaux qu'ils avaient exécutés, et les ressources de toute nature qu'ils avaient réunies dans leurs mains, pour mener promptement à bonne fin une entreprise qui intéressait si fort toute la province.

Comme le gouverneur Villebon demeurait toujours à Pentagoët, et que d'ailleurs il avait donné son assentiment aux projets de Thibaudeau, Desgouttins, qui remplissait le rôle d'administrateur à Port-Royal, expédia lui-même ces demandes en les appuyant formellement; il rassura ces courageux pionniers sur la possession et la jouissance actuelle des terres qu'ils avaient travaillées, et les engagea à attendre l'avenir avec tranquillité et confiance; il est certain qu'il avait lui-même intérêt au succès de ces réclamations, puisque Thibaudeau, un des pétitionnaires, était son beau-père; mais il est non moins évident que le pays tout entier ne pouvait que gagner à l'établissement prompt et solide de ces nouvelles colonies.

. . . .

« Le nommé Guillaume Blanchard et autres habitants
« de Port-Royal, écrit Desgouttins, sont venus ici il y a
« deux jours, pour prendre des concessions dudit sieur
« de Villieu, comme fondé du sieur de La Vallière; mais
« celui-ci ne voulant leur donner que deux arpents de

---

1. Lettre de Desgouttins du 1er novembre 1699.

« front pour fourrages, et de la terre pour semer huit bar-
« riques (de blé), ils se sont en allés sans rien faire. —
« Or il est à remarquer que cette terre n'est qu'une
« prairie et qu'il n'y a aucune profondeur et où un habi-
« tant ne peut pas élever de bestiaux, ce qui retarde l'é-
« tablissement de la colonie et cause un notable préju-
« dies à ses habitants.

« Les nommés Jean, Antoine, Pierre et Michel Thi-
« baudeau, comme étant ceux qui ont découvert ladite
« rivière, et y ont fait le transport à leurs frais, avec leurs
« bâtiments, des habitants qui ont pris des habitations
« dans ladite rivière, supplient qu'on leur accorde, à
« titre de fief, deux lieues de front au lieu où ils ont com-
« mencé leur établissement. Vous ne pourriez, monsei-
« gneur, en gratifier en ce pays de plus dignes sujets. »

1700. — En 1700, au milieu du printemps, Thibaudeau
reprit donc la mer avec tous les siens, y compris sa propre femme ; un de ses voisins, riche cultivateur de Port-
Royal, Jean-François Brossard, lui confia son fils aîné
Pierre, âgé de 18 ans ; ce Brossard s'était établi en Acadie
entre 1671 et 1686, et il avait prospéré dans ses travaux ;
c'était un homme actif, entreprenant, d'environ 50 ans,
auquel souriait assez l'idée d'un établissement nouveau ;
il envoyait donc pour ainsi dire son fils en avant-garde,
pour reconnaître ces fertiles vallées, où lui-même devait
plus tard jouer un certain rôle. Quatre autres jeunes fils
de tenanciers laboureurs, André et Jacques Martin,
Pierre et François Pitre, s'adjoignirent aussi à l'expédition comme explorateurs ; tous étaient dans la force de
la jeunesse, tous appartenaient à d'anciennes familles de
l'Acadie, capables de les soutenir dans leurs travaux [1] ;

---

[1]. Voir et comparer les recensements acadiens de 1686 à 1700. —
Les Martin et les Pitre sortent des recensements de 1671 et 1686.

enfin six autres jeunes garçons avaient été engagés de côté et d'autre par Thibaudeau, qui les prenait à sa solde pour deux ans. Avec ses deux moulins, il embarqua aussi toutes les munitions nécessaires, et une basse-cour complète : un cheval, des vaches, un taureau, des porcs, de la volaille, etc., etc.

En entrant dans la rivière de Chipody, il trouva ses fils qui l'attendaient sur le rivage, car dès la veille ils avaient été avisés par leurs amis les Maléchites qu'on apercevait en mer un navire européen. Bien qu'ils eussent supporté avec courage l'isolement de ce long hivernage, il est facile de comprendre combien leur joie fut grande, et quel accueil cordial et chaleureux on se fit des deux parts. Ces jeunes gens n'avaient point perdu leur temps : de nombreux paquets de pelleteries dans les magasins, avec beaucoup d'ustensiles façonnés ; au dehors des constructions nouvelles, et de vastes amas de bois déjà équarris, témoignaient de leur activité et de leur savoir-faire. Ils n'avaient eu du reste qu'à se louer de leur santé, et après les premières joies de la réunion, après avoir débarqué la cargaison, on put se remettre avec énergie aux travaux d'installation et de culture.

Pendant qu'une partie des travailleurs s'occupait des labours et des semailles du printemps, le surplus des gens termina la confection des fossés et de l'abboiteau, pour entreprendre aussitôt après la retenue d'eau et les écluses sur lesquelles on devait construire le moulin. Tout ce monde était jeune, alerte, habitué à ces sortes de besognes ; unis tous par des sentiments communs et par la simplicité de leurs mœurs, ils étaient dirigés avec habileté par le vieux Thibaudeau. L'ouvrage allait donc à souhait et s'avançait vite ; le printemps, qui était dans toute sa verdeur, ouvrait les âmes à l'espérance, et les inquiétudes sur l'avenir se dissipaient sous le charme puissant des réalités que l'on sent croître et prospérer sous sa main.

Le meunier de la Prée-Ronde se voyait déjà seigneur du lieu, investi d'un titre et d'un fief comme son compère Mathieu Martin ; parmi les jeunes gens qui l'avaient accompagné, plusieurs, nous l'avons vu, avaient l'intention de s'établir sur la rivière après s'être mariés ; il leur désignait leurs lots, on les marquait et on les bornait ; il apercevait dans ses espérances sa seigneurie déjà peuplée et les troupeaux de ses censitaires se répandant dans ces vastes prairies ; chacun de ses fils formait alors autant d'établissements nouveaux dans les contrées désertes qui confinaient à la seigneurie principale. Eh! pourquoi ne l'eussent-ils pas fait? N'avait-il pas amassé tout ce qui pouvait être nécessaire pour les soutenir dans ces entreprises, et d'ailleurs cette colonie qu'il fondait ne devait-elle pas être une nouvelle source de fortune dans ses mains intelligentes et expérimentées?

Ainsi raisonnait ce féodal pionnier, au milieu des joies de sa création grandissante ; déjà elle prenait une figure de prospérité; quand il réunissait les jours de fête, autour d'un festin grossier, mais plantureux, ses fils, ses compagnons de travail et ses amis les sauvages, quand on trinquait, selon le vieil usage, à sa santé et à son bonheur, au milieu de ce désert où il était maître sans contrôle, il pouvait déjà se croire seigneur et puissant, entouré des hommages de ses censitaires et de ses voisins!

A l'automne de 1700, les bâtiments se trouvaient complétés et l'installation terminée ; les prairies étaient bordées par 700 toises de fossés et d'abboiteaux[1] ; sur ces terrassements, on avait planté, selon l'habitude, de jeunes saules qui déjà verdissaient; une petite, mais

---

1. Lettre de Desgouttins du 2 octobre 1702. (*Archives.*)

heureuse récolte, levée dans les abatis, justifiait les espérances que l'on avait conçues ; de nombreuses couvées caquetaient avec les poules autour de la maison, de jeunes génisses étaient nées, prémices de l'avenir bondissant dans les prés ; et le moulin, dans ces solitudes, tournait pour la première fois !

Guillaume Blanchard, ne s'était embarqué que longtemps après les Thibaudeau, pour venir préluder à son établissement sur le Peticoudiak ; en passant à Chipody, il donna quelques nouvelles. On attendait toujours à Port-Royal les réponses de la France, et on annonçait le retour prochain du gouverneur au véritable chef-lieu de la colonie ; du reste, tout était paisible, et il confirma nos gens dans leur confiance et dans leur courage. Il était lui-même accompagné de ses trois fils aînés, René, Antoine et Jean, de son gendre Olivier Daigle, et de ses neveux, fils de Pierre Godet le cadet, qui avait épousé sa sœur. Ils venaient tous ensemble commencer quelques travaux d'installation sur le Peticoudiak qu'ils avaient exploré l'année précédente ; plusieurs d'entre eux avaient dessein de s'associer à la fortune de Guillaume Blanchard, et de se préparer aussi un établissement pour l'avenir à côté du sien ; on les vit bientôt à l'œuvre, abattant les bois de charpente, les équarrissant et les empilant pour leurs constructions premières ; ces travaux, selon l'habitude, étaient entremêlés de chasses et de courses dans l'intérieur, et les deux camps de pionniers se trouvaient à une si faible distance, qu'ils se réunissaient de temps à autre, soit aux messes blanches, soit dans quelque festin ; réunions pleines de joie et d'entrain, où se retrempait leur courage dans une heureuse communauté d'idées, de sentiments et d'espérances.

Les ressources de l'existence étaient dès lors bien plus larges et bien plus faciles que l'année précédente ; on recourait encore à la chasse et à la pêche, mais les vaches fournissaient abondamment du lait et du beurre, le moulin donnait de la farine fraîche et des planches, un beau semis de maïs, fait en débarquant, avait permis d'élever et de nourrir beaucoup de jeunes porcs avec de jeunes volailles, et au printemps on avait pu fabriquer cette boisson du Nord, déjà familière aux Acadiens, que l'on nomme maintenant *spruce-beer*[1]; elle se produit par la fermentation des bourgeons de sapin, mais les Acadiens y mêlaient, au moment de la cuvée, une certaine quantité de mélasse, ou même d'eau-de-vie, dont Thibaudeau, nous le savons, tenait magasin, et on s'était ainsi assuré une boisson forte, parfumée, très-agréable et abondante. Les blés d'hiver furent semés sur une plus large échelle; déjà de vastes abatis avaient éclairci un grand espace autour des habitations; au milieu de ces blés naissants, on voyait encore en grand nombre s'élever les squelettes noircis des arbres, que le feu avait atteints sans les dévorer entièrement. Alors comme aujourd'hui, on cultivait tout autour, sans prendre la peine de les arracher; le temps les consume peu à peu; au bout de quelques années, ils succombent sur leurs racines pourries, et les uns servent de bois de chauffage, tandis que les autres, accumulés sur les bords, forment de grossières clôtures.

En attendant cette chute définitive, leurs formes noires et décharnées se dressaient çà et là, au milieu des moissons jaunissantes, comme les spectres fantastiques des vieux génies gardiens du Nouveau-Monde; vaincus sous l'étreinte des hommes blancs et d'une civilisation inconnue, témoins forcés de la destruction de leurs forêts et des outrages subis par la nature vierge, ces géants tordus d'épouvante et d'horreur projetaient leurs longs

---

1. Diéreville.

bras, leurs ombres menaçantes et bizarres, comme une malédiction débile, sur ces entreprises impies qu'ils n'avaient pu conjurer.

Les audacieux qui bravaient ainsi la majesté de la solitude et l'antique quiétude des forêts n'étaient guère pourtant qu'une vingtaine de pauvres laboureurs et de chasseurs rustiques : mais ils avaient pour eux le génie plus puissant d'une civilisation savante et industrieuse ; et la simple tradition de ses enseignements leur suffisait, à eux grossiers et ignorants, pour dompter toutes les sauvageries de la nature brutale, avec quelques outils et un peu de méthode.

Dans la seule colonie de Chipody, on comptait alors dix-huit personnes : Thibaudeau père avec sa femme, une fille et quatre de ses fils, *Pierre, Antoine, Michel* et *Charles;* Pierre, fils de Jean Brossard, André et Jacques Martin, Pierre et François Pitre, plus six engagés. Non-seulement Thibaudeau, sur sa petite colline, avait édifié son manoir en forte charpente, ses magasins et tous ses bâtiments, mais le jeune Brossard, de concert avec les frères Martin et les frères Pitre, construisaient à leur temps, sur les lots qu'ils avaient choisis, des loges (*log-houses*) en bois brut, première ébauche d'une installation prochaine ; Brossard avait choisi pour son père un premier lot de 200 arpents ; chacun des Martin et des Pitre en avait pris 100. Déjà on avait cueilli et battu une récolte, la seconde verdissait au soleil ; le moulin formait le fonds du tableau, tandis qu'au premier plan le troupeau de vaches, déjà bien accru par les naissances, profitait des derniers pâturages de l'automne, en compagnie de plusieurs bandes bruyantes de pourceaux gros et petits.

Des amas considérables de charpentes et de madriers, sciés au moulin, s'étalaient sur le rivage, prêts à être employés ou emportés, car on pouvait à Port-Royal embarquer pour la France des bois façonnés [1] ; les magasins, pleins de fourrages et d'approvisionnements de toute sorte, permettaient de braver sans crainte les rigueurs de l'hiver ; une seule chose manquait encore pour compléter l'installation de la colonie, c'était l'inauguration de la famille, avec son cortége de femmes et d'enfants ; Thibeaudeau avait bien amené avec lui sa vieille compagne Jeanne Terriau, qui avait donné le jour à onze enfants, et qui, vigoureuse encore, avait présidé avec une de ses filles à l'établissement de la ferme, de la basse-cour et de la laiterie ; mais ce n'était qu'un séjour passager, et déjà même elles avaient pris les devants pour retourner à Port-Royal, afin de veiller aux intérêts de la maison ; il fallait donc attendre maintenant le mariage de quelqu'un de ces jeunes gens, déjà installés dans le pays sur ces concessions territoriales, qu'ils avaient choisies et sur lesquelles ils voulaient s'établir.

Cet événement ne pouvait pas beaucoup tarder, car plusieurs d'entre eux annonçaient déjà leurs projets de mariage pour cet hiver, et comptaient à cette fin retourner à Port-Royal avec le vieux meunier ; celui-ci, en effet, certain désormais d'avoir assis son entreprise sur des bases solides, et d'avoir même assuré sur place la production d'une forte partie de ses vivres, songeait à quitter Chipody, pour aller donner ses soins aux affaires de toute nature qu'il avait laissées derrière lui. Il partit donc à l'entrée de l'hiver, sur la fin de 1700, laissant sur sa ferme trois de ses fils, Pierre, Michel et Charles, avec un des Pitre et 6 jeunes engagés.

Rien de nouveau n'était survenu à Port-Royal : les difficultés suscitées par M. de Villieu étaient toujours

[1]. Voir le chapitre v.

pendantes, car les décisions que l'on attendait de France à ce sujet n'étaient point encore arrivées; Desgouttins confirma son beau-père dans ses espérances, puis celui-ci débarqua sa cargaison, car il rapportait à chaque voyage les pelleteries qu'il avait achetées, et le produit de leur vente l'aidait efficacement dans les dépenses qu'il faisait à Chipody.

On s'étonnera peut-être de voir qu'un faible commerce, dans un canton très-restreint, pût donner des bénéfices satisfaisants dans cette entreprise coloniale, alors que De Monts, Poutrincourt, d'Aulnay, Le Borgne et tant d'autres n'avaient trouvé dans leur trafic qu'une rémunération médiocre et souvent de ruineuses déceptions, bien qu'ils eussent le monopole du commerce dans toute la contrée! Mais il convient de remarquer : 1° que l'Acadie vivait désormais pour une forte part sur ses propres produits, et qu'elle était ainsi dégrevée des frais considérables que les approvisionnements de toute nature entraînaient dans le principe ; 2° que Thibaudeau, qui pourvoyait à tout par lui-même ou par les siens, opérait d'une manière moins onéreuse d'une part, et plus profitable de l'autre, que les seigneurs et les compagnies qui présidaient aux travaux du premier établissement.

1701. — Aussitôt que Thibaudeau eut vaqué aux soins de son débarquement, il regagna son moulin de la Prée-Ronde, où il passa l'hiver au milieu des siens, et, dès le mois de mai 1701, il expédia des munitions nouvelles à ses fils. Comme André et Jacques Martin s'étaient mariés pendant l'hiver, ainsi que Jean Pitre, ils s'embarquèrent tous, avec leurs jeunes femmes, pourvus de bestiaux et d'une grande quantité d'ustensiles de ménage et de culture, pour s'installer sur les défrichements qu'ils avaient préparés l'année précédente. Cet arrivage fut une grande fête pour les gens de Chipody : chacun se mit à l'œuvre afin de faciliter l'établissement des jeunes gens ; ils furent provisoirement accueillis dans le manoir de Thibaudeau, où les nouvelles épousées prirent aussitôt la charge de la basse-cour.

Jacques Martin, qui avait pris pour femme une des filles de Jean-François Brossard, avait été accompagné par son beau-père et sa belle-mère, qui voulaient se rendre un compte exact de la situation de leur gendre, et visiter la terre que leur propre fils avait prise à rente, et déjà préparée en 1699 et 1700 ; ils en furent si satisfaits qu'ils marquèrent de nouveau, à quelque distance, un autre lot de 300 arpents de terre, qu'ils retinrent sous les conditions ordinaires, mais avec cette réserve, « que Thibaudeau fût confirmé dans sa sei- « gneurie, car ce genre de contrat était purement réel « entre le fief et le manoir ». Comme on avait con- « struit, l'année précédente, plusieurs logements, et que les bois de charpente, tout préparés, étaient amassés sur place, chacun fut très-promptement établi chez lui, et le cours habituel les travaux de la culture reprit activement.

Il en était de même au Peticoudiak ; Blanchard avait installé ses logements et commencé ses défrichements l'année précédente, il revenait maintenant avec tout ce qui était nécessaire à son établissement ; et trois de ses neveux qui l'avaient toujours accompagné dans ses expéditions, Antoine, Germain et Guillaume, fils de son beau-frère *Pierre Godet* le cadet [1], s'étaient décidés à se

---

1. Voir le rapport de Desgouttins du 2 octobre 1702 et les recensements de 1686, 93, 98, etc. (*Archives de la marine.*) — Ce nom s'écrit *Gaudet* ou *Godet*, et les membres de cette famille sont très-nombreux, non-seulement dans le Nouveau-Brunswick, mais en Canada et en Louisiane ; il y avait aussi une branche métisse de cette famille sur la côte de l'Est, qui paraît dater de 1630 à 1660. (*Actes de Port-Royal.*)

fixer près de lui; leur père lui-même était très-porté à suivre cet exemple avec toute sa famille.

Tout ce monde travailla hardiment pendant l'été, et ces efforts ne furent point infructueux, car lorsqu'ils quittèrent la rivière, à l'entrée de l'hiver, tout était prêt : les maisons grossières, mais solides, leurs étables pleines de fourrages, et des amas de bois de toute nature établis dans les cours; tout le gros outillage de la ferme était déjà façonné, charronné, disposé à entrer en œuvre. Blanchard laissa cette année à la garde de son domaine de Peticoudiak deux de ses fils et son gendre Olivier Daigle, avec sa femme et un petit enfant; il n'y avait plus lieu du reste de redouter l'isolement en cet endroit, maintenant que l'établissement de Thibaudeau était régulièrement habité.

Dans la seigneurie de Chipody se trouvaient en effet : deux des fils de Thibaudeau dans le manoir paternel avec leurs engagés; Jean Pitre, André Martin et Jacques Martin, chacun en leur maison avec leurs femmes, et chez ce dernier Jacques Martin demeurait aussi sa belle-mère, la femme de Jean-François Brossard, qui avait voulu passer l'hiver près de sa fille récemment accouchée. Cette vaillante mère de famille, ainsi que son mari, avaient été émerveillés de la beauté et de la richesse du pays; tout en y prenant une nouvelle terre, ils avaient conservé pour leur compte celle que leur fils avait déjà commencé à défricher les années précédentes. Leur dessein était de le laisser sur leur terre de Port-Royal, et d'aménager pour chacun des autres fils, sur la rivière de Chipody, une ferme toute préparée pour le moment de leur mariage. Tous ces nouveaux ménages devaient ainsi se trouver groupés autour de la maison que Brossard allait fonder, et pendant deux générations peut-être on pouvait espérer en agir de la sorte [1]! Ainsi avaient raisonné Jean-François Brossard et sa bonne femme Catherine Richard.

Après maintes conversations et délibérations, il fut donc décidé que Catherine resterait près de sa fille et du petit enfant, pendant que Jean-François, retournant à Port-Royal, prendrait toutes les dispositions nécessaires pour transporter à Chipody le bétail, les outils, les approvisionnements destinés à la nouvelle demeure qu'ils se proposaient de fonder; Catherine de son côté devait, avec le concours de son gendre et au besoin avec l'aide des Thibaudeau, améliorer les préparations déjà faites par leur fils, perfectionner le bâtiment, ramasser des fourrages, façonner des bois de charpente, suivre et développer la culture dans les premiers défrichements déjà exécutés. C'était une femme entendue et rude aux travaux de la terre; son mari lui laissa quelque argent, et pendant tout l'hiver notre digne matrone fut le centre de l'activité, de la gaieté et de la vie sociale, dans ce quartier désert, où les neiges de janvier virent pour la première fois les familles européennes rassemblées autour des âtres pétillants et joyeux du ménage domestique. C'est ainsi que finit dans les seigneuries de Chipody et de Peticoudiak l'année 1701.

1702. — Les environs de Chipody et de Peticoudiak montrent encore à l'heure qu'il est de fort beaux restes de bois francs, mais alors tout le pays était couvert d'admirables futaies, dont les débris actuels ne peuvent donner une juste idée; il faudrait aller de nos jours jusque dans le comté de Cumberland (*Nouvelle-Écosse*) pour retrouver ces grandes voûtes ombragées par le

1. Étude comparée des recensements de 1693, 1698, 1700, 1701. Nous avons pu, dans ces derniers temps, observer encore cette pratique dans plusieurs établissements nouveaux de l'Amérique du Nord.

feuillage des chênes et des érables qui ornaient alors les collines des comtés de Westmoreland et d'Albert. Ces érables surtout avaient de suite fixé l'attention de nos Acadiens, et au printemps de 1702 tous les gens de Chipody et de Peticoudiak, étaient occupés sous ces futaies aux travaux et aux joies de *la sucrerie*. C'est une des grandes fêtes en effet des populations de l'Amérique du Nord que la fabrication du sucre d'érable, et quelles que soient les traverses de bonheur ou de malheur qui aient secoué l'existence de l'homme, les enfants du Canada, de l'Acadie et de la Nouvelle-Angleterre n'oublieront jamais ces fêtes de l'érable, qui ont parsemé leur enfance de tant de joies et d'innocents plaisirs.

Au moyen d'incisions pratiquées dans le tronc des arbres, on recueille leur séve, et cette séve est placée sur un grand feu, dans de vastes chaudrons où se forme et se clarifie la liqueur sucrée; à mesure qu'elle se cuit et s'épaissit, on en extrait toutes sortes de produits variés, depuis une boisson chaude et agréable jusqu'à des tirées de bâtons souples et dorés comme nos sucres d'orge; enfin, quand le jus précieux a atteint le point voulu de densité, on le verse dans des moules de formes diverses, où les jeunes artistes peuvent donner carrière à leur imagination et à leur adresse; là il se durcit en refroidissant, et voilà la provision de sucre serrée pour l'année.

Nous voyons d'ici toute cette scène qui se passe en plein air, au milieu des futaies, sous les premières effluves du printemps; elle est animée par le va-et-vient de ceux qui cueillent la séve, par les grands feux de bivouac dispersés dans le bois, par l'émulation des cuiseurs et la naïve gourmandise des enfants, par les ris, les chansons, les clameurs de ceux qui dégustent, et il est facile de pressentir comment elle ne le cède en rien pour la gaieté à nos vendanges, qu'elle surpasse infiniment, par la poésie du site et l'originalité générale du tableau.

Tel était le spectacle d'entrain rustique et de joie familiale que présentaient les collines de Chipody, lorsque Jean-François Brossard entra dans la rivière, au printemps de 1702, avec toute une cargaison de bétail, de harnais, d'outils et de provisions variées : 10 bêtes à cornes, des porcs, de la volaille, deux jeunes engagés loués chez ses voisins. tout cela fut bientôt installé et mis en place dans la ferme nouvelle, que la bonne Catherine avait soigneusement aménagée pendant l'hiver [1]. Jean-François amenait avec lui sa seconde fille Marie-Anne, et il apprit à sa femme que le mariage de leur fils aîné aurait lieu durant l'automne ; il annonça aussi au manoir de Thibaudeau la prochaine arrivée du seigneur meunier ; quant à lui, il se proposait de rester jusqu'à la fin d'août, pour retourner alors avec tous les siens assister à la noce à Port-Royal ; mais, en attendant cette fête, il voulut planter la crémaillère dans sa nouvelle demeure, dès le surlendemain de son arrivée, et il donna un grand banquet dans lequel il réunit toute la colonie, avec quelques chefs des Maléchites.

Un mois après environ, une seconde barque atterrit sur ce rivage ; c'était le vieux Thibaudeau qui venait visiter son fief, accompagné, lui aussi, de sa femme, de plusieurs de ses enfants et de deux jeunes garçons qui venaient prendre la place de deux de ses engagés dont le temps allait expirer. Quoiqu'il fût déjà pressé par l'âge, et encore très-inquiet du résultat de ses démarches et de ses espérances, il avait voulu néanmoins visiter ce vaste domaine

---

[1]. Consulter et comparer les recensements et les relevés des bestiaux de 1698 à 1701.

qui lui était cher à tant de titres, et qui lui avait déjà coûté tant de travail, tant d'argent et tant de soucis. Ses deux fils Pierre et Charles, qui avaient hiverné dans le manoir, l'attendaient, et il fut reçu en véritable seigneur : Jean-François Brossard, bien qu'il fût en quelque façon son compère, se reconnaissant censitaire du fief, vint en tête de tous les hommes le complimenter; trois sauvages qui étaient avec eux lui présentèrent des colliers de porcelaine, et quand il parcourut les sucreries, partout on lui présenta la tirée d'honneur avec force clameurs et coups de fusil. Comme il redescendait la côte, il alla jusqu'à son moulin qui formait l'établissement le plus éloigné sur le haut de la rivière; il le visita avec soin et ordonna en connaisseur les réparations à faire, soit dans la voie d'eau, soit dans le mécanisme: de là s'asseyant sur un rocher, qui dominait le moulin, il put embrasser d'un coup d'œil toute cette colonie qui lui devait l'existence.

Bien que son âme fût assombrie par les difficultés contre lesquelles il luttait et par les dernières nouvelles qu'il rapportait de Port-Royal (la guerre était sur le point d'éclater entre la France et l'Angleterre), il sentit s'éveiller en lui l'émotion d'une juste fierté et se ranimer tous les rêves de ses espérances. Autour de son manoir, il voyait déjà s'élever cinq fermes; plusieurs grands hangars étaient en outre dispersés dans les terres. Le bétail, l'épaisse verdure des blés, les feux de la sucrerie, le mouvement des travailleurs, le bruissement de la chute d'eau jetaient sur tout le paysage une vive animation qui remuait le cœur du vieillard; ces établissements progressaient à vue d'œil, tout ce monde était heureux; et c'était lui, un pauvre homme sorti d'un sillon de la terre, qui à force de travail, d'économie, d'intelligence et d'activité, avait créé la vie et la fécondité au milieu du désert; c'était à lui que chacun de ces jeunes ménages devait son bonheur et ses espérances, et si la France, agrandissant son domaine, étendait la patrie jusque sur ces côtes, n'était-il pas un des instruments utiles de cette grande œuvre?

Il se revoyait dans un horizon lointain, lui simple garçon de ferme du Poitou, quittant le foyer paternel entouré d'une famille trop nombreuse, n'ayant pour toute fortune que son courage et sa bonne humeur, avec un petit paquet au bout de son bâton; il s'était engagé à la Rochelle au service de Le Borgne, alors que celui-ci tâchait de faire valoir la succession de d'Aulnay; il se rappelait avec tressaillement les premiers écus qu'il avait serrés sur ses gages; il comptait alors retourner au pays rejoindre son vieux père! Mais il fit connaissance de Jeanne Terriau, son patron lui offrit une concession de terre dans la seigneurie, il savait la terre fertile, il se sentait laborieux et entreprenant; il tenta la fortune, et la fortune lui sourit. Tout ce qui l'entourait en ce moment lui rappelait les souvenirs de cette époque : ce pauvre ménage qu'il façonnait lui-même et qu'il installait avec sa femme, dans la loge qu'il avait construite, les travaux si rudes qu'ils avaient supportés ensemble durant les premières années, le strict nécessaire dont il fallait se contenter, et la douce confiance de leur affection mutuelle, qui les avait soutenus dans ces épreuves.

Combien était différente aujourd'hui la situation de ceux qui s'établissaient dans la contrée! Il s'était créé de grandes ressources en Acadie, le bétail et les provisions abondaient, les parents pouvaient maintenant venir en aide à leurs enfants, et tous ces pionniers qui travaillaient sous ses auspices trouvaient encore, dans les grandes dépenses qu'il faisait sur son fief, un subside précieux qui facilitait leur établissement.

Ces pensées, le ramenant naturellement sur sa propre famille, le rappelèrent bientôt à un grand projet qu'il avait en tête, et qui était même un des principaux motifs de son voyage; il s'agissait de marier son fils Pierre, celui qui depuis trois ans conduisait l'exploitation de la seigneurie; il songeait à le marier à Marie-Anne Brossard, la propre fille de ce Jean-François Brossard, qui venait, nous le savons, dans le dessein bien arrêté de se fixer à Chipody avec toute sa famille.

Le jeune Thibaudeau était laborieux, très-rangé, d'allure un peu sévère, et le père avait résolu de le placer définitivement à la tête de ses affaires en ce canton. Cinq années plus tôt, s'il eût obtenu de suite la concession de ce fief, il fût venu sans aucun doute s'y installer lui-même; mais aujourd'hui il sentait plus lourdement le poids des ans, sa santé commençait à s'ébranler, et, quelle que fût l'issue de ses instances, il ne pouvait plus penser à venir résider à demeure dans sa seigneurie; mais il entrait dans ses plans que ce fief, s'il l'obtenait, ne fût point partagé : il voulait l'attribuer à un seul de ses fils. Déjà il avait établi aux Mines, vers 1690 (dans un temps où il ne songeait pas encore à prendre de seigneurie), l'aîné de tous qui se nommait aussi Pierre [1]; s'il avait choisi celui-ci pour Chipody, bien qu'il ne fût que le quatrième fils, c'était à cause de son caractère, qui lui, semblait plus propre que celui des autres à remplir le rôle qu'il lui destinait; il avait en outre placé près de lui, et comme sous sa tutelle, le septième et dernier de ses fils, nommé Charles, afin qu'il pût trouver facilement près de son frère un établissement convenable dans ce canton nouveau.

1. Voir les recensements de 1693, 1701 et 1707.

Voyant donc le père Brossard déterminé à se fixer avec tous les siens à Chipody, il avait pensé non sans raison que rien n'était plus convenable, pour consolider la situation de son fils, que son union avec la fille de ce riche *habitant*, qui allait devenir le doyen d'âge de la seigneurie, en même temps que le plus notable de ses censitaires. Déjà les préliminaires de cette union avaient été posés entre les deux familles, et, tout en regagnant le manoir, Thibaudeau, roulant ces projets dans sa pensée, résolut d'en presser la réalisation, sans se laisser surprendre par les dangers de la vieillesse et le risque des événements. Au point où en étaient les choses, ce ne fut point une besogne difficile; au commencement de juin, Pierre Thibaudeau et Marie-Madeleine Brossard furent fiancés, et on convint qu'aussitôt après la saison des travaux les deux familles se rendraient à Port-Royal, pour faire consacrer leur mariage.

Thibaudeau avait aussi amené avec lui, cette année 1702, quelques passagers pour Peticoudiak; c'étaient deux neveux du futur seigneur de Peticoudiak qui avaient épousé ses deux filles. Quant au chef de la colonie, Guillaume Blanchard, le père de ces deux jeunes femmes, il n'avait pu les accompagner et venir visiter son manoir et ses terres, mais il envoyait à sa place ses deux fils puînés Antoine et Jean; leur barque les conduisit directement dans leur rivière, où les attendait Daigle, leur beau-frère, qui avait passé là l'hiver avec tous les siens. Ces deux établissements présentaient alors un noyau de population déjà considérable, dont l'état suivant donnera une idée précise :

1702 HOMMES ET FEMMES	Enfants.	Chevaux Vaches.	Moutons.	Porcs.
CHIPODY				
Pierre Thibaudeau — Jeanne Terriau....	»	»	»	»
4 garçons — 4 engagés — 3 métis.......	»	18	18	24
J.-Fois Brossard — Catherine Richard....	2	8	4	8
André Martin — Edmée N.............	2	3	»	3
Jacques Martin — Madeleine Brossard...	1	4	»	3
Jean Pitre — Anne Commeaux.........	1	3	»	4
Pierre Pitre — Marie Martin..........	»	»	»	»
Germain Savoye, ses deux fils, et Julien Lord, passagers à Chipody.............	»	»	»	»
PETICOUDIAK				
Jean et Antoine Blanchard............	»	»	»	»
Olivier Daigle — Jeanne Blanchard, avec 2 engagés.................	3	10	2	20
Antoine Gaudet — Anne Blanchard.....	»	2	»	1
Germain Gaudet — Élise Blanchard.....	»	2	»	1
Guillaume Gaudet.................	»	»	»	»

Il s'y trouvait donc, au printemps de 1702, 48 habitants dont 3 métis engagés, 3 chevaux, 47 bêtes à cornes, 24 moutons et 64 porcs.

Pendant tout l'été, les deux petites colonies se visitèrent souvent, et se réunirent quelquefois; c'était plaisir de voir, les dimanches, toutes ces jeunes femmes, au bras de leurs maris, se promenant dans les prairies toujours fraîches de ces vallées, et se rassemblant le soir sous les auspices de la mère Brossard, dont la verte vieillesse et l'intarissable entrain jetaient une animation toujours nouvelle au milieu de ces scènes de bonheur; sa fille, pleine de gaieté comme elle, mais encore rougissante dans ses émotions virginales, recevait les compliments et confidences de son fiancé, le grave Thibaudeau, grand garçon de belle prestance, mais dont le naturel sérieux imprimait à sa tendresse une certaine dignité mélancolique. A la suite de ces veillées, les jeunes garçons de Chipody allumaient de grandes torches de résine et reconduisaient les gens de Peticoudiak jusqu'à leur rivière, en chantant de vieux noëls ou quelques gais refrains; mais on ne se séparait point avant que le vieux Thibaudeau n'eût présidé à la prière du soir, en donnant à l'assistance sa bénédiction de patriarche et de seigneur.

Ce dernier avait depuis longtemps réexpédié sa barque à Port-Royal; en homme prudent et qui voyait arriver la guerre, il avait fait acheter, aussi bien à Boston qu'aux navires qui venaient de France, des outils, du fer, de la poudre, quelques étoffes et des marchandises de troque, afin d'assurer l'approvisionnement de sa *seigneurie*, si les événements venaient à interrompre les relations longtemps; ce chargement lui parvint dans le mois de juin. Il le fit placer de son mieux dans ses magasins et dans le manoir; mais il avait eu soin aussi, durant ce dernier séjour, de faire ébaucher au milieu des futaies qui couronnaient les terres hautes, à 2 lieues environ de la rivière, derrière une petite crique qui la protégeait, une forte bâtisse en grosses pièces de bois brut, où l'on pût serrer les marchandises en cas d'alerte, et où chacun pût en même temps mettre à couvert ses objets les plus précieux ; cette loge, commencée sous sa direction, devait être terminée pendant l'hiver.

Sur cette barque était aussi revenu Pierre Pitré, qui avait été se marier à Port-Royal, et un habitant nommé Germain Savoye, accompagné de deux de ses fils ; il y avait déjà longtemps que ce Germain Savoye était tenté de suivre la fortune de Thibaudeau. Il venait donc visiter la contrée et il en fut charmé ; il désigna même les lots où il désirait plus tard voir s'établir ses enfants ; mais les circonstances s'opposèrent à la réalisation de ce désir, et c'est seulement huit ou dix ans après que toute cette famille put venir se fixer sur ces côtes, que ses descendants devaient ensuite peupler en si grand nombre [1] ; on peut penser combien ces nouveaux venus furent alors cordialement accueillis et festoyés par tous les colons.

La récolte du foin a toujours été une grosse affaire dans ces grandes vallées, et encore aujourd'hui on expédie chaque année vers la Nouvelle-Angleterre des navires entièrement chargés de foin ; en 1702, la fenaison devint l'occasion d'une fête en l'honneur de Thibaudeau : quand tout fut fauché, ramassé en meules et presque rentré, la dernière voiture attelée de quatre bœufs fut ornée de fleurs et de feuillages ; le vieux meunier, encore vigoureux malgré ses 74 ans, se hissa au sommet avec sa femme et sa future belle-fille ; toute la jeunesse, hommes et femmes, se groupa autour du chariot, tandis que Jean-François Brossard et Germain Savoye, les doyens d'âge, se mettant à la tête des bœufs, ouvraient la marche. Le cortége arriva ainsi jusqu'au manoir, riant, chantant, folâtrant et poussant des hourras ; là

---

1. Recensements de Chipody en 1752. (*Archives de la marine.*)

on rencontra sur le seuil la mère Catherine Brossard toute parée et toujours joyeuse ; elle se répandait en compliments, et montrait, avec force gestes, une grande table dressée sur l'herbe, où tout le monde devait se réunir pour le banquet du soir.

Le soleil, quoique déjà sur le penchant, était encore dans tout son éclat, le paysage resplendissait de vie, la voiture, que le soleil prenait de flanc, était enveloppée de ses rayons dorés, et les cheveux demi-flottants du patriarche, légèrement agités par le zéphyr, brillaient sous cette lumière en reflets argentés. Ce vieux pionnier aux habitudes rustiques, d'un caractère rude et peu familier avec les délicatesses du sentiment, se trouva pourtant ému par cette scène ; en remerciant ses enfants, ses amis, ses censitaires, en jetant un long regard fier et satisfait sur toute cette œuvre qui était la sienne, les larmes le gagnèrent avec une sorte de mélancolie, comme s'il eût prévu que cette fête était sans lendemain et cette bénédiction la dernière qu'il eût à donner aux hommes et aux choses de ce pays, qu'il ne devait plus revoir !

Peu de jours après, le petit bâtiment étant prêt à mettre à la voile, Thibaudeau s'embarqua avec sa femme, son fils Pierre, les Brossard, sa bru future et les Savoye pour Port-Royal, où ils arrivèrent au commencement d'août 1702. La première nouvelle qui frappa leurs oreilles en débarquant fut la déclaration de guerre entre la France et l'Angleterre ; loin d'ébranler leurs projets, cette nouvelle confirma leur résolution ; on hâta les préparatifs du mariage, et un mois ne s'était pas écoulé depuis leur arrivée que les deux jeunes époux reprenaient la mer (septembre 1702)[1] ; le père Brossard

---

1. Correspondance de Desgouttins de 1702.

et sa femme, qui venaient de marier leur fils aîné, se joignirent à eux, et ils partirent, emportant les uns et les autres mille vœux et mille témoignages d'amitié des habitants de la vieille seigneurie, dont la moitié étaient leurs parents ou leurs alliés.

Ces mariages avaient répandu dans tout Port-Royal une atmosphère de fête et de bonne amitié dont M. de Villieu profita pour faire à Thibaudeau et à Blanchard des offres de compromis, qu'il eût peut-être été sage à ceux-ci d'accepter; il consentait au nom de M. de La Vallière à agréer leurs conditions premières, c'est-à-dire de les reconnaître comme propriétaires, non-seulement des terrains qu'ils avaient défrichés, délimités et occupés, mais même de la totalité des rivières et des vallées auxquelles ils prétendaient, s'ils voulaient admettre M. de La Vallière pour leur seigneur dans ces mêmes cantons. Un bruit avait couru en effet que le Conseil du roi confirmerait les pionniers dans leur possession, et M. de Villieu cherchait sans doute à prendre les devants, pour sauvegarder au moins les apparences; cet arrangement, du reste, eût été très-raisonnable pour toutes les parties, puisque les pionniers eussent conservé le domaine utile de tout le territoire, en laissant à M. de La Vallière, avec quelques redevances médiocres, le titre de seigneur qui pour eux n'était encore qu'une expectative incertaine. Mais Thibaudeau, qui déjà était un peu grisé par le rôle important qu'il jouait à Chipody et même à Port-Royal, se laissa dominer par des motifs de vanité plus que par la saine raison; il refusa le compromis et entraîna dans son refus Blanchard et Godet[1].

1703. — Cet arrêt, du reste, sur lequel chacun basait des présomptions aventurées, n'était pas encore rendu. Ce ne

---

1. Rapport de Desgouttins du 2 octobre 1702.

fut que le 20 mars 1703 que le Conseil d'État confirma les habitants de l'Acadie dans la possession des établissements qu'ils avaient formés sur les rivières Chipody, Peticoudiak et autres, mais avec cette réserve encore menaçante : « sans rien juger au fond sur les droits seigneuriaux réclamés par M. de La Vallière[1]. » La nouvelle de ce jugement mit un peu de joie au cœur de Thibaudeau et de ses amis, mais son gendre Desgouttins, le commis de la marine, sentait fort bien qu'en réalité cette décision ne résolvait rien ; ce dernier renouvela donc immédiatement, et avec une pressante insistance, la demande qu'il avait déjà faite du titre seigneurial de Chipody et Peticoudiak pour son beau-père et pour Guillaume Blanchard. Cette demande put même être expédiée de suite, car, malgré la guerre qui régnait entre la France et l'Angleterre, les communications étaient encore à peu près libres sur la baie Française et sur les côtes de l'Acadie ; nous savons même, par une lettre de Desgouttins, que l'on put aller de Port-Royal à Chipody non-seulement pendant l'année 1703, mais encore au commencement du printemps de 1704, époque où Thibaudeau et Blanchard expédièrent des barques chargées de munitions diverses vers leurs établissements respectifs[2].

Dans ces petites colonies, toutes choses marchaient à souhait ; nos jeunes familles prospéraient. Pendant les années 1703 et 1704, on vit s'installer 4 nouveaux ménages ; un des fils de Guillaume Blanchard s'étant marié à Port-Royal alla se fixer à Peticoudiak, dans le manoir paternel ; un des engagés de Thibaudeau, nommé Lanaux,

1. Arrêt du Conseil d'État du 20 mars 1703, mentionné dans l'arrêt du 2 juin 1705.
2. Lettre de Desgouttins de 1702 et du 29 novembre 1703. (*Archives.*)

épousa une jeune métisse, et 2 des métis employés habituellement au manoir se marièrent également dans les tribus voisines, et restèrent attachés au domaine avec leurs femmes. — Ces 3 derniers mariages furent célébrés à Chipody même par le missionnaire de Beaubassin ; il y eut enfin 5 naissances en 1703, parmi lesquelles nous remarquons Catherine, fille du jeune Thibaudeau, et 4 autres en 1704 : les bestiaux multipliaient d'année en année, tandis que les récoltes étaient telles désormais, qu'elles pouvaient subvenir et au delà aux besoins des habitants. Ces bonnes nouvelles devaient être la dernière joie du père Thibaudeau ; affaibli par l'âge et par les fatigues de toute nature d'une vie remplie de luttes, d'aventures et de travail, il mourut près de Port-Royal, à son moulin de *la Prée-Ronde*, le 28 décembre 1704 [1].

Ainsi finit cet homme vraiment remarquable dans sa condition vulgaire ; type curieux des pionniers de cette époque, qui nous a été transmis par l'heureuse et fortuite conservation de quelques pièces de procès. Son œuvre, comme nous le verrons, ne périt pas avec lui ; de même que Jacob Bourgeois avait été le fondateur de *Beaubassin*, de même que Pierre Mélanson et Jean Terriau avaient créé *les Mines*, de même son industrieuse énergie donna naissance à une forte colonie, divisée plus tard en trois paroisses : *Chipody*, *Peticoudiak* et *Memramgouges*. Mais ses rêves de seigneurie ne furent qu'une vaine fumée ; il fut même heureux de mourir en cette année 1704, car il évita ainsi la fâcheuse déception qui l'eût frappé l'année suivante.

Le 2 juin 1705, le Conseil d'État rendit en effet un arrêt définitif par lequel, tout en reconnaissant aux

---

1. Actes de l'église de Port-Royal.

pionniers leur droit de premiers occupants et leurs propriétés, il confirmait les titres seigneuriaux de M. de La Vallière, en lui accordant, par extension, l'adjonction à sa seigneurie de Beaubassin des rivières Peticoudiak et autres qui y confinaient, mais lui enjoignant expressément « de ne point déposséder ni troubler les habitants qui se trouveront en possession de terres et héritages dans cette seigneurie, cultivant et habitant, ou faisant cultiver lesdits héritages ».

Cette décision mettait à néant les espérances ambitieuses qu'avait conçues notre pauvre défunt; elle entraînait même pour les siens un préjudice assez notable; car, étant réduits au simple rôle de propriétaires des fonds qu'ils occupaient, ils perdaient la disposition des autres terres et n'avaient à espérer ni redevance ni aucune indemnité, directe ou indirecte, qui pût compenser leurs grosses dépenses de premier établissement; dépenses qui avaient cependant servi d'appui à tous les autres colons : mieux eût valu, certes, accepter les dernières offres de M. de Villieu, qui leur reconnaissait la propriété de toutes les vallées !

Le nouvel état de choses nuisit en outre au développement même de la colonie : ce M. de Villieu, qui représentait M. de La Vallière, était un très-bon chef de partisans, mais il n'avait aucune des qualités propres à diriger une opération coloniale. Son caractère était hautain et difficile, et tandis que Thibaudeau et Blanchard attiraient à eux les hommes entreprenants, il n'était bon qu'à les écarter [1]; aussi, tandis que les colonies des Mines prenaient un essor aussi rapide que surprenant, Beaubassin montra un progrès bien moindre pendant trente ans, et Chipody languit avec Peti-

---

1. Rapport de Desgouttins du 2 octobre 1702.

coudiak jusqu'après 1715, sans s'accroître sensiblement.

Nous devons ajouter que la guerre, qui commençait à sévir jusque dans ces contrées, apporta un grand obstacle à de nouvelles immigrations ; à la fin de l'été de 1704, une croisière partie de Boston avait parcouru toutes les côtes de la baie Française, opéré quelques déprédations à Beaubassin, et poussé jusque sur le littoral difficile du pays des Mines ; il est vrai qu'elle ne pénétra point du côté de Chipody, dont l'établissement lui était probablement encore inconnu ; mais les communications étant devenues très-difficiles et périlleuses, personne ne voulait plus se hasarder vers ces côtes écartées et désertes. Ceux qui avaient pris des terres et commencé leurs travaux se maintinrent sur leurs propriétés, mais pendant longtemps on ne vit s'élever aucune habitation nouvelle et ce ne fut qu'à la suite des tristes résultats de la guerre que plusieurs colons de Port-Royal, pour s'éloigner des Anglais, allèrent joindre leurs parents et amis de Chipody et de Peticoudiak.

Bien que les recensements soient presque muets sur ces cantons jusque vers 1735, nous pouvons à peu près établir, d'après la comparaison des détails que nous trouvons épars parmi les autres documents, l'état des familles qui s'y étaient définitivement établies en 1705. Nous comptons dans les deux colonies 14 familles et 7 engagés comprenant ensemble 55 personnes (sur les 14 familles, 12 sont européennes et 2 métisses) ; 12 chevaux, 70 bêtes à cornes et 50 brebis se trouvaient répartis dans les diverses habitations.

Il convient de remarquer en outre que, en dehors de ce personnel fixe et permanent, il se rencontrait toujours autour de nos pionniers quelques Indiens Etchemins ou Malécites, qui échangeaient soit leurs pelleteries, soit leur gibier, soit même des services passagers, contre des bagatelles européennes ou quelques provisions ; des métis venant du fleuve Saint-Jean s'engageaient souvent pour l'année ou pour une portion de l'année, comme nous le voyons dans les états cités plus haut, et il s'en trouvait bien plus encore enrôlés comme *coureurs de bois ;* enfin on voyait, de même qu'à Beaubassin, des aventuriers, des trappeurs, des commerçants arriver de temps en temps du Canada, soit par les navires qui trafiquaient sur le golfe Saint-Laurent et la baie Verte, soit par la voie de terre en compagnie des sauvages, dans quelque hasardeuse excursion.

De cette façon, il se maintint à Chipody et à Peticoudiak, de 1705 à 1715, une population moyenne de 50 à 75 âmes, dont les quatre cinquièmes étaient de sang européen. Ces courageuses familles de pionniers restèrent ainsi échouées sur ces côtes désertes, longtemps seules et sans autres recrues que quelques engagés de hasard. Ce ne fut que bien plus tard que Guillaume Blanchard fit occuper par ses plus jeunes fils les terres qu'il s'était assurées, ainsi que les habitations où demeuraient déjà ses fils aînés, ses gendres et deux de ses fils à Peticoudiak; alors aussi vinrent en même temps qu'eux à Chipody les Savoye, les Levron, les Préjean, les Hébert, les Saulnier, etc., etc., qui déjà avaient exploré le pays avec Thibaudeau, et qui, en 1750, s'y trouvèrent en si grand nombre [1].

Tel fut le résultat de cette courageuse et féconde entreprise, conçue par quelques pauvres laboureurs acadiens livrés à leur propre initiative et à leurs seules ressources ; contrariés par les circonstances et par les hommes, ils ne la conduisirent pas moins à bonne fin,

---

1. Recensements de Chipody-Peticoudiak et Memerancooke en 1752.

sans éclat et sans emphase, à force de patience, de travail, d'économie et de résignation : n'ayant certes aucune de ces qualités brillantes qui si souvent restent stériles, mais possédant toutes les vertus modestes que dédaigne le vulgaire, et qui constituent cependant, pour le commun des hommes, les seules forces solides et fécondes.

En rassemblant les éléments épars de l'histoire de ce vieux meunier qui agissait comme un seigneur, en cherchant à reconstruire ce caractère singulier et vigoureux, combien de fois nous nous sommes reportés à ces paroles si profondes d'un des publicistes les plus éminents de ce siècle, M. Leplay :

« Les autorités sociales appartiennent à toutes les clas« ses, aux paysans comme aux grands propriétaires. Tou« tes se reconnaissent à une aptitude saisissante : dans
« le cercle de leur influence, elles résolvent sûrement le
« grand problème qui consiste à faire régner la paix pu« blique et la prospérité sans le secours de la force.
« Pour atteindre ce but, elles emploient toutes les mê« mes moyens : elles donnent le bon exemple, en inspi« rant à leurs serviteurs, à leurs ouvriers et à leurs
« voisins le respect et l'affection. »

Et, cependant, qu'il nous soit permis d'ajouter ici une réflexion bien simple. Rien de plus digne d'éloges, certes, que les généreuses entreprises de ces hardis pionniers ; mais ces colonies, si curieuses, ne pouvaient suppléer en rien aux colonies primitives, que fondèrent les gentilshommes venus d'Europe, escortés de leurs tenanciers. C'est ici que se montre sur le vif la cause d'infériorité des établissements français : ils ne s'accroissaient que par leur propre fonds. Ni Thibaudeau, ni Mathieu Martin, ni Bourgeois n'étaient en situation d'aller en France recruter, à leurs frais, des familles d'émigrants ; ils offraient d'excellents instruments pour le développement de la population existante, mais insuffisants pour l'accroître par l'immigration.

Quoi de plus facile pourtant, pour le gouvernement français, que de retrouver des gentilshommes, ou même des bourgeois riches, qui eussent suivi l'exemple de Poutrincourt, de Razilly, de d'Aulnay, et de tant d'autres qui se distinguèrent au Canada? La race n'en était pas perdue. Avec la promesse de quelques faveurs, de quelques titres, cela eût suffi ; et, lors même qu'il eût fallu y joindre quelque assistance pécuniaire, la charge pour le Trésor eût été encore bien légère, en comparaison du profit. D'autre part, eût-il donc été difficile de ramener en France des hommes comme Thibaudeau, qui, parmi leurs parents, leurs anciens compagnons, auraient facilement trouvé de nouvelles familles, pour les associer à leur fortune, s'ils eussent été aidés par l'État?

Mais, dès le commencement du xviiie siècle, les idées et les sentiments étaient déjà bien changés. La cour de France, loin de pousser la noblesse à l'esprit d'entreprise, ne tendait qu'à l'énerver ; et les simples particuliers eux-mêmes, du haut en bas de la nation, tous enivrés des fruits, nouveaux pour eux, d'une civilisation raffinée, s'imprégnaient peu à peu des idées et des habitudes qui devaient caractériser ce siècle fatal, et préparer le déclin de la société française par une légèreté spirituelle, imprévoyante et stérile. Le gouvernement français ne songeait guère alors à accroître la population de ses colonies ; il ne pensait même pas à protéger les progrès laborieux qu'elles accomplissaient par leur propre vertu.

L'entreprise de Thibaudeau n'était elle-même que la continuation de celles qui avaient créé Beaubassin et les Mines ; elle présageait sans aucun doute aux Acadiens un développement énergique et rapide. Mais que pouvait-on en attendre? Elle n'était appuyée par aucune immigration française, et elle se trouva de suite paralysée par le renouvellement des hostilités, que nous allons raconter.

Cette nouvelle guerre fut infiniment regrettable sous tous les rapports : en ce moment, les Acadiens étaient entraînés de toutes parts, par un vif esprit d'entreprise, vers un mouvement d'expansion actif et fécond. Trois ans après le commencement de la guerre, en 1707, la population de la colonie dépassait 1,800 âmes, dont voici l'état détaillé[1] :

1707	Hommes.	Femmes.	Total.	Bêtes à cornes.	Bêtes à laine.	Porcs.	Fusils.
Port-Royal....	294	260	554	963	1,245	974	126
Les Mines....	331	328	659	946	846	753	120
Beaubassin...	150	120	270	510	500	328	60
Chipody.....	30	25	55	70	50	»	20
Fiefs épars...	»	»	300	75	»	»	200
Total....	805	733	1,838	2,564	2,641	2,055	526

Si nous considérons à part les seigneuries des Mines, nous voyons donc qu'en six années leur population et leur richesse en bétail s'étaient augmentées d'un tiers ! Cette planturcuse colonie s'étendait maintenant dans les vallées de neuf rivières : les trois rivières de Sainte-Croix, de l'Ascension et de Keneskoët à Pigiguit ; la rivière de

1. Recensement de 1707 et divers documents épars aux *Archives*.

la Grand'Prée, centre de la colonie ; celle des Gaspareaux ; celle des Canards ; la rivière de Saint-Antoine ; celle des Vieux-Habitants, et celle de Cobeguit.

Les immigrants commençaient à arriver de France en nombre un peu notable ; par suite de leur affluence, la population de Port-Royal s'était accrue d'un cinquième, malgré les émigrations dirigées sur les autres seigneuries ; l'Acadie tout entière comptait 400 âmes de plus qu'en 1701, c'est-à-dire un quart en sus : encore dix années de paix et de travail, cette population se fût élevée à 3 ou 4,000 âmes, réparties en dix ou douze groupes autour de la baie Française, et l'Acadie, avec un peu de secours, eût pu défier les efforts de l'Angleterre ; mais les événements se précipitaient, plus rapides encore que ses progrès, et cette dernière guerre devait ravir définitivement à la France ce fleuron de sa couronne.

VII

COLONIES FRANÇAISES ET COLONIES ANGLAISES

La colonie acadienne avait été la première établie dans l'Amérique septentrionale : c'est en 1604 que les premières constructions furent érigées. Mais les Anglais ne tardèrent point à suivre la trace des Français ; parti de Londres en décembre 1606, John Smith débarqua en 1607 sur les côtes de la Virginie avec 106 colons, et forma à Jamestown une plantation qui devait être le noyau de ce grand peuple des États-Unis parvenu, en deux cent cinquante ans, à un si haut degré de puissance.

Les Français, de leur côté, sous la conduite de Champlain, un des anciens compagnons de MM. de Monts et de Poutrincourt, procédèrent en 1608 à une nouvelle installation, à Québec, sur les bords du Saint-Laurent ; et pendant que les colonies françaises et anglaises traversaient péniblement l'époque laborieuse de leurs débuts, les Hollandais vinrent occuper en 1623 l'île de Manhattan (aujourd'hui New-York) ; ils y créèrent une colonie qui devint promptement florissante, mais que les Anglais annexèrent aux leurs en 1664. Enfin en 1620 commença à se produire le grand exode des puritains anglais vers les côtes du Massachussetts, au nord de la colonie hollandaise et au sud de la baie Française qui baignait l'Acadie. Lord Baltimore et ses Irlandais fondèrent la colonie du Maryland en 1634, et les Suédois occupèrent les rives de la Delaware en 1638. Il s'établit donc ainsi sept colonies européennes dans l'Amérique du Nord, durant la première partie du xvii° siècle.

Le développement de ces colonies fut très-variable, et les Français, qui avaient été les premiers en date, laissèrent longtemps leurs établissements languir dans une sorte d'abandon. A cette époque, on ne pouvait trouver que deux courants d'idées propres à entraîner sur les côtes de l'Amérique une masse d'émigrants laborieux et sociables. Les unes étaient les idées féodales et familiales, que nous avons signalées dans l'introduction, et dont on reconnaît facilement l'influence sur l'esprit de beaucoup de gentilshommes colonisateurs. Les autres étaient les idées religieuses, qui, dominant les consciences, pouvaient déterminer un grand nombre de familles à se transporter dans les pays nouveaux, afin d'y fonder, *loin d'un monde corrompu* (suivant la locution du temps), des cités modèles, soit pour y réaliser un idéal doctrinal, soit pour y propager le christianisme, en convertissant les indigènes ; nous possédons aussi de nombreux exemples de ce mode de colonisation.

Malheureusement la cour de France commença dès le règne de Louis XIII à exercer une funeste influence sur la noblesse française ; attirés par le luxe, les divertissements et les intrigues de palais, les gentilshommes les plus entreprenants et les plus intelligents se concentrèrent de plus en plus autour du trône. La noblesse, c'est-à-dire la tête du monde féodal, s'énerva insensiblement par cette concentration, l'esprit chevaleresque disparut, ainsi que le goût des créations lointaines et des hardiesses généreuses ; de sorte que les promoteurs d'émigration devinrent rares et que les colonies rencontrèrent peu d'appui et peu de ressources.

D'autre part, le courant religieux, qui revêtit en Angleterre un caractère de fanatisme rigide et d'exaltation puissante, aurait pu, sous d'autres formes, donner à la France des instruments utiles de colonisation : l'élément protestant eût volontiers alimenté une émigration libre [1] ; tandis que les ordres religieux eussent pu, en d'autres contrées, fournir à la colonisation, des cadres et une organisation vigoureuse. Si, on eût voulu se servir de ces forces toutes préparées, si on leur eût seulement accordé une pleine liberté d'action, il n'est pas douteux, d'après les entreprises rudimentaires tentées par les Récollets et par les Jésuites, et surtout d'après l'exemple des Sulpiciens de Montréal, que les ordres monastiques ne se fussent jetés, et même avec une grande ardeur, dans la carrière colonisatrice [2].

Mais si on craignait de voir les huguenots se constituer un centre, même hors de la France, on appréhendait tout autant de donner trop d'indépendance et de force aux ordres religieux ; on leur reprochait, dès cette époque, un grand esprit d'envahissement, et on redoutait à tort ou à raison de leur donner trop de puissance. C'est ainsi que par une politique ombrageuse on écarta, on répudia même, des éléments de colonisation d'une grande valeur ; on préféra ne rien faire et conserver sans émigrants, sans population, sans force, des établissements débiles et stérilisés. Tel est malheureusement l'effet des passions trop vives de notre tempérament français, et aujourd'hui, comme autrefois, nous préférons souvent ne rien faire au déplaisir de voir faire les choses les

---

1. Weiss, *Histoire des réfugiés protestants.*
2. *Histoire de la sœur Bourgeois et de la colonie de Ville-Marie,* par l'abbé Faillon.

plus utiles par ceux dont la contradiction nous offusque.
Certes, tout ressort que l'on emploie recèle un danger :
il faut pourtant savoir s'en servir, sinon à force de prudence on demeure impuissant !

Au début de cette histoire, nous avons signalé un exemple notable de cette jalousie mesquine et énervante, dans l'incident de Mme de Guercheville et des Jésuites en 1612 ; si Biencourt eût accepté franchement leur concours, l'expédition d'Argall eût sans doute échoué, et, lors même qu'elle eût partiellement réussi, il est bien certain que la puissante Compagnie ainsi que ses amis n'eussent point délaissé les débris, encore vivaces, qui restèrent de la colonie de Port-Royal. Qu'arriva-t-il de Poutrincourt abandonné à lui-même ? Il mourut pauvre, impuissant, et les colons acadiens restèrent après lui, pendant dix-sept ans, sans appui, sans direction, dans un état presque désespéré. Une société religieuse au contraire ne meurt point, et avec ses missionnaires elle eût constamment soutenu, ravitaillé, développé la colonie, comme le firent les Sulpiciens à Montréal et les puritains à Boston, avec une si merveilleuse persévérance. Dès lors la fortune de la France, consolidée à son début dans le Nouveau-Monde, eût été entièrement changée, et elle eût exercé une influence considérable jusque sur les affaires européennes.

Mais ces réflexions et ces regrets rétrospectifs, quoique pleins d'enseignements, doivent être laissés bien loin derrière nous, dans les horizons du passé. Constatons seulement qu'en France, à partir du XVIIe siècle, les classes élevées perdirent promptement le goût des créations et des entreprises lointaines, tandis que les forces religieuses furent annulées par la méfiance gouvernementale et les préjugés du temps. L'Acadie ne reçut même pas 400 colons immigrants, de 1630 à 1710 ; le Canada, mieux protégé contre l'ennemi et moins oublié de la métropole, en vit arriver 5,700 ; le résultat de cette immigration si faible donnait en 1706 dans l'Acadie 1,600 habitants, et dans le Canada 17,400 ; soit, pour la population totale de la Nouvelle-France, 19,000 âmes, ce à quoi il faut ajouter une garnison régulière de 5 à 700 hommes au Canada, et de 150 hommes en Acadie. Telle était la situation de la Nouvelle-France à l'époque à laquelle nous sommes parvenus.

Or les colonies anglaises, qui bordaient les nôtres au sud, présentaient en ce même temps un tout autre aspect : après avoir absorbé successivement les établissements suédois et hollandais, elles possédaient déjà plus de 260,000 colons. Dès le principe, des masses d'émigrants avaient afflué sur ces rivages ; non pas que le gouvernement anglais se fût montré plus actif et plus intelligent que le gouvernement français : il avait aussi entièrement abandonné le peuplement des colonies à l'initiative privée ; mais, tandis que l'influence fâcheuse de la cour de France débilitait la noblesse, les gentilshommes et les riches négociants de l'Angleterre établirent résolûment des fiefs coloniaux nombreux et importants ; et tandis que les préjugés de nos légistes et de nos idéologues paralysaient parmi nous l'essor de l'élément religieux, on se garda bien en Angleterre de tomber dans une pareille faute.

Quoique les fanatiques sectateurs du Covenant inspirassent aux politiques du temps des appréhensions bien autrement fondées que ne pouvait l'être en France la crainte de l'esprit monastique, on leur laissa le champ libre et ils jetèrent, dans le cours de vingt années, 27,000 immigrants sur les côtes du Massachussetts, du Connecticut et de Rhode-Island. D'autre part, les cavaliers, les seigneurs de la Virginie, du Maryland, de la Caroline, recrutèrent 40,000 colons, et quand les Anglais s'emparèrent des manoirs hollandais de Manhattan (New-York) on y comptait déjà 12,000 âmes [1]. Il n'y a donc point lieu de s'étonner qu'en 1706 il se trouvât dans les colonies anglaises 260,000 âmes [2], c'est-à-dire une population treize fois plus forte que celle de la Nouvelle-France.

Bien loin d'avoir à s'étonner d'un tel résultat, on doit se demander, d'une part, comment la disproportion n'était pas plus forte, et d'autre part, comment les colonies françaises avaient pu subsister jusque-là, sans succomber sous l'hostilité de voisins si puissants.

Les colonies anglaises avaient reçu en effet seize fois plus d'immigrants que les nôtres, savoir : dans la Virginie, Maryland, Caroline, 40,000; dans la Nouvelle-Angleterre, 27,000 de 1620 à 1640, plus 20,000 de 1640 à 1710; si l'on y joint les colons hollandais de l'État de New-York, et les émigrants anglais qui les rejoignirent après la conquête, on atteint facilement le chiffre de 96,000 immigrants. En s'appuyant sur une pareille base, les colonies anglaises en 1706, au lieu de 260,000, auraient donc dû compter 320,000 âmes, si leur progression eût été proportionnelle à celle des Canadiens et des Acadiens. Nous signalons cette différence; nous en donnerons tout à l'heure les raisons.

Mais ce qui est bien plus surprenant encore, c'est de voir cette faible population de la Nouvelle-France se maintenir contre les attaques répétées de voisins si puissants. Ces deux colonies, de race, d'habitudes et d'intérêts si contraires, se montrèrent animées en effet d'un esprit de rivalité aussi constant, aussi acharné, que leurs métropoles respectives. Pendant cent cinquante ans, les

---

1. Carlier, *Histoire des peuples américains*. — Cadillac, Mémoire manuscrit. (*Archives*.)

2. Bancroftt, — Hildreth, — Humphrey, etc. — Garneau.

luttes incessantes, l'hostilité de plus en plus violente qui régnèrent entre ces deux peuples présentent à peine quelques éclaircies; or on voit la Nouvelle-France résister non-seulement jusqu'en 1710, mais pendant encore un demi-siècle le Canada se soutint, et se soutint victorieusement; jusqu'à ce que la disproportion du nombre rendît en 1760 les Anglais vingt fois plus nombreux qu'eux-mêmes. Quand on étudie les péripéties de cette lutte, on se demande donc naturellement comment les colons français ont pu repousser pendant un si long laps de temps de si furieuses attaques, malgré tous les désavantages du nombre, de la richesse et du climat.

Cette considération est d'autant plus embarrassante que la position seule de la question semble contredire, dès le premier abord, les opinions généralement adoptées sur la supériorité des colonies anglaises, tant dans le personnel de leurs colons que dans les institutions qui les régissaient; et cette question est d'autant plus délicate pour nous en particulier que nous avons été comme beaucoup d'autres séduit par les illusions du succès et de la fortune; nous avons cru aux qualités supérieures de la société et de l'organisation anglo-américaines, et dans un précédent ouvrage nous avons plusieurs fois adopté et soutenu cette thèse.

Cependant voici un fait incontestable : c'est que les petites colonies françaises, qui ne comptaient encore que 16,000 âmes en 1700 et 19,000 en 1706, avaient su résister depuis leur origine aux colonies anglaises qui en 1706 possédaient 260,000 habitants. Était-ce le concours des armées de la métropole qui leur donnait cette force? Non; la garnison française, même en temps de guerre, était illusoire. Cependant, seul et sans appui, le Canada put dominer longtemps encore après 1700, jusqu'en 1760, toutes les attaques, les intrigues et les invasions par lesquelles il fut assailli avec une animosité sans exemple. Non-seulement il résista, mais presque toujours il fut vainqueur; il se défendait en se faisant redouter; et l'on peut dire que les Canadiens, en 1760, ne succombèrent qu'épuisés par leurs propres victoires!

Cette difficulté s'impose, il faut l'expliquer; déjà nous en avions été frappé sans pouvoir bien la résoudre; mais, depuis lors, un séjour prolongé aux États-Unis et une étude plus approfondie de la formation et de l'histoire des colonies anglaises ont tellement modifié nos idées premières sur la société et les institutions américaines, que cette explication nous paraît beaucoup plus aisée; seulement nous allons nous trouver dans une situation tout inverse de celle que nous avions occupée précédemment : au lieu du travail facile et toujours attrayant, qui chemine côte à côte avec les idées communément répandues, accepté volontiers par la sympathie, souvent même par les passions du public, nous voilà réduit au rôle laborieux et ingrat de contredire et de remonter le courant des opinions; ce rôle, nous l'acceptons néanmoins avec résolution, puisqu'il s'agit de la vérité et de la justice; mais sans méconnaître la moralité vigoureuse des puritains et la générosité de leurs convictions, que nous estimons au plus haut degré, sans nier en rien les vertus spéciales de la liberté et des institutions républicaines, sans contester les mérites d'une vie municipale et politique fortement enracinée dans les mœurs, nous nous croyons obligé de déclarer, devant l'évidence des faits, que ces circonstances n'ont exercé qu'une influence bien médiocre sur le succès final des Américains dans cette lutte. Malgré tous leurs mérites publics et privés, ils eussent succombé, s'ils n'eussent été soutenus par l'énorme multitude du nombre; les Canadiens se montrèrent constamment plus forts comme individus, et supérieurs comme peuple aux Anglo-Américains : il est donc important d'analyser et d'exposer les raisons de cette situation anormale, imprévue, inexplicable au premier abord. Ces raisons proviennent toutes d'une supériorité morale et intellectuelle qui compensait pour les uns la supériorité matérielle des autres.

En réalité, les Français de la Nouvelle-France, quels que soient les préjugés sur ce sujet, l'emportaient sur leurs adversaires par leurs aptitudes physiques, par leur intelligence, par leur énergie et par leur habileté; c'est là qu'est la solution commune des deux problèmes que nous avons posés plus haut; voilà pourquoi la progression des Anglo-Américains se trouvait relativement inférieure à celle des Franco-Canadiens, et pourquoi ceux-ci, malgré leur faiblesse apparente, eurent constamment le dessus dans les guerres qu'ils soutinrent contre ceux-là. C'est ce que nous allons tâcher de démontrer.

Premièrement. *L'immigration et la progression.* — Si nous jetons un coup d'œil sur l'immigration anglaise en Amérique, nous y trouvons ce fait singulier, c'est qu'autant elle fut excellente dans le premier âge de leurs colonies, autant elle devint vicieuse et détestable sur la fin du XVIIe siècle. Les puritains furent conduits dans la Nouvelle-Angleterre par les mobiles les plus élevés, les plus désintéressés de l'esprit et du cœur; ces familles qui, spontanément et dans le but de fonder des communautés religieuses conformes à leurs convictions, s'établirent sur les côtes du Massachussetts, possédaient une moralité et une énergie intérieure qui les soutenaient dans les épreuves du début et qui les gardaient en même temps contre les excès et le désordre; leurs coreligionnaires qui vinrent successivement se joindre à eux trouvaient un accueil fraternel et empressé; dans ces conditions, la société nouvelle offrait les meilleures garanties de conservation matérielle et morale; la transplantation des familles s'opérait le moins durement et le moins laborieusement possible. Ils n'allaient chercher dans le Nouveau-Monde ni les richesses, ni le plaisir, ni les satisfactions de la vanité ou de l'ambition, et ils rencontrèrent cependant sur leur route la force et la prospérité; ils ne venaient pas comme des vagabonds, sans famille, sans mœurs, entraînés par le désordre d'une vie déclassée; leurs femmes et leurs enfants se serraient autour d'eux, comme une aide et une consolation dans les traverses; une religion sincère, une foi ardente leur donnaient ce courage moral, qui résiste mieux encore à la misère que l'énergie matérielle. Aussi un de leurs chefs, Winthrop, écrivant en Angleterre, trouvait-il cette phrase admirable : « Quelles que soient les misères que nous « avons à supporter, nous jouissons ici de Dieu et de « Jésus-Christ ; n'est-ce pas assez? Je remercie Dieu de « tant me plaire ici, et le remercie encore d'y être venu, « et je n'aurais pas changé de résolution, même si j'avais « pu prévoir toutes ces afflictions, car jamais je ne me « suis senti si heureux d'esprit[1] ! » C'est ainsi que se créent les grandes choses; ils n'avaient songé qu'à établir de petites communautés ferventes, rigides; ils mettaient leur bonheur dans cette sévérité même d'une vie modeste, et il se trouva qu'ils fondaient une société riche et une nation puissante.

Leurs familles se multiplièrent d'une façon prodigieuse, et, malgré les pertes et les souffrances qui furent, durant les premières années, le résultat d'une certaine gaucherie de l'esprit et du corps, ils formaient presque la moitié de la population anglo-américaine en 1706, bien qu'ils eussent reçu à peine le tiers des immigrants

---

1. Bancroft, — Hildreth, — Carlier.

venus d'Angleterre en Amérique, et bien qu'ils eussent eux-mêmes envoyé de nombreux colons dans les provinces du Sud.

Dans ces dernières provinces, l'immigration, pour être moins excellente, n'en eut pas moins ses bons jours; dans la Virginie et dans le Maryland, on vit des gentilshommes, des négociants amener avec eux leurs tenanciers ou des familles choisies avec soin, pour les établir sur leurs fiefs et sous leur patronage. Cette émigration fut encore souvent fort bonne; mais on ne saurait en dire autant du recrutement des engagés célibataires, qui dans ces colonies formèrent promptement la majorité des immigrants. Ce recrutement, qui s'opérait d'abord directement par les seigneurs, pour le peuplement de leurs seigneuries, tomba bientôt dans le domaine commercial. Les capitaines de navires engageaient, moyennant une prime, les hommes qui consentaient à aller travailler dans les colonies en aliénant d'avance leurs services pour un temps déterminé (de trois à cinq ans); en arrivant en Amérique, les capitaines se remboursaient de leurs primes et de leurs frais de transport, en cédant aux colons leurs contrats d'engagement avec un certain bénéfice. Tant que ce transport d'engagés fut très-limité, il ne présenta que des inconvénients médiocres; l'appât du gain étant minime, les capitaines n'enrôlaient guère que ceux qui se présentaient spontanément; mais les profits étant devenus assez considérables pour que le trafic des engagés prît des proportions toujours croissantes, il ne tarda pas à en sortir de très-fâcheux excès.

On enlevait dans les ports de mer des enfants de quatorze ou quinze ans, et même des valétudinaires; on embarquait tous les vagabonds et repris de justice qui sentaient le besoin de s'éloigner des lieux où ils étaient trop connus [1], et sur les côtes du Nouveau-Monde la vente de ces contrats, qui souvent n'étaient que fictifs, offrait un spectacle encore plus révoltant : c'était en réalité l'organisation de la traite des blancs en une servitude temporaire ; de là à la traite des nègres pour une servitude indéfinie, il n'y avait qu'un pas ; il fut promptement franchi.

« En 1619, dit Hildreth, il arriva en Virginie 1,200 « immigrants ; il y avait parmi eux cent vagabonds ou « repris de justice qui furent vendus comme les autres, « et aussi vingt nègres qui furent amenés et vendus par « un capitaine hollandais : c'étaient les premiers ! » Voilà comment s'opéra la transition.

On enrôlait aussi et même on enlevait quelquefois des jeunes filles qui se vendaient très-bien en Virginie : en 1620, un premier convoi de 90 jeunes filles, recrutées par un capitaine adroit et industrieux, fut vendu à raison de 100 livres de tabac par tête ; un exemple si profitable fut promptement suivi, et l'année suivante une nouvelle cargaison atteignit les prix de 150 livres de tabac par tête de fille.

Le gouvernement anglais, éclairé par ces habiles manœuvres, songea alors à se débarrasser de ses prisonniers de toute nature, en réalisant un double bénéfice : en les déportant, en effet, on s'épargnait les frais de leur entretien, et en vendant leurs services à titre d'engagement on se procurait de l'argent. Ces envois furent fréquents, et cette déportation des criminels conduisit bientôt par extension à la déportation de tout ce qui était qualifié prisonnier ; on joignit aux prisonniers ordinaires les prisonniers politiques, et les dissensions civiles de l'Angleterre devinrent une des sources les plus im-

---

1. Carlier, — Bancrofft.

portantes qui alimentèrent l'immigration d'Angleterre en Virginie; commerce honteux qui s'étendit peu à peu dans les autres colonies, et jusque dans la Nouvelle-Angleterre :

« Ce trafic d'hommes de race anglaise devint si commun, que non-seulement les Écossais faits prisonniers à la bataille de Dumbar furent expédiés en Amérique pour y être réduits en servitude, mais encore les royaux qui tombèrent au pouvoir des parlementaires à la bataille de Worcester, ainsi que les chefs de l'insurrection de Penruddor, furent embarqués pour les colonies. En Irlande, les exportations de catholiques irlandais étaient nombreuses et fréquentes, et accompagnées de traitements si cruels, qu'ils le cédaient à peine aux atrocités de la traite africaine. En 1685, près de mille prisonniers, compromis dans l'insurrection de Monmouth, furent condamnés à la déportation, et aussitôt plusieurs hommes influents à la cour se disputèrent cette proie comme une marchandise de grand profit[1]. »

Ce fléau d'une immigration mercantile, forcée, détestable, s'étendit bientôt partout, jusque sur les rivages de la Nouvelle-Angleterre elle-même, et la colonisation anglaise, qui jusque-là avait donné d'excellents résultats comme moralité, prit un tout autre caractère. Il est vrai que cette affluence fut en partie la cause de cet accroissement si prompt de la population anglo-américaine; mais cette promptitude eut sa compensation dans l'affaiblissement matériel et moral qui en résultait sous d'autres rapports : cette grande multitude d'hommes subissait des déchets considérables après son débarquement; la colonisation anglaise ne fut

---

1. Bancrofft.

obtenue, comme certaines victoires, que par un sacrifice énorme de vies humaines ; déportés par force ou par ruse, et brutalement vendus à des maîtres grossiers, ces engagés étaient traités d'autant plus mal que les colons les considéraient comme le rebut de l'humanité. La mortalité était donc grande parmi eux; beaucoup ne se mariaient point et vivaient dans le libertinage. Ce furent là les causes de cette disproportion que nous avons signalée entre le croît naturel des populations anglaises et françaises en Amérique.

Il venait moins d'émigrants, il est vrai, au Canada; mais la population établie se multipliait plus régulièrement et plus vite; cette lenteur dans le peuplement était sans aucun doute regrettable, surtout pour les intérêts français ; mais en se plaçant à un point de vue plus élevé, plus général, ce grand retard était moins préjudiciable que la précipitation inconsidérée des Anglais. Il en est ainsi, du reste, dans presque tous les progrès sociaux ; rien ne remplace l'influence du temps pour la qualité de l'œuvre, et *mieux vaut encore une extrême lenteur qu'une extrême promptitude.*

Un autre résultat plus fâcheux encore de cette vicieuse immigration fut d'altérer la virilité, les qualités sociales et le caractère de haute moralité que présentaient les colonies primitives ; cette société en devint moins forte, moins intelligente, moins propre aux grandes choses. Enfin nous ne pouvons pas quitter ce sujet sans faire remarquer avec quelle légèreté et quelle ignorance l'on attribue communément à l'habileté et à l'activité du gouvernement anglais le développement si prompt des États-Unis ; ce qu'il y eut de bon dans cette nombreuse immigration fut tout à fait indépendant de son action et de ses calculs, tandis que tous les mauvais éléments qui la corrompirent furent directement le fruit de ses vices et de sa sottise. Si dans l'histoire de nos colonies on retrouvait souvent la trace de pareils abus et de désordres si détestables, Dieu sait quels flots d'imprécations on eût dépensés en cette matière ! Et cependant la colonisation anglaise a été portée aux nues par ces mêmes idéologues qui eussent prodigué leurs malédictions emphatiques et déclamatoires contre le gouvernement français.

Pour nous, nous conclurons plus simplement que le gouvernement français eut le grand tort de ne point profiter des ressorts puissants qu'il avait sous la main pour activer l'immigration coloniale ; mais que le gouvernement anglais eut le tort, plus grave certainement, non-seulement de tolérer, mais encore de susciter cette traite odieuse des blancs, qui devait conduire à la traite des noirs, et vicier dans leur source les qualités précieuses dont la religion, comme une fée bienfaisante, avait doté cette société nouvelle à son berceau.

Secondement. Nous devons maintenant appeler l'attention sur la différence d'activité, d'aptitudes, d'intelligence et d'énergie qui donnèrent alors aux Canadiens-Français une grande supériorité sur leurs voisins. Une telle assertion peut aujourd'hui nous sembler étrange ; mais au XVIe et au XVIIe siècle elle eût paru fort naturelle.

Nous ne voyons aujourd'hui les Anglo-Américains et les États-Unis qu'à travers le mirage de leur progression extraordinaire et de leur merveilleuse fortune ; nous admirons l'audace qui leur est venue avec l'habitude du succès ; mais l'Anglo-Saxon de 1650 à 1750 était très-différent de celui d'aujourd'hui.

Très-religieux, très-timides, même dans la Nouvelle-Angleterre, plus vertueux peut-être et plus réellement sociables que leurs descendants, il faut avouer pourtant que rien n'était moins audacieux ni plus casanier que les *Pioneers* anglais de cette époque : leur esprit pourvu de peu d'initiative était faible et timide ; impropres à manœuvrer au milieu des sauvages, peu habiles dans la formation des nouveaux établissements, nous les voyons partout dans leurs débuts, aussi bien au Nord que dans le Sud, succomber en masse sous le coup des privations, des souffrances, de la misère, contre lesquelles ils ne savaient ni se précautionner ni se défendre ; ils possédaient moins d'esprit de ressource, moins de hardiesse, moins de ressort que les Canadiens et les Acadiens ; pour apprécier toutes ces différences à leur juste valeur, il suffit de parcourir leurs chroniques primitives, les lamentations des Pèlerins, les désastres de la Virginie, et de les comparer avec les Mémoires de Champlain, les Chroniques de Montréal par l'abbé Faillon, et surtout avec ces récits naïfs et énergiques de Lescarbot dont nous avons donné quelques extraits.

« Si l'on compare le colon français et le colon anglais
« du XVIIe siècle, ce rapprochement donne lieu à un nou-
« veau contraste : le colon anglais était principalement
« dominé par l'amour de la liberté et la passion du com-
« merce et des richesses. Tous les sacrifices pour obtenir
« ces trois objets, vers lesquels ses pensées tendaient sans
« cesse, étaient peu de chose pour lui, car en dehors il ne
« voyait que ruine et abjection... Les Canadiens, peuple
« de laboureurs, de chasseurs et de soldats, les *Cana-*
« *diens eussent triomphé,* quoique plus pauvres, s'ils *avaient*
« *été seulement la moitié aussi nombreux que leurs adver-*
« *saires!* Leur vie à la fois insouciante et agitée, soumise
« et indépendante, était plus chevaleresque, plus poéti-
« que que la vie calculatrice de ces derniers. C'étaient
« des chercheurs d'aventures, courant après une vie
« nouvelle, des vétérans brunis par le soleil de la Hon-

« grie et qui avaient pris part aux victoires des Turenne
« et des Condé ; c'étaient des soldats qui avaient vu flé-
« chir sous le génie de Luxembourg le lion britannique
« et l'aigle autrichien. La gloire militaire était leur
« idole, et, fiers de marcher sous les ordres de leurs sei-
« gneurs, ils les suivaient partout au risque de leur vie
« pour mériter leur estime et leur considération. »
Ajoutez à tout ceci un esprit viril, une intelligence
prompte et étendue, et vous aurez complété le portrait
des Canadiens.

Malgré leur grand nombre et les centres considérables
qui se formèrent de suite à Boston, à New-Haven, à
Providence, etc., les Américains n'aimaient point à
s'écarter de la proximité de la mer ; on peut dire même
qu'ils redoutaient non-seulement les établissements,
mais les excursions dans l'intérieur. Jusqu'en 1764,
époque de la colonisation du Kentucky, aucune de leurs
colonies ne se hasarda loin du littoral ; c'est tout au plus
si l'on entrevoit çà et là dans leur histoire quelques
expéditions commerciales ou militaires, traversant les
montagnes Bleues et atteignant furtivement, à peine,
les lacs inférieurs Ontario et Érié. Le Mississipi, les
grands lacs occidentaux, et à plus forte raison les prairies et les plaines de l'Ouest, n'étaient connus des Anglais
que confusément, par l'écho des relations françaises ;
cette ignorance casanière survécut même à la conquête
du Canada[1] ; on peut donc considérer les Alléghanys
comme ayant été pendant cent cinquante ans la borne
de leur horizon, *ultima Thule*.

Les Franco-Canadiens au contraire se montrent de

---

[1]. *The Pioneer History of Illinois*, by John Reynolds, p. 44 et 47.
— *Journal de l'expédition de Rogers sur Détroit* en 1763. — Lire
aussi la *Relation originale de l'expédition de Lewis et Clarke dans
l'Illinois en* 1775.

suite pleins d'entrain et de hardiesse, disons même aventureux à l'excès ; ils étendirent dès l'abord leurs investigations et leurs opérations, jusqu'à l'extrême Ouest. Champlain visitait les grands lacs avant qu'aucun Anglais eût songé à perdre de vue le rivage de la mer ; en 1660, nos traitants de pelleteries et les coureurs de bois parcouraient déjà tous les ans et en grand nombre ces contrées reculées ; en 1680, ils exploraient en amont et en aval la vallée du Mississipi, et ils établissaient partout des postes de commerce, dont la série échelonnée finit par relier le Canada et la Louisiane[1] ; les travaux des missionnaires sont encore bien plus surprenants, si on les fait entrer dans les termes de la comparaison, puisque dès 1625 nous voyons des moines récollets pénétrer dans les forêts de l'intérieur, seuls, sans appuis d'aucune sorte, connaissant à peine quelques mots des langues indiennes, et parcourir par terre, de tribu en tribu, les montagnes sauvages qui séparent l'Acadie du Canada. Quand un de ces prêtres audacieux, le P. Druillètes, vint à Boston en 1650, le pasteur anglais Elliott, qui s'occupait des Indiens du Massachussetts, fut saisi d'étonnement et de respect en voyant ce missionnaire « qui parlait les langues sauvages aussi bien que les « indigènes ; qui avait passé plusieurs hivers dans les « cabanes enfumées des *Oumamioucks* et des *Papina-* « *chois*, à 3 ou 400 milles des habitations françaises ; « qui venait de traverser d'épaisses et interminables « forêts, et dont l'habit ainsi que l'équipage le rappro- « chaient plus d'un sauvage que d'un Français de « médiocre condition. » Elliott se prit d'affection pour lui, et par une « contradiction étrange ce ministre qui,

---

1. Garneau, *Histoire du Canada*. — Ferland, *idem*. — Vauban, *les Oisivetés*.

« au conseil des Elders, prohibait les prêtres catho-
« liques sous peine de mort, voulait le retenir pour qu'il
« passât l'hiver avec lui [1] ».

Quoi qu'il en soit et pour conclure, il y a un fait incontestable et péremptoire qui tranche la question qui nous occupe ; c'est que, en 1740, alors que l'intérieur de ce vaste continent était presque inconnu des Anglo-Américains, les Canadiens avaient fondé depuis quarante, cinquante et soixante ans, pour le soutien et le développement de leurs opérations commerciales, plusieurs colonies, à 100, 200 et jusqu'à 400 lieues de la mer dans l'intérieur du continent : telles étaient *Frontenac*, *Détroit*, *Michillimakinac*, *la baie Verte*, *Vincennes* et les colonies si curieuses et si peu connues de *l'Illinois* qui datent de 1680 [2], et dont les premiers registres de baptême et de mariage sont de 1695.

Cependant à cette époque (1740) les Anglo-Américains comptaient déjà 800,000 âmes et recevaient chaque année de nombreux émigrants, tandis que les Canadiens n'étaient que 43,000 et ne recevaient de la métropole que des renforts insignifiants. Telle était néanmoins l'activité et la hardiesse de ces derniers, qu'ils offrirent alors de jeter 3,000 colons à Détroit, pour dominer tout l'intérieur du continent, si le gouvernement français voulait, pour compenser ce vide, faciliter l'envoi d'une nombreuse immigration française au Canada [3]. Si ce plan aussi intelligent qu'audacieux eût été agréé, il est pro-

---

1. Beamish, page 114. — Férland, page 391 à 395.
2. Broadhead, *Documents de Paris*. — Dillon, *Histoire de l'Indiana*. — Smith, *Histoire du Wisconsin*. — Reynolds, *Pioneers of Illinois*. — Rameau, *Notes sur la colonie de Détroit.* — Archives de la marine.—Actes de l'église de Kaskaskios.—Actes de l'église de Sainte-Anne au Détroit.
3. Mémoires et lettres de M. de La Galissonnière. (*Archives de la marine.*)

bable que jamais les Anglais n'eussent conquis nos colonies !

Les Français du Canada présentaient donc dans leurs explorations et dans leurs entreprises une perspicacité, une résolution, un esprit de ressource auxquels les Anglo-Américains étaient complétement étrangers ; il est facile dès lors d'apprécier comment l'action, les défrichements et la population des Franco-Canadiens se développèrent et se répandirent, toute proportion gardée, avec infiniment plus de rapidité et d'intensité, sur le continent nouveau, que chez les Anglo-Américains. Enfin, si l'on tient compte de la quantité d'immigrants que recevaient l'un et l'autre pays, le calcul nous démontre en outre que les Canadiens se multipliaient plus vite que les Américains, malgré la dispersion et la déperdition considérables qu'entraînait le commerce des fourrures dans les solitudes de l'Ouest, et c'est encore ce que l'on peut observer aujourd'hui [1].

Dans tout ceci, où voit-on la supériorité du colon anglais? et quel est celui de ces deux pionniers de la société chrétienne qui nous semble le mieux doué pour porter dans le désert, la civilisation et le progrès?

Troisièmement. Était-ce donc par l'organisation sociale que les établissements anglais l'emportaient sur les colonies françaises? Certes, sur quelques points, la condition des Anglais était préférable, mais sous d'autres rapports

---

1. Les États reçurent, de l'année 1600 à 1700, plus de 100,000 émigrants; de 1700 à 1750, ce nombre fut dépassé; le Canada et l'Acadie reçurent 6,000 émigrants durant la première période et 4,000 pendant la seconde, c'est-à-dire le vingtième de l'immigration américaine. Or, en 1750, les États-Unis comptaient 1 million d'âmes, et la population française du Canada, de l'Acadie et des colonies dispersées dans le Far West atteignit alors 75,000 habitants. — Voir les recensements divers, et notamment le tome IV du recensement canadien de 1871.

ils étaient moins bien partagés, et la balance finale n'est peut-être pas celle que l'on présume communément, ainsi que nous le verrons. En tout cas, il est fort douteux aujourd'hui que ces circonstances sociales ou politiques aient exercé l'influence exagérée qu'on leur a attribuée sur la fortune des Anglo-Américains et sur la chute du Canada. Si les Canadiens en effet eussent été aussi nombreux que leurs adversaires, ils eussent conquis toutes les colonies anglaises dès les premières années du XVIIIe siècle; et si les Anglo-Américains n'eussent jamais reçu plus d'immigrants que le Canada, ils n'auraient pas encore aujourd'hui franchi le premier versant des Alléghanys; c'est ce que nous allons montrer dans les pages qui suivent.

Chacune de ces deux sociétés possédait en réalité des qualités et des défauts qui lui étaient propres, sous des formes variées, et dans l'une et l'autre se rencontrent des abus considérables, dont les plus grands n'étaient peut-être pas ceux dont on parle le plus. Que n'eût-on pas dit en effet, et que ne diraient pas aujourd'hui nos déclamateurs et nos sophistes, s'il s'était produit dans nos colonies le dixième des excès dont l'immigration a été entachée dans l'Amérique anglaise? Cela s'est vu une fois chez nous, en Louisiane, mais ces excès se sont reproduits cent fois dans les États, et cela a duré plus de cinquante ans.

Le fond de la question est celui-ci : dans la situation prédominante de nombre, de puissance, de richesse qu'une émigration surabondante et des circonstances fortuites avaient créée dans les colonies anglaises, celles-ci ont-elles profité de ces avantages pour développer une société plus policée, mieux ordonnée, plus intelligente, plus expansive dans ses progrès et ses établissements? Ont-elles joui d'une plus grande harmonie à l'intérieur,

17

montré plus de virilité et de puissance à l'extérieur, produit plus de richesses par leur travail?

Certes, les Américains l'ont emporté dans ce dernier article, de même que dans le commerce, et encore cette supériorité n'est-elle pas entièrement le résultat de leur propre génie, car il faut tenir compte des facilités de toute nature qu'une population plus considérable leur a fournies dès le principe, pour les opérations du grand commerce et pour l'établissement de l'industrie. Mais leur société était-elle plus policée, mieux ordonnée, plus intelligente? Il est permis d'en douter, surtout sur ce dernier point, car les Canadiens possédaient, dès 1675, deux excellents colléges de hautes études, l'un à Québec et l'autre à Montréal, qui étaient infiniment supérieurs à celui de Harvard dans le Massachussetts; quant à l'ignorance de la Virginie, elle fut, jusqu'à la Révolution de 1774, proverbiale chez tous les Anglais, et Berkeley, leur gouverneur, disait en 1630 : « Nous n'avons dans la colonie ni écoles libres ni imprimeries, et j'espère que nous n'en aurons pas d'ici à trois siècles [1]. »

Nous avons vu précédemment comme les Canadiens avaient montré une supériorité relative dans l'expansion de leurs établissements, de leur population et de leur influence ; mais d'autre part les États possédaient sur eux un grand avantage, c'était celui d'une organisation et d'une vie municipales, fortement établies et enracinées par de saines traditions. L'existence paroissiale et la communauté d'intérêts qui se groupaient dans la paroisse et autour du manoir seigneurial, dans la Nouvelle-France, offraient sans doute une compensation dont il faut tenir compte, mais en laissant néanmoins une

1. Carlier. — Garneau, t. II, p. 296. — *Voyage d'un officier anglais aux États-Unis pendant la guerre de l'Indépendance.*

grande lacune à regretter. Cependant cela ne suffit point aux États-Unis pour constituer une convenable *harmonie à l'intérieur*, ni une véritable paix sociale, car durant le premier siècle leur histoire est remplie de discussions, d'antagonismes, de dissensions intestines, qui dégénéraient souvent en violences légales ou brutales ; désordres et luttes qui contribuèrent pour une forte part à paralyser leurs forces et à annuler la prépondérance matérielle que devait leur assurer dès lors l'énorme supériorité du nombre.

Les Canadiens, au contraire, possédaient à un plus haut degré et en une meilleure assiette les qualités sociales essentielles, telles que le sentiment de la famille et de la hiérarchie, le culte de la religion et de la tradition ; nous disons en une meilleure assiette, parce qu'elles étaient fondées sur un naturel mieux doué et sur une éducation où se montraient, dans une proportion raisonnable, ces éléments supérieurs et généraux de l'instruction humaine, qui élèvent l'âme et élargissent les horizons de l'esprit.

Enfin cette société a-t-elle montré plus de virilité et de puissance à l'extérieur ? C'est ici surtout que se manifestent, par l'infériorité visible des Anglo-Américains, les résultats logiques des observations que nous avons énoncées plus haut : ces colons, moins entreprenants, moins alertes, moins intelligents que les Canadiens, devaient être nécessairement hors d'état de lutter contre eux, homme pour homme et à égalité de forces ; or cette présomption logique s'est réalisée en effet si complétement dans les faits, que, malgré le nombre considérable et disproportionné des Anglais, ils ont eu presque constamment le dessous dans leurs luttes continuelles contre les Canadiens. Déjà vaincus par ceux-ci en 1690, ils furent obligés en 1710, pour écraser les Acadiens, d'envoyer successivement contre eux trois armées qui furent battues, puis une quatrième qui ne fut victorieuse que parce qu'elle comptait deux fois plus de soldats que le pays ne contenait d'habitants; ils se trouvèrent du reste partout à cette époque refoulés par les Canadiens, et on vit ce spectacle étrange d'un petit peuple de 18,000 âmes repoussant une nation de 260,000 habitants, envahissant celle-ci au contraire, et maintenant pendant plusieurs années toutes les frontières sous le régime de l'épouvante et de la terreur, de telle façon qu'il s'en fallut de fort peu que la moitié des colonies anglaises ne fût subjuguée à cette époque [1].

En 1748 survint une nouvelle guerre, et de nouvelles défaites pour les Anglais, partout où les Canadiens se mesurèrent contre eux. Mais ce fut surtout dans la dernière de ces guerres, en 1756, que la supériorité des Canadiens se montra avec évidence. Pendant trois années, les Anglais subirent des défaites désastreuses, effroyables; dans leurs armées, ils étaient trois, quatre et cinq contre un, leur population était seize fois plus nombreuse que celle du Canada [2], et cependant, si l'État de New-York ne fut pas envahi et conquis en 1758, après la bataille de Carillon, cela tint uniquement au petit nombre d'hommes dont pouvait disposer le général français [3].

Enfin on vit se renouveler, la quatrième année, le phénomène singulier que présenta en 1710 la conquête de l'Acadie : les Anglo-Américains mirent sur pied des armées qui toutes ensemble étaient plus nombreuses que la population totale du Canada. La petite armée des Français, décimée par quatre années de victoires, ne rece-

---

1. Mémoire du chevalier de Callières. (*Archives de la marine.*)
2. Franklin cité par Garneau, t. II, page 220.
3. Dussieux, *le Canada sous la domination française.* — Garneau, etc., etc.

vant aucun renfort de la métropole, réduite à 5 ou 6,000 hommes, et attaquée par 70,000 soldats, ne put résister à ce flot d'envahisseurs ; c'est ainsi que notre dernière colonie fut conquise !

Voilà les faits saillants et extraordinaires qui dominent la situation et l'histoire des deux peuples ; voilà comment il se fait que, pendant soixante ans, un petit peuple dont la population a varié de 18,000 à 70,000 âmes a pu résister à l'ambition ardente et à la haine acharnée d'une nation qui, dans les mêmes temps, comptait de 260,000 à 1,200,000 habitants !

Résumons-nous ici : l'explication de ces victoires et de cette glorieuse résistance s'établit facilement pour tous ceux qui étudient sérieusement l'histoire de l'Amérique, et elle serait comprise par tout le monde dès la première vue, si nous n'avions pas l'esprit obscurci et aveuglé par la séduction du succès et par les passions politiques qui nous dominent depuis un siècle, avec leur cortége inévitable de préjugés, auxquels il est difficile de se soustraire. En réalité l'histoire nous montre que les colons français étaient :

Plus *vigoureux* de corps, plus *énergiques* d'esprit, et plus ingénieux que leurs voisins ; ils étaient même, ce qui heurte bien plus encore l'opinion commune, plus entreprenants et plus intelligents ; leur société était plus virile.

Plus *entreprenants*, car abandonnés et délaissés par la métropole, sans direction et sans secours, c'est par leur esprit d'entreprise que, s'étendant dans l'intérieur dès l'origine, ils s'assurèrent une grande influence sur les sauvages, et une situation topographique prédominante ; c'est en effet par cette expansion bien calculée qu'il leur fut possible de cerner en réalité les frontières anglaises, avec un très-petit nombre d'hommes, en multipliant leurs points d'attaque. Cet avantage de position, dû à leur habileté autant qu'à leur génie audacieux, était décuplé, dans son effet utile, par la prodigieuse mobilité de leurs mouvements.

Ils étaient plus *intelligents*, car ce fut par la supériorité de leur intelligence, qu'ils surent se concilier l'alliance des sauvages et dominer autant que possible leur esprit inconstant et vagabond ; ce furent eux qui imaginèrent, avec une merveilleuse sagacité, ce genre de guerre que seuls ils surent manier, où l'on combinait l'élément européen avec l'élément indien, en tirant un parti ingénieusement calculé de la furie désordonnée de ceux-ci et de la solide discipline de ceux-là. Enfin, s'il est un point où éclata surtout leur intelligence, ce fut dans la juste appréciation de la topographie et des circonstances locales qui les entouraient, dont ils tirèrent constamment un si excellent parti ; c'est par là qu'ils parvinrent à se soutenir dans leur défense et à faciliter leurs attaques ; la sûreté et la rapidité du coup d'œil, l'habileté des combinaisons, la promptitude de la résolution, l'énergie de l'action ne le cédaient en rien, chez eux, à la vigueur du tempérament, à la souplesse du corps, à la sobriété et à la rusticité des habitudes. Le travail de l'intelligence se joignait donc à l'œuvre de la nature pour former en ce pays une race d'élite, à laquelle rien n'a manqué, excepté la fortune, *et le concours de la mère-patrie !*

Victrix causa diis placuit, sed victa Catoni!

Il faut bien vraiment que ces gens-là aient été de notre sang et de notre parenté, pour que nous les ayons ainsi méconnus ; nous sommes les derniers à nous apercevoir de leur gloire et de leur héroïsme, alors qu'il n'est pas une petite peuplade dans le monde, luttant pour la patrie ou la liberté, à laquelle nous n'ayons prodigué le lyrisme de notre sympathie et la pompe de nos dithyrambes. Les Américains ne s'y trompaient point, et le très-clairvoyant Franklin disait en 1755 : « Tant que le Canada ne sera pas conquis, il n'y aura ni repos ni sécurité pour nos treize colonies. » Il avait raison ; mais quel aveu dans la bouche de cet homme, dont les compatriotes étaient vingt contre un vis-à-vis des Canadiens [1] ! Ceux-ci cependant furent abandonnés par la France, tandis que ce même Franklin fut porté en triomphe dans les rues de Paris et dans les salons de Versailles.

Mais nous sommes ainsi faits, que nous passons à chaque instant d'un chauvinisme absurde à un besoin ridicule de fronder tout ce qui se fait chez nous et par les nôtres ; dès qu'il s'agit surtout de louer les gens qui flattent les passions et les préjugés à la mode du jour, nous foulons aux pieds sans hésiter nos ancêtres, nos frères, et à plus forte raison nos cousins ! Il s'agissait alors de sympathiser avec les États-Unis, et de louer directement et indirectement les lois et la société américaines : telle était la mode, et pour y satisfaire, contre vents et marées, en dépit de la vérité historique, de l'équité et du patriotisme le plus simple, on jeta par-dessus bord les malheureux Canadiens, sans même les examiner [2] !

1. Franklin cité par Garneau, t. II, p. 220.
2. Non-seulement on perdit le Canada sans regret en 1763, mais, sous l'influence néfaste des mêmes hommes et des mêmes idées, on dédaigna de le ressaisir en 1778 ; le 6 février de cette année, M. de Vergennes avait la galanterie un peu naïve de promettre à Franklin, cet ennemi mortel et hypocrite du nom français, de « renoncer à toute prétention sur le Canada, si l'on voulait bien accepter l'alliance de la France ». Les États-Unis nous firent alors la grâce d'accepter nos soldats et notre argent. Ah ! Franklin savait bien que les États-Unis étaient perdus si, après leur scission avec l'Angleterre, le Canada eût été de nouveau réuni à la France ; mais

Que pourrions-nous ajouter maintenant ? Il nous semble que pour déployer une résistance si extraordinaire, avec si peu de soutien au dehors et si peu de ressources chez eux, malgré la rudesse du sol et du climat, il a fallu que ces Acadiens et ces Canadiens possédassent plus de ressort, plus de savoir-faire et plus d'énergie que leurs puissants et riches ennemis ; il leur a fallu plus d'habileté dans le maniement des circonstances et dans le groupement des hommes, plus de valeur propre en chaque individu et dans l'ensemble de leur société. Nous l'affirmons, mais les faits l'affirment encore avec bien plus de puissance que notre faible voix, car toute leur histoire ne serait qu'un impossible roman, s'il n'en eût point été ainsi !

Cependant nous irons plus loin, nous demanderons à tout lecteur impartial, qui aura étudié le mémoire de M. de Callières en 1689 et celui de d'Iberville en 1702 [1], à quiconque aura lu le livre si remarquable de M. Dussieux sur la guerre de 1744 et sur la guerre de Sept Ans qui la suivit [2], nous lui demanderons de se poser ces questions dans son esprit : Que fût-il arrivé en 1690, en 1706, en 1756, si les Canadiens, au lieu d'être un contre vingt, eussent été seulement un contre cinq, ou si même la France eût secondé leur vaillance et leur habileté par un secours convenable ?

Or il ne nous paraît pas possible de se faire un seul instant illusion sur le résultat possible de cette lutte. L'État de New-York et la Nouvelle-Angleterre eussent

---

M. de Vergennes jouait le rôle de M. Dimanche : « *Vous me faites trop d'honneur, monsieur, de vouloir bien emprunter mon argent !* » — Voir Cornélis de Witt, *Vie de Washington*, p. 138, et Claudio Jannet, *les États-Unis contemporains*.

1. Mémoires manuscrits, aux *Archives de la marine*. — Garneau.
2. Dussieux.

été subjugués dans une seule campagne, et la Virginie ainsi que les autres provinces du Sud eussent difficilement évité ce sort dans les campagnes suivantes.

Que fût-il donc arrivé si les rôles eussent été renversés, et si les Canadiens eussent été plus nombreux, ou même simplement égaux en nombre aux Anglo-Américains ? On peut affirmer sans crainte que leurs colonies n'eussent pas vécu vingt ans, côte à côte avec le Canada, sans être absorbées par lui. Où donc était l'intelligence et l'énergie si vantées des colons anglais ? Où trouve-t-on dans tout ceci matière à ces louanges exagérées et emphatiques, qui ne tiennent compte que des résultats sans vouloir étudier les circonstances ni les causes ? Où sont donc les effets de cette influence souveraine des institutions et des lois ? et, si cette influence est réellement si grande, où se montre donc la supériorité des institutions et des lois dans les colonies anglaises ?

Que de préjugés et de présomptions légères ! Que de mirages, de dissertations vaines et d'erreurs routinières remplissent ces nombreux volumes où beaucoup de Français ont passé tant d'heures et de travail dans des travaux ridicules, qui abaissent et humilient leurs compatriotes et leur pays ! Ils édifient, avec d'innombrables erreurs, les louanges imméritées de peuples étrangers sur des mérites imaginaires, ce qui est une absurdité ; tandis qu'ils méconnaissent nos qualités propres, nos aptitudes, notre véritable gloire, ce qui est la plus plaisante sottise qui puisse couronner de si laborieux efforts !

Rien n'est plus énervant, rien n'est plus funeste pour une nation que ces illusions décevantes du raisonnement pur et des théories à la mode, par lesquels on conduit les hommes, avec beaucoup d'imagination, peu de science, et sans aucune expérience, à mépriser les traditions conformes à leurs aptitudes, en leur faisant chercher, dans des essais précaires, des aventures pour lesquelles la nature n'a rien préparé chez eux.

Beaucoup de gens s'étonnent de certaines faiblesses de notre société ; plusieurs appréhendent de reconnaître parmi nous quelques-uns des symptômes qu'offrent les décadences : n'est-il point à craindre que ces aberrations de nos théoriciens ne soient une des causes fâcheuses de cette situation compromise ? Les effets de la raison pure mise au service des secrètes faiblesses de notre âme exercent toujours une influence funeste, mais surtout quand nous cherchons à nous appuyer sur des exemples du dehors ; car, s'ils peuvent être quelquefois utiles à consulter, ils sont presque toujours disparates et dangereux dans la pratique.

Nous venons d'exposer par quelle supériorité morale et intellectuelle les Canadiens purent maîtriser si longtemps la supériorité matérielle du nombre : quant aux causes sérieuses de la perte et de la ruine de notre colonie américaine, on peut les résumer en quelques lignes.
— *Premièrement.* Le développement exagéré de la cour et de l'idée de l'*État*, qui anéantirent insensiblement l'esprit d'entreprise chez les particuliers, notamment dans les hautes classes ; de là la disproportion énorme des émigrations, comme nous l'avons exposé. — *Secondement.* L'impardonnable incurie de cet *État* central, si démesurément gonflé ; négligence et aveuglement qui s'étendirent non-seulement sur le peuplement des colonies, mais sur le commerce, sur l'administration militaire, sur la défense du territoire. — Enfin la France, entièrement absorbée par des préoccupations trop exclusivement européennes, laissa constamment dénués de tout secours métropolitain le Canada et l'Acadie, qui lui étaient si dévoués. La Grande-Bretagne au contraire,

aisément dégagée des luttes continentales par sa situation, prodigua ses soldats et ses finances pour seconder les milices de ses colonies, déjà si puissantes, et qui furent si ingrates : voilà la *troisième* cause.

La force de notre colonie était tout entière dans la société vigoureuse que nous avions créée par delà les mers, et toute sa faiblesse provint de la légèreté de nos mœurs, de la sottise de notre administration et de nos rêveries !

Le gouvernement français, dans les temps difficiles, se trouva en effet entouré des plus tristes conseillers; ces sophistes spirituels, éloquents et impuissants, par lesquels le XVIII° siècle a été le fléau de notre pays et la honte de son histoire, étaient incapables d'apprécier les forces saines et vigoureuses par lesquelles grandissent les peuples ; eussent-ils pu les comprendre qu'ils n'auraient pas su en user. Grands admirateurs de tout ce qui brillait, de tout ce qui flattait les passions de l'homme et leur vanité particulière, ils estimaient peu les qualités les plus fécondes, quand elles restaient sans éclat; leur intelligence était myope et leur volonté énervée. Nos colonies de l'Amérique du Nord étaient des pays pauvres et glacés; ces Canadiens si vigoureux, si actifs, si intelligents, avaient l'écorce rude et les apparences sauvages. Ils admiraient donc l'Américain riche et rusé, qui flattait leur amour-propre ; ils dédaignaient au contraire l'énergie rustique des ces Canadiens, qui méprisaient la sénilité de leur bel-esprit; et quand Voltaire déclara qu'en cédant à l'Angleterre quelques milliers d'arpents de neige la France y gagnait encore, il fut très-réellement, comme toujours, l'interprète de son époque !

En dehors de ces conseillers intimes et immédiats, ce gouvernement ne manqua point cependant d'avis salutaires : les gouverneurs du Canada furent souvent des gens habiles, actifs et clairvoyants, qui étudièrent avec fruit le fort et le faible de cette contrée; ils n'épargnèrent point à la cour les renseignements judicieux, les avis salutaires. Il suffit de citer MM. d'Avaugour, de Frontenac, de Callières, de Beauharnais, La Galissonnière, de Vaudreuil, etc. Les Archives de la marine, en nous transmettant leurs rapports, nous ont légué d'impérissables regrets. Ils furent eux-mêmes secondés par des agents aussi actifs qu'intelligents. Tandis que les gouverneurs des provinces anglaises nous montrent l'ignorance la plus grossière, la plus inqualifiable, sur le Canada, sur les Canadiens et sur l'intérieur de l'Amérique, les nôtres connaissaient les colonies anglaises, leurs mœurs, leurs ressources, leur état militaire, leurs côtes, leurs fortifications même, tout le fort et tout le faible de la situation, avec une sûreté de renseignements et une justesse d'appréciation qui nous étonnent.

Encore aujourd'hui il nous est aussi facile de nous renseigner, aux Archives de la marine, sur l'état militaire des colonies anglaises, qu'en consultant les auteurs américains eux-mêmes. Nous y voyons que la Nouvelle-Angleterre pouvait en cas d'urgence, à la fin du XVIIe siècle, mettre 6,000 hommes sous les armes; New-York et les pays voisins, 3 000; la Virginie, 1 000 à 2 000 hommes; on y ajoute même que la Pensalbanie (Pensylvanie) fournira peu de monde, parce que les *Couacres* (quakers) ne veulent pas se battre [1].

En effet, les colonies anglaises eussent pu facilement, en 1700, mettre 9 à 10,000 miliciens sur pied; mais rien ne pouvait émouvoir ni éclairer le gouvernement français! La Nouvelle-France tout entière ne contenait pas 18,000 âmes; on aurait à peine trouvé 1,600 hommes

---

1. Mémoire de La Mothe-Cadillac. (*Archives de la marine.*)

en état de porter les armes; on n'aurait pas pu en mobiliser plus de 800; quant à la métropole, elle entretenait 500 réguliers au Canada et 150 en Acadie. C'est dans de telles circonstances que la guerre allait s'engager entre les deux nations !

VIII

INVASION ANGLAISE ET CONQUÊTE

1702 à 1713

> Vois ces vieux bataillons qui traversent la ville
> avec leur drapeau mutilé.
> (Victor Hugo.)

Nous avons laissé les Acadiens travaillant comme une ruche industrieuse au perfectionnement de leurs établissements, tandis que leurs familles patriarcales essaimaient de toutes parts, avec une activité persévérante, dans des cantons nouveaux où déjà surgissaient la vie, la fécondité, l'ordre et le progrès. Quand on considère ces effets merveilleux et patients du travail humain aux prises avec la nature sauvage, rien n'est plus triste que de voir ce généreux essor contrarié et ruiné par le choc violent des passions qui agitent l'humanité. Nous n'avons jamais pu voir, sans faire de mélancoliques réflexions, l'écroulement d'une fourmilière sous le coup de pied d'un passant brutal et indifférent : que de travail perdu ! que de combinaisons ingénieuses renversées par la fantaisie d'un moment !

Mais que penserions-nous, si c'était une partie des fourmis qui renversât l'œuvre des autres? Voilà cependant ce qui allait arriver à ces communautés actives, intelligentes, qui se multipliaient avec une si admirable rapidité ! Déjà nous avons raconté quelles inquiétudes avait inspirées au vieux Thibaudeau et aux gens de

Chipody la rupture de la paix entre la France et l'Angleterre, en 1702; ces inquiétudes étaient générales et elles étaient d'autant mieux fondées que les colons anglais étaient alors extrêmement irrités contre les Français, et parlaient ouvertement de porter en Acadie une véritable armée d'invasion.

Les progrès néanmoins continuèrent encore à se développer : les travaux assez importants que le gouverneur, M. de Brouillan, fit exécuter pour la construction du fort, pour les réparations de l'église, attirèrent un certain nombre d'ouvriers de tous états et de simples engagés ; pendant plusieurs années, il vint de France plus d'immigrants qu'il ne s'en était vu en Acadie depuis le temps de d'Aulnay. De 1701 à 1709, on peut évaluer à environ 80 le nombre des colons nouveaux qui s'établirent à Port-Royal; quelques-uns étaient les soldats licenciés de la garnison qui se marièrent dans le pays, mais la plupart vinrent directement d'Europe, surtout de Rochefort [1]. Malheureusement presque tous étaient célibataires, car en consultant les recensements on n'aperçoit qu'un très-petit nombre de noms nouveaux parmi les femmes ; c'est-à-peine si l'on trouve 4 femmes qui ne sortent point des vieilles souches acadiennes.

En juillet 1701, il s'ouvrit à Port-Royal une école sous la direction d'une religieuse venue de France, la sœur Chausson, qui appartenait à la Congrégation de la Croix [2]. Jusque-là, les prêtres des Missions étrangères, qui tenaient les cures de l'Acadie, avaient enseigné à lire et à écrire à quelques jeunes gens de bonne volonté (on en trouve la preuve dans les actes et les documents). Mais

---

1. États et devis de l'ingénieur Labat. (*Archives de la marine.*) — Recensements.
2. Faillon, *Histoire de la sœur Bourgeois.*

depuis les Pères récollets, qui tenaient une sorte d'enseignement public dans leur couvent, à l'époque de d'Aulnay, on n'avait pas vu d'école régulière en Acadie.

L'existence, du reste, y était facile : le nécessaire abondait, les familles très-nombreuses s'y multipliaient à vue d'œil, et la population y semble heureuse, d'après la description de Diéreville qui y demeura au commencement du XVIIIe siècle. Les denrées communes y étaient à fort bon compte : le froment valait 40 sols le boisseau de 40 livres; le bœuf sur pied, de 30 à 40 livres la pièce, et au détail 2 sols la livre; le mouton, 3 sols la livre; le lard, 2 ou 3 sols; les œufs, 5 sols la douzaine; une paire de poulets, 10 sols, etc., etc. [1].

Le côté faible de l'Acadie était le peu de sécurité que présentait cette contrée en cas de guerre. Les vieux forts de Jemsek et de Nashouak, sur le fleuve Saint-Jean, avaient bien été restaurés légèrement par Villebon cinq ou six ans auparavant; mais, délaissés depuis lors, ils étaient tombés dans un grand état de délabrement. Le fort de Pentagoët n'était plus qu'un vieux débris, dont toute la force consistait dans les tribus abénakisses, inféodées à Saint-Castin; enfin à Chedabouctou, à l'extrémité nord de la presqu'île, il y avait un méchant fort en bois, pour abriter et protéger les pêcheurs qui fréquentaient en été les parages de Campseau.

Les gouverneurs de Port-Royal, pour suppléer à la faiblesse de leurs moyens de défense, avaient attiré un grand nombre de corsaires et d'aventuriers, qui faisaient de ce port leur lieu de refuge et le centre de leurs opérations. Par sa situation, Port-Royal était en effet comme une sorte d'embuscade maritime, d'où ils surveillaient la sortie de tous les ports de la Nouvelle-Angleterre.

---

1. Mémoire de M. de Villebon. (*Archives de la marine.*)

Plusieurs flibustiers, parmi lesquels s'étaient distingués Francis Guyon, le beau-père de Cadillac, Maisonnat, dit Baptiste, et quelques autres, avaient exercé de grandes déprédations au préjudice des Bostonnais. Mais ces avantages passagers offraient au moins autant de dangers que de profits pour la contrée : c'étaient en effet ces déprédations qui surexcitaient l'animosité de la Nouvelle-Angleterre, tandis que la situation de Port-Royal, quoiqu'elle fût très-prisée par les corsaires, ne mettait point la place à l'abri d'une attaque régulière.

Ses ressources défensives étaient si médiocres, qu'elle était en quelque sorte à la merci de toute agression sérieusement conduite. Malgré les soins et l'activité de M. de Brouillan, secondé par le sieur de Labat, ingénieur militaire, le nouveau fort offrait à peine un ensemble complétement fermé. On avait destiné 20,000 livres à ce travail, mais une partie de ces fonds avait été distraite pour acheter diverses munitions; la modicité des ressources avait donc retardé les constructions, et obligé l'ingénieur à n'édifier que des fortifications très-grossières. Il y avait trois bastions : *Dauphin*, *Bourgogne* et *Berry*, plus un ravelin disposé sur le versant du glacis de manière à battre la rade; mais tous ces ouvrages étaient en terre, soutenus à leur base par des rangs de pieux très-forts, le tout complété, coordonné et fermé par des palissades et autres appareils en grosse charpente; à l'intérieur seulement se trouvaient quelques édifices en maçonnerie pour les logements et magasins; les fossés étaient convenables, mais les glacis étaient réduits presque à rien en certains points, par la trop grande proximité de quelques maisons et clôtures[1].

Ce genre de fortification avait une certaine valeur

---

1. Rapports de M. de Labat. (*Archives de la marine.*)

durant les premières années, mais les boisages qui en formaient la base se pourrissaient promptement, ce qui occasionnait dans le corps de la place des éboulements fréquents, qui étaient le prélude de véritables brèches [1]. On possédait un matériel d'artillerie assez respectable, mais le personnel chargé de la défense des remparts était tout à fait insuffisant; on n'entretenait en effet en Acadie que quatre compagnies d'infanterie de marine, dont l'effectif nominal était de 50 hommes par compagnie, mais qui en réalité formaient rarement un total de 150 hommes.

En dehors des fortifications et de la garnison, quelles étaient les ressources de l'Acadie pour sa défense? *La milice des habitants, les renforts* venant d'Europe ou du Canada, et enfin *les sauvages du pays*.

L'état statistique qui suit nous fera connaître quelle pouvait être l'importance de la population européenne et de la milice dans les divers cantons acadiens [2].

	PORT-ROYAL.		LES MINES.		BEAUBASSIN.	
Années. . . .	1700	1707	1700	1707	1700	1707
Habitants. . .	466	554	498	628	189	270
Bêtes à cornes	715	963	713	946	379	510
Moutons. . .	768	1,245	722	846	306	500
Porcs.	462	974	542	»	169	328
Fusils.	92	120	77	»	»	»

A tous ces chiffres, il convient de joindre pour Chipody 55 habitants en 1707, et 300 pour les fiefs sauvages.

1. Rapports des gouverneurs français. (*Archives de la marine.*) — Rapports des Anglais. (*Archives d'Halifax.*)
2. Recensements. (*Archives de la marine.*)

Une progression considérable se montre sur tous les points durant ces sept années : le bétail s'était accru de plus d'un quart, et les cultures ne le cédaient point au reste ; la nouvelle colonie des Mines fournissait à elle seule plus de blé qu'il n'en fallait pour nourrir toute la province. Aussi exportait-on fréquemment sur Boston des grains et du lin ; les navires de cette ville ramenaient en échange du fer, des outils et des objets manufacturés. Les communications en effet étaient si irrégulières avec la France, que, malgré les prohibitions légales, il fallait bien subir ce commerce interlope, et *nous étions heureux*, dit Desgouttins, *d'être approvisionnés par nos amis les ennemis* [1]. Les moulins à blé et à scie se multipliaient, et nous apercevons déjà à chaque instant la trace des exportations de planches et de bois scié.

Ces tableaux accusent une population de plus de 1,500 âmes, et on doit l'évaluer à 1,800, si l'on tient compte des gens fixés sur les côtes de l'Est et dans ces capitaineries sauvages dont nous avons déjà parlé [2] et dont nous nous occuperons de nouveau tout à l'heure. Depuis 1689, c'est-à-dire en dix-huit ans, la population totale avait donc plus que doublé, s'augmentant de 847 personnes.

Parmi les 1,500 habitants, 350 hommes peut-être étaient dans la force de l'âge ; mais sur ce nombre eût-on pu mobiliser 160 hommes à la fois, c'est-à-dire la moitié ? Cela est fort douteux ; ces hommes d'ailleurs étaient maintenant étrangers aux habitudes de la guerre ; les temps de d'Aulnay, de Latour, de Le Borgne étaient déjà bien loin derrière eux ! La population pouvait donc offrir des volontaires braves, énergiques et d'un très-bon

---

1. Correspondance administrative de Desgouttins. (*Archives.*) — Beamish (*passim*).
2. Voir chapitres III et IV.

service, mais en petit nombre ; quant à la milice, elle eût été insignifiante et comme nombre et comme utilité immédiate.

Pour défendre la colonie contre les attaques des Anglais, il eût donc fallu que la métropole y concourût pour une large part. Bien souvent les gouverneurs du Canada et de l'Acadie avaient présenté à la cour des remontrances aussi sages que bien motivées sur les dangers de la situation fausse de la Nouvelle-France, constamment compromise par la politique continentale du gouvernement, et à laquelle on n'envoyait cependant ni colons pendant la paix ni soldats pendant la guerre. Mais ces avis étaient toujours restés infructueux. Louis XIV possédait à un haut degré les qualités et les défauts du caractère français : l'extension de la France en Europe, le retentissement de la gloire militaire, l'éclat de sa situation et de ses relations avec les autres souverains, le flattaient et l'éblouissaient trop pour qu'il pût s'intéresser beaucoup à la création et au développement de ces humbles villages du nord de l'Amérique, dont on pouvait espérer cependant un si grand avenir. D'autre part, le roi n'aimait point les entreprises de longue haleine, dont il fallait patiemment attendre et diriger les progrès ; il aimait à *faire grand et vite*, et s'imaginait volontiers qu'une colonie pouvait s'improviser comme le château de Versailles. Après s'être occupé du Canada pendant dix ans, il pensait que ce pays devait être peuplé et consolidé ; aussi s'étonna-t-il singulièrement en 1675 de n'y trouver encore que 7,000 habitants [1] ; il en témoigna alors un profond mécontentement, et à partir de ce moment on aperçoit que ce sujet cesse de frapper son

---

1. Lettres à M. de Champigny, du 17 mai 1674 et du 15 avril 1676. (*Archives de la marine.*)

attention; le Canada et l'Acadie semblent plutôt être devenus pour lui un fardeau, un souci désagréable et gênant; toute leur importance disparaissait à ses yeux parce que leur avenir ne se dessinait pas assez vite!

Cependant, tandis qu'il interrompait ainsi sans raison l'œuvre féconde qu'il avait commencée, et dont il aurait pu recueillir lui-même les fruits avec quelque persévérance, il fut pris tout à coup vers la fin de son règne d'un engouement nouveau : il porta ses vues sur la Louisiane. « Il s'agissait d'assurer à la France le domaine « des pays intérieurs entre la mer du Nord et le golfe « du Mexique; ce vaste projet fut bien accueilli du roi « qui aimait tout ce qui avait de la grandeur [1]... » On équipa donc une flottille, on bâtit des forts, on envoya plusieurs expéditions successives; et tandis qu'on laissait sans secours des colonies anciennement fondées, que la moindre assistance eût à jamais consolidées, le roi ne craignit pas, malgré les embarras croissants de la fin de son règne, de faire des sacrifices relativement importants, pour fonder une nouvelle colonie à travers des tâtonnements toujours coûteux.

Le résultat de cette conduite fantasque fut de n'obtenir nulle part des progrès stables, suivis, considérables, qui eussent constitué un établissement vigoureux, propre à soutenir sa politique européenne au lieu de la gêner. Personne mieux que lui ne devait saisir les défauts de cette ligne de conduite, lui qui avec un grand sens écrivait à M. de Champigny, intendant du Canada, le 15 avril « 1676 : *Pénétrez-vous de cette maxime, qu'il vaut mieux* « *occuper moins de territoire et le peupler entièrement que* « *de s'étendre sans mesure et avoir des colonies faibles, à la* « *merci du moindre accident.* »

---

[1]. Garneau, t. II, p. 7.

Mais si la sagesse nous conseille quelquefois, la passion nous domine plus souvent encore :

Video meliora, deteriora sequor.

Louis XIV méprisait les opérations lentes et d'apparence mesquine, tandis que les mirages de la grandeur l'éblouissaient trop aisément; avec l'argent qui fut dépensé presque sans fruit pour la Louisiane, de 1683 à 1706, il eût été facile de pousser le peuplement du Canada et de l'Acadie, de manière à compter 30,000 âmes dans le premier pays, et 3 ou 4,000 dans le second; en accroissant en même temps le chiffre des garnisons, non-seulement toutes les colonies anglaises eussent été tenues en échec, mais peut-être en eût-on conquis une portion. (Voir le Mémoire du chevalier de Callières, *Archives*[1].) Quant à la Louisiane, on l'eût ensuite occupée en son temps et par surcroît, puisque la France eût alors dominé sans conteste tout le nord de l'Amérique !

Mais c'est en vain que les réclamations les plus pressantes et les mieux fondées étaient adressées à la cour à ce sujet : « Lorsque je compare la fin des guerres de « l'Europe depuis cinquante ans, et les progrès que dans « dix ans l'on peut faire ici, non-seulement mon devoir « m'oblige, mais il me presse d'en parler hardiment !... « La France peut en dix ans et à moins de frais s'assurer « en Amérique plus de puissance réelle que ne sauraient « lui en procurer toutes ses guerres d'Europe. » Ainsi écrivait en 1663 M. d'Avaugour, gouverneur du Canada. Ne semble-t-il pas que cet honnête homme ait eu alors une vision de l'avenir !

M. de Callières, MM. de Frontenac et d'Iberville deman-

---

1. Ce mémoire a été reproduit en entier dans la collection de Broadhead.

dèrent successivement et inutilement pour le Canada des renforts bien médiocres, qui à cette époque eussent assuré pour toujours la suprématie de la France en Amérique [1]; d'Iberville, qui avait fait ses preuves, sollicitait la plus faible assistance pour conquérir New-York [2]. On préféra dépenser cinq fois davantage et lui donner le commandement de l'expédition de la Louisiane !

« Toutes ces remontrances malheureusement n'é-
« taient pas écoutées; on versait des torrents de sang, on
« dépensait des millions pour des parcelles de territoire
« en Europe, tandis qu'avec quelques milliers de colons,
« avec les hommes tués dans une seule des batailles de
« Luxembourg ou de Condé, l'on se serait assuré à
« jamais la possession d'une grande partie de l'Amérique.
« *Les guerres de Louis XIV et celles de la Révolution fran-*
« *çaise ont-elles eu le résultat immense de la colonisation*
« *anglaise?* Quel regret d'avoir perdu un monde qu'il
« aurait été si facile d'acquérir, un monde qui n'aurait
« coûté que les sueurs qui fertilisent les sillons et qui
« fondent aujourd'hui les empires [3] ! »

S'il en était ainsi pour le Canada, comment l'Acadie si misérable, si éloignée, eût-elle préoccupé la cour de Versailles? Son étendue sans doute était considérable, sa situation importante, c'était l'ouvrage avancé de la Nouvelle-France; sa population montrait les plus précieuses qualités; on voyait ses cultures, ses produits, le nombre des familles, croître avec une rapidité prodigieuse; mais il eût fallu l'étudier à la loupe; il ne s'agissait que de quelques centaines d'hommes, et à Versailles on ne spéculait pas, à un siècle de distance, sur les ré-

---

1. Voir le mémoire de M. de Callières. — Garneau. — Ferland.
2. Garneau, t. II, p. 26.
3. Voir Beamish.

sultats de cette progression; on s'inquiétait peu de sa valeur présente, et on ne soupçonnait aucunement l'importance future dont elle recélait le germe. Dans un pareil état d'esprit, on ne pouvait donc compter sur aucun secours raisonnable de la part de la France, surtout dans la situation difficile où elle se trouvait alors.

Restait le Canada qui, plus peuplé, mais exposé aux attaques immédiates de l'ennemi et fortement intéressé à la conservation de l'Acadie, pouvait et devait appuyer sa défense; mais le Canada était lui-même bien faible pour secourir efficacement ses voisins. Nous avons vu dans le chapitre précédent qu'en 1707 on n'y comptait que 19,000 âmes; sa garnison consistait en 500 hommes d'infanterie de marine; on pouvait donc dans un danger extrême, pour un court laps de temps, en enlevant à la culture presque tous les hommes valides, mettre 2,000 à 2,500 hommes sous les armes. Mais encore ces forces n'étaient-elles point disponibles : le maintien d'une foule de postes avancés sur les grands lacs, la nécessité où l'on se trouvait de tenir en haleine les colonies anglaises, absorbaient et au delà les troupes régulières et la milice ordinaire; il eût été impossible de diriger sur une expédition lointaine, comme celle de l'Acadie, une force capable de repousser les attaques des Anglais; le Canada ne pouvait agir qu'indirectement, par ces colonnes mixtes, composées d'Indiens et de Canadiens, que ses capitaines et ses volontaires faisaient manœuvrer avec tant de succès sur les frontières. On n'y manqua point et on dirigea tout spécialement plusieurs de ces partis de guerre vers le Maine, qui confinait à l'Acadie; nous avons décrit dans le chapitre v une de ces expéditions [1]; en temps ordinaire, elles paralysaient quelquefois les projets

---

1. L'expédition de M. de Port-Neuf. V. plus haut.

d'agression de l'ennemi ; mais elles étaient insuffisantes pour lutter contre une expédition maritime, soutenue par la détermination ferme et bien calculée que les puissantes colonies anglaises avaient alors conçue à ce sujet.

Il est ainsi visible que la force la plus sérieuse de l'Acadie était dans son isolement, dans son abord difficile, dans ses forêts sauvages, peuplées d'Indiens amis et dévoués ; ces Indiens étaient tous appropriés à la guerre par les habitudes de leur vie : peu propres à être employés d'une manière régulière et dans une action collective, chacun d'eux, pris isolément, était en réalité une machine de guerre redoutable, mobile, insaisissable ; elle n'était serviable à la vérité qu'à ses heures et dans certaines occasions indéterminées, mais c'était à la fois leur défaut et leur qualité ; par cela même qu'ils laissaient ainsi planer une menace incessante et flottante autour de l'ennemi, ils étaient précisément la garnison qui convenait à ces immenses et sombres forêts, dont l'agresseur avait tout à craindre, sans pouvoir jamais présumer d'où viendrait le danger. Une centaine de sauvages nécessitaient quelquefois la vigilance de plusieurs milliers d'hommes !

Ces Indiens d'ailleurs, nous l'avons exposé plus haut, comptaient au milieu de leurs tribus un certain nombre de ces Français aventureux qui s'étaient habitués parmi eux, les CAPITAINES DE SAUVAGES, qui jouaient le rôle de chefs de clans, mais qui étaient devenus mieux que des chefs, comme des personnages héroïques, à demi épiques, qui, sans se mêler de la direction habituelle de leurs affaires intérieures, donnaient, dans les circonstances graves, des avis respectés et honorés, et dont on acceptait volontiers le commandement dans les expéditions guerrières. Plusieurs de ces chefs étaient d'anciens officiers français, tels que les de Villieu, Saint-Aubin, Latour, d'Entremont, Bellefontaine, et le célèbre Saint-Castin; ils suscitaient parmi les Indiens certaines qualités qui compensaient leurs défauts; ils avaient presque tous en effet pour compagnons quelques aventuriers français ou canadiens à leur solde, dont plusieurs même se mariaient avec des squaws ou des filles métisses et demeuraient avec leur famille autour du manoir sauvage de leur seigneur. Ces capitaines, ces coureurs de bois, étaient des hommes très-déterminés qui avaient tous expérimenté, en lignes régulières, le combat face à face avec l'ennemi; lors donc qu'ils parvenaient à rallier à eux, d'une manière plus intime, quelques-uns des sauvages les plus braves et les plus raisonnables, ils formaient ainsi, au milieu de l'essaim désordonné des guerriers indiens, de petits pelotons d'élite, capables de faire tête aux Anglais, soit dans la charge furieuse d'une attaque décisive, soit pour protéger la retraite dans un moment difficile.

En procurant ainsi, en certaines occasions, à ces bandes vagabondes quelques éléments de solidité et de stabilité qui leur manquaient complétement, ils les rendaient deux fois plus dangereuses pour leurs adversaires; l'expérience la plus complète et la plus remarquable de ce genre de guerre fut faite en 1755 à la bataille de la Monongahela; M. Dussieux, dans son ouvrage si curieux et si érudit sur les guerres du Canada, donne un récit très-complet de cette bataille où 2,000 hommes de vieilles troupes anglaises furent entièrement détruits par 500 sauvages soutenus par 250 Canadiens [1].

Puisque l'Acadie devait trouver dans l'intérieur de ces forêts les principaux éléments de sa résistance, il est

---

1. Dussieux, *le Canada sous la domination françoise*. Paris, in-8º, 1856. — Voir aussi Garneau.

utile de présenter ici un état approximatif des seigneuries et capitaineries sauvages qui se trouvaient dispersées en dehors des seigneuries agricoles et coloniales [1] :

NOMS DES SEIGNEURIES OU MANOIRS.	NOMS DES SEIGNEURS OU CAPITAINES.	Européens.	TRIBUS INDIENNES.
Pentagoët...	Le b^{on} de Saint-Castin..	25	Abénakis.
Passamacadie.	Saint-Aubin........	15	Id.
Jemsek.....	Damours des Chauffours.		
Nashouak...	— de Fréneuse...	56	Id.
Ékoupag....	— de Clignancourt.		
Miramichy...	Denys de Fronsac....		Etchemius
	et	25	et
Chedabouctou.	Denys de Bonaventure..		Maléchites.
Pobomcoup...	Latour de Saint-Étienne.		Micmacs.
et le		45	
Cap Sable...	Le b^{on} Mius d'Entremont.		Micmacs.

Il convient de tenir compte en outre d'un certain nombre de métis qui résidaient dans le canton de la Hève, à Mirliguesh et sur la Petite-Rivière ; on peut les évaluer à environ une centaine [2] ; il s'en trouvait aussi un certain nombre sur le fleuve Saint-Jean, dans les

---

1. Cet état résulte de l'étude comparée des recensements de 1671, 1686, 1693, développée par l'étude des actes de l'église de Port-Royal.
2. L'évaluation des métis repose sur les mentions faites dans les actes de Port-Royal et sur les Documents épars dans les *Archives de la marine*. — Beamish fournit aussi quelques renseignements.

seigneuries de Jemsek. Enfin dans quelques-unes de ces seigneuries sauvages il y avait quelques cultures et du bétail ; il se trouvait à Pobomcoup 80 bêtes à cornes et une cinquantaine à Jemsek.

On peut donc évaluer à 300 le nombre des Européens et des métis habitant sur ces seigneuries et dans les forêts. Parmi eux se trouvaient une centaine d'hommes habitués au rude métier de coureurs de bois ; ils accompagnaient les capitaines dans leurs excursions soit pour la traite des fourrures, soit contre les Anglais, et étaient éminemment propres à servir de cadres, pour conduire et appuyer les Indiens pendant la guerre. Un certain nombre de ces hommes appartenaient d'ailleurs à la famille des chefs : ainsi, au cap Sable, on trouvait 10 hommes en état de porter les armes parmi les Latour et les d'Entremont.

Il est très-difficile d'évaluer le nombre des guerriers indiens qui pouvaient se grouper sous le patronage des capitaines français ; l'abbé Maurault, prêtre canadien qui a publié en 1866 une histoire fort intéressante des Abénakis, estime qu'au temps de leur plus grande prospérité ils ne comptèrent jamais plus de 3,000 guerriers ; mais en 1706 ce nombre était singulièrement réduit, et il est douteux que celles de leurs tribus qui restaient sur la baie Française eussent 500 hommes en état de porter les armes [1].

Les Etchemins et les Maléchites, au nord des Abénakis, dans une contrée plus froide et plus montagneuse, étaient

---

1. Voir Maurault, *Histoire des Abénakis.* — *Rapport de M. Hocquart, intendant du Canada en* 1736, cité par Beamish, p. 520. — *Autre rapport sur les Micmacs,* cité par Beamish, t. II, p. 82. — *Relations des Jésuites,* édition canadienne, vol. I, p. 15. — *Relevé des populations sauvages en* 1611.— *Recensements du Canada,* 1871, volume IV.

bien moins nombreux encore, et dans cette vaste région où dominait l'influence des Damours de Jemsek, de La Vallière de Beaubassin et de Denys de Fronsac, il est douteux que l'on eût pu réunir plus de 200 guerriers. Dans la presqu'île même de l'Acadie habitaient les Micmacs, population très-clair-semée à travers les écroulements rocheux qui couvrent l'intérieur de la contrée, et ils ne comptaient pas plus de 100 à 150 guerriers.

Ce nombre d'hommes, bien que médiocre, n'eût pas laissé d'être redoutable, à cause de leur extrême mobilité ; mais l'inconstance, l'inexactitude, les caprices de leurs déterminations imprévues annulaient souvent les plus précieuses qualités des Indiens. Aucun capitaine de sauvages ne pouvait compter d'une manière certaine ni sur le nombre de guerriers qu'il pourrait réunir, ni sur la constance de ceux qu'il emmenait avec lui ; il arrivait souvent qu'après un grand festin, où il avait réuni 150 guerriers, il ne lui en restait pas la moitié quand il fallait s'embarquer sur la baie Française ; les revers les abattaient et les dispersaient, et l'exaltation du succès produisait le même résultat, car la plupart voulaient aussitôt retourner chez eux pour emmener leurs prisonniers, leur butin, et faire parade de leurs sanglants trophées. On pouvait aisément avec eux organiser un terrible coup de main, plusieurs coups de main ; mais il était impossible de combiner une expédition suivie.

Les capitaines de sauvages eux-mêmes, bien que Français, présentaient dans une certaine mesure les mêmes inconvénients : toutes les organisations de cette nature, chefs de clans, cheiks de tribus, seigneurs féodaux, capitaines de bandes ou de francs-tireurs, cabecillas de guerillas, ont toujours offert un caractère générique d'irrégularité dans l'action, d'inconstance dans les allures, qui est la contre-partie des services extraordinaires que l'on peut tirer de leur fougue, de leur subtilité et de la rapidité de leurs mouvements; ils échappent à la direction d'un commandant en chef aussi bien qu'à la vigilance de l'ennemi; on ne peut compter sur eux qu'avec réserve, car ils vous surprennent autant par leurs défaillances que par leurs succès.

Les capitaines de l'Acadie firent subir aux colonies anglaises d'incalculables dommages; dans les pays déserts, sur une vaste étendue forestière, ils faisaient tête à des forces qui leur étaient dix fois supérieures et les tenaient en échec; nous les verrons même, dans des engagements réguliers, se montrer bien au-dessus de ce que l'on pouvait attendre de leur faiblesse numérique. Mais en rase campagne, et concentrés sur un point déterminé, il leur était impossible de contre-balancer longtemps l'énorme supériorité de nombre que possédaient les Anglais; et cependant, si ceux-ci n'avaient pu attaquer l'Acadie que par terre, il leur eût été difficile de la conquérir. Mais les côtes leur offraient un accès très-aisé jusqu'au centre de la colonie; une flotte équipée à Boston pouvait promptement transporter une armée au pied même du fort de Port-Royal, et il était plus facile aux Américains d'amener 3,000 soldats sous cette place qu'il n'eût été possible aux Acadiens d'y réunir 500 hommes, en y comprenant la garnison, les milices et les sauvages.

Telles étaient les circonstances que les Acadiens avaient à utiliser ou à craindre quand éclata la guerre en 1702. Pendant que M. de Brouillan s'efforçait de mettre Port-Royal dans le meilleur état possible, les Anglais commencèrent les hostilités dans le quartier de Pentagoët en attaquant le manoir de Saint-Castin en 1703. Cette attaque fut vaillamment soutenue, puis définitivement repoussée avec le concours de M. de Beaubassin, fils de La Vallière, seigneur de Beaubassin. Ce jeune officier, qui avait avec lui une petite bande de Canadiens et d'Abénakis du Canada, rallia sous ses ordres les Abénakis de Pentagoët ; se joignant alors à Saint-Castin après l'avoir dégagé, il se jeta sur les frontières du Massachussetts :

« Les sauvages, divisés par bandes, assaillirent avec
« les Français toutes les places fortifiées et toutes les
« habitations à la fois... Il semblait qu'à la porte de
« chaque maison un sauvage caché épiait sa proie. Que
« de personnes furent massacrées ou entraînées en cap-
« tivité ! Si des hommes armés, las de leurs attaques,
« pénétraient dans les retraites de ces Barbares insaisis-
« sables, ils ne trouvaient que des solitudes. La province
« du Massachussetts était désolée et la mort planait sur
« ses frontières [1]. »

Cette campagne se termina par la prise du fort de Casco, dont la garnison anglaise fut obligée de capituler, en se rachetant par une forte rançon [2].

Les gens de Boston, effrayés et irrités de ces ravages, travaillèrent pendant tout l'hiver de 1703 à presser l'équipement d'une grande expédition, qu'ils méditaient contre Port-Royal depuis le commencement de la guerre. Leur flotte se composait de 22 vaisseaux, et les troupes de débarquement furent placées, au mois de mai 1704, sous le commandement du colonel Church, le plus habile partisan de la Nouvelle-Angleterre ; c'était lui qui, en 1696, avait dirigé l'expédition qui attaqua le fort de Jemsek et pilla la colonie de Beaubassin.

Il fit voile sur Port-Royal, en rangeant la côte du *Maine*, où il parvint à surprendre et à faire prisonniers

---

1. Chronique du temps, citée par Bancroft, vol. II, page 849.
2. Beamish, page 265.

quelques-uns des Français qui demeuraient sur la baie de Passamacadie ; mais un peu plus loin il fit une prise bien autrement importante. Le vieux baron de Saint-Castin était parti pour la France avec son fils Anselme à la fin de 1703, pour recueillir un héritage dans le Béarn, laissant à Pentagoët sa femme indienne Marie Pidikwamiscou, autrement dame Melchide, avec ses autres enfants : or une de ses filles fut surprise par la croisière anglaise, qui l'envoya à Boston comme otage.

Le 2 juillet 1704, l'ennemi entra enfin dans le bassin de Port-Royal ; on commença de suite le débarquement, et les premiers détachements pillèrent quatre maisons et enlevèrent toute une famille d'habitants avec 5 hommes. Voyant alors que l'on prenait les armes de toutes parts, Church feignit de se retirer, mais il reparut subitement trois jours après, et, débarquant avec 1,300 hommes à l'ouest du bassin, il fit 32 prisonniers parmi lesquels figuraient deux familles notables du pays ; déjà on commençait à enlever du bétail, et plusieurs maisons même avaient été brûlées, lorsque M. de Brouillan, ayant jeté quelques détachements de tirailleurs dans la campagne, arrêta cette invasion et pressa tellement les Anglais que, le soir même du 5 juillet, ils commencèrent à se rembarquer[1], pour se diriger sur le bassin des Mines, où déjà les avaient précédés quelques embarcations légères, destinées à explorer les côtes.

C'était en effet la première fois que les Anglais s'aventuraient sur ces plages boueuses et d'un abord difficile ; au premier moment, les habitants se montrèrent fort effrayés et plusieurs maisons furent pillées ainsi que l'église ; mais ayant coupé leurs digues et rendu le pays impraticable, l'ennemi fut obligé de se rembarquer

---

1. Charlevoix. — Beamish. — Rapports déposés aux Archives.

le 22 juillet sans avoir obtenu aucun avantage sérieux, et après avoir perdu quelques hommes dont un lieutenant[1]. Trois habitants des Mines furent pris dans cette affaire.

De là Church se rendit à Beaubassin : c'était le théâtre de ses premiers exploits en 1696 ; ce fut là qu'il termina sa campagne. Le 28 juillet, les Anglais abordèrent la côte avec cinq bâtiments légers ; ils descendirent à terre à la pointe du jour, sous le couvert de la brume, brûlèrent vingt maisons et tuèrent quelques bestiaux ; ils demeurèrent ainsi trois jours dans le pays, mais sans s'écarter du rivage ; quelques habitants revinrent alors contre eux en tirailleurs, accompagnés de 18 sauvages des environs, et les Anglais se retirèrent ; aucun prisonnier ne fut enlevé à Beaubassin[2].

La jeune colonie de Chipody échappa entièrement aux déprédations des Anglais ; quoiqu'elle fût assez proche de Beaubassin, ils n'en avaient encore sans doute aucune connaissance. La flotte anglaise retourna donc à Boston sans avoir pu occuper solidement aucun poste. M. de Brouillan avait été efficacement secondé dans sa résistance par les habitants ; ils sont plusieurs fois mentionnés dans les rapports officiels, où il est même question d'un détachement de 9 habitants et de 26 sauvages qui fut envoyé aux Mines le 22 juillet, après que la flotte ennemie eut définitivement quitté la rade. Il y avait aussi sous le canon du fort deux corsaires dont on eut beaucoup à se louer : l'un venait de Bordeaux, commandé par le capitaine Grangeau ; l'autre était une petite corvette nommée la *Gaillarde*, construite à Port-Royal même pour le compte du roi, et que commandait un flibustier de Plaisance (Terre-Neuve)[3].

1. Charlevoix. — Beamish. — Rapports des Archives.
2. Rapport déposé aux Archives.
3. Beamish, page 267.

Ces corsaires rendirent alors de grands services : les prises qu'ils faisaient, étant amenées à Port-Royal, fournissaient le pays de fer, d'étoffes, de denrées coloniales, et de toutes les marchandises européennes qui faisaient défaut pendant la guerre ; leurs courses perpétuelles dans la baie Française éclairaient les mouvements des Anglais ; enfin, s'ils étaient trop vivement poussés, ils embossaient leurs navires sous le canon de Port-Royal, et les équipages, descendant à terre, devenaient un des plus énergiques éléments de la résistance.

Se trouvant délivré des Anglais, M. de Brouillan se rendit durant l'hiver de 1704 en France où l'appelaient depuis longtemps, ses affaires, celles de la colonie, et sa propre santé ; il laissa le commandement par intérim à M. Denys de Bonaventure, officier de marine appartenant à l'ancienne famille des Denys ; pour lui, il ne devait plus revoir l'Acadie, car à son retour d'Europe il mourut en pleine mer, et son cœur seul fut conservé et rapporté à Port-Royal, où il fut enterré le 3 octobre 1705, au pied d'une croix, sur un petit tertre où il avait dessein de faire rebâtir l'église.

Son successeur fut M. de Subercase, homme actif et énergique, qui venait de faire ses preuves à Plaisance de Terre-Neuve où il commandait ; son premier soin dut être de restaurer la discipline dans la garnison. Plusieurs soldats, pendant l'absence de M. de Brouillan, avaient refusé de travailler aux fortifications de Port-Royal ; quelques-uns cherchèrent même à s'emparer d'un petit navire pour s'en aller à Boston, c'est-à-dire déserter à l'ennemi ; cette infanterie de marine, récrutée en grande partie sur les quais de Paris, était en effet assez mal composée. Les correspondances de toutes les colonies sont remplies de plaintes énergiques à ce sujet.

Subercase sut, par sa fermeté, rétablir l'ordre et

inspirer à tous la confiance et le respect; il était arrivé dans le courant de 1706, et ses débuts furent salués par deux événements heureux : l'un fut la mise à l'eau d'une frégate nommée la *Biche*, que l'on venait de construire à Port-Royal, où déjà l'on avait exécuté plusieurs constructions de ce genre; l'autre fut l'échange des prisonniers de guerre.

Les Anglais avaient, en 1704, enlevé 50 ou 60 prisonniers; mais un bien plus grand nombre d'Anglais étaient détenus à Port-Royal, les uns capturés par Saint-Castin et par ses bandes, les autres enlevés par les corsaires sur les navires de prise, quelques autres enfin saisis à la suite du débarquement des Anglais. Or la présence de ces prisonniers, dans un pays si peu peuplé et avec une garnison si faible, devenait un embarras croissant de jour en jour. On chercha donc à négocier un échange à Boston; deux Acadiens, *Bourgeois* et *Allain*, qui avaient dans cette ville certaines relations commerciales, furent chargés de cette affaire. Ils avaient déjà ramené l'année précédente la fille et les gens de Saint-Castin avec deux autres prisonniers; ils furent plus heureux encore en 1706, et le 18 septembre ils débarquèrent à Port-Royal, accompagnés des 51 prisonniers qui restaient encore à Boston.

Ces négociations cependant n'interrompaient en rien le cours des hostilités, et la guerre continuait avec acharnement en Europe comme en Amérique. Les Canadiens venaient précisément de diriger contre la Nouvelle-Angleterre deux expéditions désastreuses pour ce dernier pays : en 1704, Hertel de Rouville, après avoir pris et détruit le fort de Deerfield, ravagea tout le nord du Connecticut, et en 1705 une autre colonne s'empara du fort Haverhill.

Pour se venger de ces échecs, on préparait à Boston

une expédition plus considérable que la précédente ; on leva à cet effet deux régiments de milice formant 1,600 hommes que l'on mit sous les ordres du colonel March. L'entreprise fut conduite avec tant d'habileté et de discrétion que la flotte entra le 6 juin 1707 dans le bassin de Port-Royal, sans que les Français eussent pu en être prévenus. Les hommes de garde postés à l'entrée du bassin n'eurent que le temps de se sauver vers le fort, et le lendemain les Anglais débarquèrent à la fois sur les deux rives.

Subercase était donc surpris; mais, comme c'était un homme de tête, il ne se troubla point, rassura tout le monde, et, communiquant à chacun son sang-froid et son courage, il jeta vivement au dehors quelques détachements pour escarmoucher sur les flancs de l'ennemi et arrêter sa marche, tandis qu'il se hâtait de barricader avec des pièces de bois et des fascines les points les plus faibles de ses petites fortifications.

Les forces de l'ennemi se composaient de 1,600 hommes et des équipages de sa flotte. Les Acadiens comptaient à peine 100 miliciens, un peu plus de 100 réguliers, et un détachement de 60 Canadiens arrivés depuis peu sous les ordres de M. Denys de La Ronde[1]; quelques miliciens se joignirent à ces derniers comme volontaires, et ce petit corps de tirailleurs fit merveille, en gênant grandement la marche des Anglais. Subercase, de son côté, fit tête à l'ennemi; il eut un cheval tué sous lui, mais il ménagea si habilement sa résistance que, malgré l'énorme supériorité de leur nombre, il tint les assaillants en haleine jusqu'au 10 juin, ne cédant le terrain que pied à pied, sans leur permettre de rien entreprendre de sérieux ; il se trouva alors

1. C'est encore là un des petits-fils du vieux Denys.

poussé jusque sous le canon du fort, où il s'enferma avec son infanterie régulière, après avoir brûlé les maisons les plus voisines ; mais il laissa au dehors 80 hommes choisis parmi les meilleurs tireurs dans les Canadiens et les gens du pays [1] ; ce détachement, auquel se joignirent quelques sauvages, devait harceler l'ennemi et l'empêcher de se répandre dans la contrée pour y piller et fourrager. Cette petite troupe fut bientôt grossie par l'arrivée de Saint-Castin et de ses Abénakis, et ce dernier, prenant alors le commandement, se jeta résolûment sur un parti des assiégeants qu'il dispersa après leur avoir tué quelques hommes.

Néanmoins les travaux de la tranchée étaient commencés, et le 16 juin le colonel March ouvrit un feu très-violent, qui fut suivi d'une attaque de vive force contre une partie faible du rempart ; mais les assaillants furent reçus par un feu d'artillerie et de mousqueterie si vif et si bien nourri qu'ils abandonnèrent l'attaque et rentrèrent dans leurs tranchées. Ils reprirent alors le travail de l'investissement ; mais cette opération était fort contrariée d'un côté par Saint-Castin, et de l'autre par le feu de la frégate et de quelques croiseurs qui étaient à l'ancre sous les murs du fort : après avoir essayé vainement de mettre le feu aux vaisseaux, les assiégeants furent donc obligés d'abandonner l'investissement et ils rétrogradèrent vers le littoral.

Leur situation se trouva alors assez fausse : l'attaque contre le corps de la place devenait très-faible, tandis que Saint-Castin et les Acadiens multipliaient tellement leurs escarmouches au dehors, qu'ils ne pouvaient aucunement s'écarter de leur camp ; ils durent même abandonner le peu de bestiaux qu'ils avaient pris. Ainsi les

---

[1]. Beamish, page 294.

rôles s'intervertissaient peu à peu, à tel point que les assiégeants semblaient eux-mêmes être bloqués ; sentant donc que le découragement gagnait ses troupes, March jugea qu'il était inutile de s'opiniâtrer davantage contre cette résistance acharnée ; il rembarqua sa petite armée et quitta la rade de Port-Royal le 17 juin 1707, laissant à terre 80 morts et beaucoup de blessés [1]. Subercase cependant avait à peine sous ses ordres 350 combattants effectifs, y compris les Canadiens de M. Denys, les Abénakis de Saint-Castin et les miliciens du pays ; mais sa fermeté, sa bravoure communicative et l'habileté de ses dispositions paralysèrent les forces quintuples de l'ennemi, et doublèrent la valeur de ses hommes ; le commandant anglais au contraire, voyant constamment ses troupes faiblir et ses opérations entravées par les attaques résolues et redoublées de Saint-Castin, craignit de se trouver lui-même cerné par des forces dont il appréciait mal l'importance. Aussi Subercase n'hésite-t-il pas en écrivant au ministre à attribuer à Saint-Castin une grande partie de son succès [2].

Le colonel March, triste et découragé de son échec, s'était retiré non pas à Boston, mais seulement à Casco ; il craignait l'animadversion de ses concitoyens ! La nouvelle de sa retraite excita en effet une émotion qui touchait à la fureur : après un si puissant effort, on s'attendait à la conquête de l'Acadie, et on apprenait la défaite de l'armée ! March aurait malaisément échappé à l'irritation populaire, s'il se fût présenté dans la ville. On lui

---

1. Beamish.
2. Quel était ce Saint-Castin ? Toutes les présomptions nous paraissent indiquer que c'était Anselme de Saint-Castin, fils du vieux baron Vincent et de Marie Pidikwamiscou ; le baron aurait eu alors au moins 70 ans, et son fils Anselme se maria à Port-Royal, quelques mois plus tard, comme nous le raconterons en son lieu.

envoya aussitôt trois commissaires et des renforts, avec ordre impérieux de reprendre la mer et de retourner immédiatement en Acadie; il obéit, mais en abandonnant le commandement en chef au colonel Wainwright, qui entra dans la rade de Port-Royal le 20 août.

Il avait sous ses ordres plus de 2,000 hommes, portés sur 23 navires et convoyés par 3 bâtiments de guerre et plusieurs bâtiments légers; mais cette fois Subercase ne fut point surpris par l'ennemi : il avait été prévenu de son retour probable par un petit flibustier qui croisait sur la côte; on envoya donc de tous côtés prévenir les Acadiens et les sauvages, afin que chacun fût préparé à recevoir chaudement cette nouvelle invasion : Saint-Castin, qui n'était pas encore reparti, fut aussitôt prêt à rentrer en campagne avec ses Abénakis. Bientôt il fut rejoint par d'autres capitaines de sauvages : les *Latour* et les *d'Entremont* du cap Sable accoururent accompagnés d'une quarantaine d'hommes tant Micmacs qu'Européens; les *Damours* de Jemsek amenèrent leurs gens, dont la plupart étaient des guerriers etchemins ou maléchites du fleuve Saint-Jean; on vit même arriver des guerriers micmacs du nord de la presqu'île, ceux de Chibouctou, et les métis de la Hève conduits par un coureur de bois, *Lejeune* dit Briar, « une espèce de « sauvage qui passe son temps dans les bois de ce quar-« tier avec sa femme et ses enfants ».

Ces contingents réunis aux tirailleurs acadiens de Port-Royal, commandés par un des tenanciers nommé Granger, furent laissés au dehors de la place, au nombre de 300 environ divisés en petits détachements très-propres à surveiller et à harceler l'ennemi. Dans le fort, Subercase comptait, y compris les Canadiens, 150 réguliers secondés par quelques habitants et par les équipages des navires corsaires et autres qui se trouvaient dans le port. Tout ce monde était animé par le souvenir encore si récent du succès remporté deux mois auparavant; beaucoup d'entre eux avaient pris part aux engagements de juin, et les esprits étaient ainsi préparés au combat avec confiance dans la victoire, ce qui n'est jamais un mince avantage au début d'une campagne.

Maintenant nous allons laisser la parole à un contemporain qui, ayant lui-même habité l'Acadie peu d'années auparavant, a été mieux que personne en état de recueillir et d'ordonner les détails de ce siége, avec une grande connaissance du pays. Il s'agit de ce Diéreville dont nous avons déjà cité plusieurs extraits, et dont nous transcrirons textuellement le récit; c'est toujours une bonne fortune de pouvoir présenter au lecteur ces témoignages du temps sur les hommes et les choses du passé [1].

« Les Anglais ayant été contraints, au mois de juin 1707,
« d'abandonner l'entreprise qu'ils avaient faite contre
« cette colonie, le sieur de Subercase, qui y commande,
« fut averti par un flibustier qu'ils n'avaient pas
« désarmé leurs vaisseaux, et qu'ils se préparaient à
« revenir avec de plus grandes forces. Il fit aussitôt
« travailler à des retranchements, à augmenter les for-
« tifications du fort, et à tout préparer pour bien rece-
« voir les ennemis.

« Les habitants retirèrent leurs bestiaux, leurs meu-
« bles et leurs effets en lieu de sûreté, pour se mettre en
« état de le seconder; il craignait néanmoins de manquer
« de vivres qui avaient été la plupart consommés durant
« la première attaque; mais, dix jours avant l'arrivée

---

[1]. Récit du siége de Port-Royal, annexé à la fin du *Voyage* de Diéreville en Acadie.

« des Anglais, un armateur de Saint-Domingue amena
« deux prises anglaises dont l'une était chargée d'en-
« viron 340 barriques de farine, de lard, de jambon et
« de beurre.

« Dans le même temps, les Anglais de la Nouvelle-
« Angleterre, qui croyaient l'entreprise infaillible, étaient
« venus avec plus de 30 bâtiments, pour choisir des
« postes propres à la pêche, entre le Port-Royal et le
« Cap-Sable; les sauvages de ces quartiers-là, s'en étant
« aperçus, se mirent dans leurs canots, surprirent la
« nuit deux de ces bâtiments, tuèrent une partie des
« équipages, et firent le reste prisonnier; ensuite avec
« l'un de ces bâtiments ils en surprirent deux autres,
« ce qui donna une si grande épouvante au reste qu'ils
« coupèrent leurs câbles et s'enfuirent à force de
« voiles.

« Le 20 août suivant, le sieur de Subercase fut averti
« qu'il paraissait une flotte de 22 bâtiments qui n'atten-
« dait que la marée pour entrer dans la rivière, et en
« effet elle entra à une heure après midi, et débarqua
« 1,200 hommes à trois quarts de lieue au-dessous du
« fort et de l'autre côté de la rivière.

« Ils occupèrent quelques habitations abandonnées,
« presque vis-à-vis du fort, sur une pointe de terre à un
« quart de lieue au-dessus; mais, comme la rivière était
« étroite en cet endroit, il était facile de les empêcher,
« avec la mousqueterie, de la traverser. Le 22, ils débar-
« quèrent leurs vivres et leurs munitions, et ils établirent
« leurs quartiers. Comme il paraît qu'ils voulaient
« dresser vis-à-vis du fort une batterie de bombes, le
« sieur de Subercase fit faire un si grand feu de canons
« et de mortiers qu'il les empêcha d'exécuter leur
« dessein.

« Le 23, il fit faire durant tout le jour un si grand feu

« de mousqueterie sur ceux qui occupaient la pointe
« au-dessus du fort qu'il les obligea à rentrer dans leur
« camp. — Le 24, un parti de Français et de sauvages
« passa la rivière et surprit 8 Anglais, dont 6 furent
« tués et 2 faits prisonniers, dont l'un était premier
« pilote d'un vaisseau. On apprit de lui qu'il s'était
« avancé avec d'autres pilotes, pour sonder le passage de
« l'île aux Cochons; que leur dessein était de remonter
« au haut de la rivière avec le vent et la marée pour y
« débarquer, enfermer le fort de tous côtés et affamer
« la garnison; que leur flotte était composée d'un vais-
« seau de 54 canons, d'un de 45, de 5 frégates de 18 à
« 30 canons, de 8 brigantins et de 7 flûtes; qu'ils avaient
« 1,600 hommes de débarquement, outre 400 qui étaient
« dans le plus gros vaisseau; qu'une partie de leurs
« provisions était gâtée, mais qu'ils attendaient une
« frégate de 44 canons avec des vivres. Sur cet avis, le
« sieur de Subercase fit pointer toute son artillerie sur
« la rivière, il ordonna qu'on fît bonne garde partout,
« et il garnit de soldats toutes les pointes : en sorte qu'ils
« n'osèrent tenter le passage.

« Le 25, voyant qu'ils n'entreprenaient rien, il fit faire
« un si grand feu de canons et de mortiers, qu'ils aban-
« donnèrent leur camp et se retirèrent dans les bois.
« — Le 28, ils allèrent se poster vis-à-vis de leurs vais-
« seaux, et le 31 ils s'embarquèrent tous dans leurs
« chaloupes et leurs canots et passèrent de l'autre côté
« de la rivière. Le sieur de Saint-Castin, qui était de
« garde de ce côté avec 60 habitants ou sauvages, fit
« faire un grand feu sur les premiers débarqués, mais,
« craignant d'être coupé, il se retira toujours combattant
« de ruisseau en ruisseau. Il les arrêta même longtemps
« à une habitation, où il leur tua et blessa beaucoup de
« gens. Ensuite il fit retraite, suivant l'ordre qu'il avait

« de ne rien engager, et vint joindre le gros des habi-
« tants et des sauvages qui étaient résolus de disputer
« aux ennemis le passage du ruisseau du Moulin. Le
« sieur de Subercase s'y rendit avec 100 hommes tirés
« de la garnison, et fit en peu de temps faire des retran-
« chements capables d'arrêter 2,000 hommes. Les
« ennemis ne s'avancèrent point, ce qui fit juger qu'ils
« avaient dessein de se retirer, ce qui fit résoudre le
« sieur de Subercase à s'avancer avec 250 hommes
« pour les charger dans le temps qu'ils se rembarque-
« raient.

« Il avait une lieue et demie à faire au travers des bois
« et par de mauvais chemins, et les sieurs de La Boular-
« derie, de Saint-Castin et de Saillant prirent les devants
« avec 60 hommes. Ils apprirent d'un sauvage qu'il n'y
« avait plus que 300 hommes sur le bord de la mer ; ils
« se mirent à courir pour les charger ; mais en traversant
« un champ de blé ils y trouvèrent un grand nombre
« d'Anglais couchés pour se reposer, que le sauvage
« n'avait pas vus, dont les uns prirent la fuite et les
« autres se mirent en défense. Il y en eut un grand
« nombre de tués avant qu'ils eussent reconnu le petit
« nombre des Français. Ils furent soutenus par les
« 300 qui étaient au bord de la mer, et par ceux que les
« chaloupes menaient aux vaisseaux et qui revinrent à
« terre. Ainsi les Français se retirèrent sans autre perte
« que d'un sauvage tué, onze blessés parmi lesquels le
« sieur de Saillant et un habitant le furent dangereu-
« sement.

« Les Anglais dans les divers combats de cette journée
« perdirent plus de six-vingt hommes : et si le reste du
« détachement avait pu joindre on croit qu'ils auraient
« été entièrement défaits. Ils continuèrent de se rembar-
« quer le 1ᵉʳ septembre : ils descendirent vers l'embou-

« chure de la rivière [1], où ils firent de l'eau, et ils par-
« tirent le 4 au soir.

« Le 10 au matin, la frégate l'*Annibal* [2] vint mouiller
« à l'entrée de la rivière, chargée de vivres et de
« 240 hommes de débarquement, avec 2 brigantins,
« dont l'un remonta pour chercher leur armée : mais
« en un endroit étroit, près de l'île aux Chèvres, il reçut
« une si furieuse décharge des habitants de ce quar-
« tier-là, qu'il se retira bien vite avec les deux autres
« bâtiments. Les nouvelles de ce mauvais succès ont fait
« soulever, dit-on, le peuple de Boston, qui voulait que
« l'on fît mourir le colonel March qui commandait les
« troupes de débarquement.

« Les Abénakis et autres sauvages amis des Français
« font une cruelle guerre aux Anglais, en leur enlevant
« la chevelure, en tuant un grand nombre, faisant des
« prisonniers qu'ils emmènent à Québec et dont plu-
« sieurs ont embrassé la religion catholique, et pillant
« leurs bestiaux, leurs volailles et leurs maisons; de
« manière qu'ils leur ont fait abandonner 50 lieues de
« pays, et que les Anglais n'osent pas sortir ni aller
« faire leur récolte que la nuit ou avec escorte. On a
« publié à Boston que l'on donnerait 100 livres sterling
« pour chaque sauvage au-dessus de 12 ans qu'on amè-
« nerait..... »

Les relations anglaises que nous possédons sur cette
expédition prétendent que les assiégeants n'eurent que
16 hommes de tués; il est difficile de le croire, car de

---

1. Il faut entendre ici par rivière non-seulement la rivière de Port-Royal, mais tout le parcours de l'eau depuis l'entrée du bassin. C'est ainsi que l'on dit d'une branche du Morbihan la rivière d'Auray, et d'une autre branche la rivière de Vannes.

2. L'*Annibal*, c'est la frégate que les Anglais attendaient et qui arriva trop tard.

leur propre aveu, dans la première affaire du 24 août, il périt 9 hommes de leur côté [1]; Diéreville et Charlevoix évaluent leur perte à plus de 150 hommes, sans compter 53 prisonniers demeurés à Port-Royal, et dont 35 furent peu après envoyés en France pour dégager la place [2]. Ils ne s'accordent point non plus avec Diéreville et Charlevoix sur le chiffre des troupes anglaises, mais cette différence est plus apparente que réelle, car en suivant avec soin le récit de Diéreville on voit qu'il compte dans l'armée les équipages des 23 navires; il spécifie même que le plus fort d'entre eux contenait 400 hommes; enfin il nous apprend que l'*Annibal* amenait à nouveau 300 hommes de débarquement. C'est ainsi que se trouve complétée l'armée de 1,800 à 2,000 hommes dont parle Charlevoix aussi bien que Diéreville.

Ce succès inespéré qui assurait provisoirement le salut de l'Acadie, malgré l'énorme disproportion des forces engagées, était dû à la bravoure des contingents sauvages et acadiens, ainsi qu'à l'habileté de Subercase; mais la victoire elle-même laissa ce dernier dans un grand embarras : il se trouvait en effet tellement dénué que non-seulement il ne pouvait pas récompenser dignement les services des Indiens, mais que depuis longtemps il ne leur avait même pas distribué les présents accoutumés [3]. Il écrivait en France qu'il avait été obligé de donner aux uns et aux autres jusqu'à ses propres effets, et de ses vêtements, pour satisfaire au plus pressé; les habitants de leur côté avaient subi, durant les deux siéges, beaucoup de pertes en bestiaux, mobilier, etc. Il

---

1. Beamish, pages 291 et 292.
2. Beamish, page 296.
3. Maurault, *Histoire des Abénakis*, page 326. — Les tribus alliées à la France recevaient chaque année des distributions de poudre, d'armes, de couvertures, etc., etc.

aurait fallu quelques milliers de livres pour les soulager !
Mais comment aurait-on pu subvenir à ces besoins,
quand on avait à peine de quoi entretenir la misérable
garnison, qui ne recevait depuis longtemps ni ravitaillements ni recrues?

Il est vrai que Louis XIV se trouvait alors à l'époque
la plus critique de son règne; cependant, si l'on eût eu à
la cour la moindre conscience de l'importance de nos
colonies américaines, telle était la médiocrité des secours
qui eussent été nécessaires pour les sauver, que l'on eût
encore aisément trouvé et les présents des Indiens et
500 hommes pour les accompagner; il n'en eût pas fallu
davantage à un homme comme Subercase pour paralyser
tous les efforts des Anglo-Américains !

Quoi qu'il en soit, cette pénurie d'hommes et d'argent
neutralisa en grande partie le résultat des succès obtenus,
et produisit le plus fâcheux effet dans la suite des événements.

Le gouverneur de l'Acadie n'ignorait pas l'acharnement passionné que les gens de la Nouvelle-Angleterre
nourrissaient contre les colonies françaises; ceux de
Boston étaient tellement furieux du double échec que leur
armée avait éprouvé, qu'ils furent sur le point de faire
un mauvais parti[1] aux officiers qui l'avaient commandée;
il ne doutait donc pas qu'ils ne revinssent prochainement
à la charge, et il en instruisit la cour de France; il
exposa ses embarras[2], en énumérant les secours qui lui
étaient nécessaires pour parer à une nouvelle attaque;

---

1. Garneau.
2. « Il n'y a plus dans le pays ni faux, ni faucilles, ni couteaux, ni fer..... point de haches, point de couvertures pour les sauvages, point de sel pour les habitants, parmi lesquels 43 familles n'ont même plus de marmites, les ayant cassées en se réfugiant dans les bois à cause de l'ennemi, etc... » (Lettre de Desgouttins, du 23 décembre 1707. (*Archives.*)

en réponse à ces demandes, il vit arriver en 1708 deux petits bâtiments de guerre, la *Vénus* et la *Loire*. Malheureusement ces navires n'amenaient point de soldats, et le ravitaillement qu'ils apportaient était des plus médiocres. Néanmoins, comme son esprit était plein d'activité et de ressources, Subercase entreprit, malgré son dénûment, de réparer de son mieux les dommages causés par la guerre, et de remettre le fort en état de défense.

A défaut des ressources qu'il n'y avait pas trouvées, il utilisa les deux navires en les envoyant en croisière, ce qui lui procura quelques denrées aux dépens des Anglais[1] ; quand les bâtiments rentraient dans le port, il joignait les équipages à ses soldats et aux habitants pour activer le rétablissement des fortifications.

Mais ces travaux eux-mêmes lui suscitaient beaucoup d'embarras ; il avait journellement 250 hommes à nourrir, entretenir et solder[2]. Les navires qu'il envoyait en croisière, et les corsaires qui fréquentaient le port[3], lui permettaient de subvenir à peu près à ces dépenses, car les flibustiers devaient à l'État une certaine part sur leurs profits[4], et d'autre part ils répandaient à bon compte dans le pays, contre des traites tirées par Subercase sur les finances de France, les farines, le poisson salé, les étoffes, les fers qu'ils capturaient, ainsi que le rhum et les mélasses que plusieurs d'entre eux rapportaient des Antilles.

Cette abondance de toutes choses, le travail et la

1. Archives.
2. Beamish, page 300.
3. Morpain, Delacroix, un Provençal nommé Ricord, et deux flibustiers de Plaisance : noms mentionnés par Beamish et dans les registres de Port-Royal, année 1709.
4. Beamish, page 308.

bonne économie des familles acadiennes ne tardèrent pas à répandre une telle aisance que Subercase termine ainsi une de ses lettres au ministre : « Toutes choses
« sont maintenant abondantes, excepté les vêtements,
« mais rien ne sera plus facile que d'en créer un bon
« approvisionnement, car le lin et la laine foisonnent
« ici d'une manière merveilleuse. Plus je considère ce
« peuple, plus je pense que ce sont les gens les plus
« heureux du monde; les voilà presque entièrement
« relevés des pertes que leur avaient causées les invasions
« anglaises il y a deux ans. J'ai pu distribuer aux Indiens
« de la poudre et du plomb, presque en même quantité
« que les autres années; les missionnaires jésuites m'ont
« grandement aidé. »

Le plus notable et le plus redouté de ces corsaires fut sans contredit Pierre Morpain, flibustier de Saint-Domingue, lequel s'était fort distingué en 1707 durant les deux siéges de Port-Royal. Étant alors reparti pour Saint-Domingue, il en revint avec un chargement qui fut très-utile à Subercase; puis il reprit la mer dans l'été de 1708 et ramena à Port-Royal, en moins d'un mois, neuf prises, après avoir coulé à fond 4 navires qui s'étaient défendus[1].

Il composa alors un chargement de mâts, de planches, de poisson salé et de divers articles pris sur les Anglais, qu'il conduisit à la Martinique, d'où il revint avec les denrées et munitions qui manquaient à Port-Royal; c'était au commencement de 1709. Sur sa route, il rencontra un navire de guerre de Boston. Morpain résista et lui fit éprouver de sérieuses avaries; mais comme son tonnage était beaucoup plus faible, il se regarda une première fois comme très-heureux de prendre chasse

1. Beamish, page 306.

pour lui échapper; ce fut alors que, se sentant serré de près par l'Anglais qui le poursuivait, il intervertit les rôles et, virant de bord avec résolution, il aborda son adversaire avec une telle furie, que plus de la moitié de l'équipage anglais (100 hommes) fut massacré avec le capitaine, et que le reste se rendit à discrétion [1].

Le flibustier n'avait perdu que 7 hommes. Il ramena sa prise en triomphe à Port-Royal avec son propre chargement; il y fut reçu avec enthousiasme et son ovation fut d'autant plus complète qu'il courtisait alors la fille d'un des seigneurs de l'Acadie, Marie, fille de Louis Damours Dechoffours, ce capitaine de sauvages qui possédait le fort de Jemsek sur le Saint-Jean; ce fut sa fiancée qui le couronna dans ce triomphe, et il l'épousa le 13 août 1709 [2].

Un autre mariage avait été déjà célébré à Port-Royal, dix-huit mois auparavant, dans des circonstances analogues : Anselme de Saint-Castin, qui s'était si glorieusement distingué dans les combats de 1707 autour de cette place, avait été récompensé de sa bravoure en épousant le 31 octobre 1707 Charlotte Damours, sœur de la fiancée de notre flibustier [3]. La cérémonie avait été célébrée avec une grande solennité en présence du gouverneur, et aux acclamations de la population acadienne pour qui les Saint-Castin étaient des héros favoris.

Ce mariage d'Anselme détermina alors celui de deux de ses sœurs : Anastasie, qui épousa Alexandre Le Borgne de Belle-Ile, fils du seigneur de Port-Royal, et Thérèse, qui épousa Philippe Mius d'Entremont, un des fils de Jacques Mius, baron de Pobomcoup; les deux unions se célébrèrent le même jour 4 décembre 1707. Leur mère,

1. Beamish, page 307.
2. Registres de l'église de Port-Royal.
3. Registres de l'église de Port-Royal.

dame Melchide Pidikwamiscou, assistait à la cérémonie, également vénérée par les Acadiens et les Indiens; et, bien que tous ces enfants de Saint-Castin fussent des métis, on voit que, contrairement aux préjugés actuels, leur alliance était recherchée par les premières familles du pays.

Après son mariage, Morpain ne tarda pas à reprendre la mer, et il se trouva jusqu'à 5 et 6 navires armés en course à Port-Royal; en cette année 1709, ils capturèrent 35 bâtiments, et on compta jusqu'à 470 prisonniers de guerre dans le pays : c'était une lourde charge et un objet d'inquiétude, de sorte que dans l'hiver de 1709 on consentit à les échanger à Boston contre quelques prisonniers français[1].

Le commerce de Boston était à demi ruiné par les déprédations des corsaires, mais ces grands succès eux-mêmes étaient à la fois profitables et funestes à l'Acadie; ces croisières en effet poussaient à bout les Américains, et accroissaient de jour en jour, l'irritation extrême qu'ils nourrissaient contre les Français, et le désir haineux de se délivrer de leur fatal voisinage. Les colons français, il faut bien cependant le reconnaître, furent toujours entraînés, en ces circonstances, par l'animosité première des Anglais et par la force des événements. Ils eussent volontiers souscrit à participer aussi peu que possible aux guerres européennes; mais, se sentant toujours menacés d'agressions redoutables (depuis Argall jusqu'à Church) et ne recevant de France qu'une protection très-insuffisante, ils étaient obligés de recourir à des moyens extrêmes de défense irrégulière, par le concours des sauvages et des corsaires; l'animosité des Anglo-Américains devenait alors une rage furieuse, et le

---

1. Correspondance de Subercase. (*Archives.*)

remède empirait ainsi le mal, jusqu'à la crise finale qui devait emporter le malade.

Il se formait en effet dans la Nouvelle-Angleterre un orage terrible contre l'Acadie. Samuel Vetch, un des notables de Boston, et Francis Nicholson, gouverneur de la Virginie, avaient été successivement députés à Londres pour presser l'envoi de renforts considérables, afin de réduire l'Acadie et le Canada. Si les réclamations de ces pays étaient peu goûtées à Versailles, celles de Boston étaient mieux appréciées à Londres, où on se préoccupait davantage des colonies, en s'isolant plus facilement des guerres continentales; en juillet 1710, il arriva donc à Boston un régiment d'infanterie de marine, des officiers, des munitions de toute sorte, et les fonds nécessaires pour lever et organiser dans la contrée même quatre régiments [1]. Il est bon de noter ici que ces colonies riches, très-peuplées, éprouvaient toujours le besoin du secours de l'Angleterre pour attaquer le Canada, tandis que ce pays, qui ne possédait pas le dixième de leur population, recevait à peine quelques recrues de sa métropole; on peut ainsi vérifier à chaque pas les observations que nous avons présentées plus haut sur la virilité respective des deux peuples.

Les menées et les préparatifs des Anglais n'étaient ignorés de personne, et dans toute la Nouvelle-Angleterre on se vantait publiquement que non-seulement Port-Royal, mais le Canada tout entier seraient entièrement subjugués avant deux ans; c'est en vain que Subercase redoublait ses avertissements et ses demandes de renforts; à l'intérêt relatif des difficultés présentes s'ajoutaient cependant les considérations de l'ordre le plus élevé pour l'avenir. En observant les progrès

---

1. Beamish, pages 309 et 310.

extraordinaires que les Acadiens avaient accomplis par eux-mêmes malgré leur isolement, un esprit intelligent eût pu facilement présumer ce qu'on pouvait attendre d'un peuple qui, depuis quarante ans, se doublait sans immigration en quinze ou seize ans, et d'un pays qui malgré les guerres, et malgré son peu de population, produisait si abondamment toutes les denrées de première nécessité. La défense et l'avenir du Canada lui-même étaient visiblement liés à la conservation de l'Acadie; Port-Royal était l'ouvrage avancé de cet immense domaine que nous possédions en Amérique, et si l'on continuait à ne point peupler ces vastes pays par une forte immigration, la perte de cette place compromettait le salut général, en libérant les Anglais de toute inquiétude pour leurs côtes océaniques.

Mais aucune considération ne put émouvoir le gouvernement français, qui depuis deux ans n'avait rien envoyé en Acadie! Port-Royal à trois reprises différentes avait repoussé l'ennemi par une résistance héroïque, et cela suffisait à la cour; cependant ces succès eux-mêmes, si extraordinaires et qui n'avaient été obtenus que par un emploi judicieux du peu de ressources dont disposait Subercase, avaient épuisé le pays et montraient précisément combien il était facile autant que nécessaire de mettre ce capitaine brave et ingénieux en état de braver les efforts des Anglais.

Nous avons déjà indiqué plus haut que 500 hommes de troupes régulières eussent suffi pour défendre Port-Royal et paralyser en même temps toutes les tentatives de l'ennemi contre le Canada : Subercase eût alors disposé de 700 soldats, du contingent des sauvages sous les ordres de leurs capitaines, et de la milice acadienne. Dans ces circonstances, il pouvait, laissant 200 hommes dans la place, disposer tout le reste de ses forces au dehors, de manière à rendre l'armée assiégeante incapable de tenir la campagne. Les siéges que Port-Royal soutint en 1704 et en 1707, et les deux siéges de Louisbourg trente années plus tard, nous montrent assez que cette méthode était la seule efficace dans ces parages pour la défense du pays ; Port-Royal n'était qu'une bicoque, et par trois fois l'armée anglaise fut obligée de lever le siége avec de grosses pertes ; Louisbourg, qui était une citadelle de premier ordre, succomba très-promptement toutes les fois qu'elle fut attaquée, faute d'une armée extérieure, destinée à arrêter les progrès des assiégeants, si faible qu'elle pût être.

Ce n'est point une armée de 3,000 ni de 4,000 hommes qui eût pu s'emparer de Port-Royal, si on eût pris de telles mesures ; or les colonies anglaises étaient hors d'état d'envoyer une armée plus considérable contre l'Acadie, étant obligées de garantir leurs frontières terrestres contre les expéditions dangereuses que le Canada lançait perpétuellement contre elles.

Telle était en effet la disposition de nos deux colonies que, déjà très-difficiles à attaquer par la nature des lieux, elles se soutenaient en outre l'une l'autre comme deux bastions sur un front fortifié ; elles forçaient toujours l'ennemi à ne jamais attaquer l'une sans avoir besoin de se protéger contre l'autre ; la nature avait tout fait pour leur défense, la France ne fit rien pour les conserver !

Que l'on considère cependant ce que sont devenues ces faibles colonies dédaignées et délaissées par la métropole : cette poignée de Français abandonnés dans les déserts, conquis par l'étranger, sont devenus un peuple ; on compte aujourd'hui plus de 1,500,000 Canadiens-Français[1], et les Acadiens, malgré des désastres inouïs, sont

---

1. Recensement de 1871 au Canada. — Recensement des États-

maintenant plus de 100,000. Qui pourrait nier que ces peuples n'eussent formé une grande nation, s'ils eussent été convenablement défendus, et soutenus par une émigration suffisante? Or, si, conformément aux prévisions de Vauban [1], on comptait aujourd'hui les Français par millions dans l'Amérique du Nord, est-ce que la politique générale du monde n'eût pas été profondément modifiée? Reconnaissons donc combien étaient sensées les paroles prophétiques du gouverneur d'Avaugour, quand il écrivait à Louis XIV : « La France peut en dix ans, et à moins
« de frais, s'assurer en Amérique plus de puissance
« réelle que ne sauraient lui en procurer cinquante
« années de guerre en Europe. »

Mais, tandis que nous poursuivions l'ombre au lieu de la réalité, l'Angleterre ne prit point le change ; elle comprenait toute l'importance de ses domaines transatlantiques, et concentra avec persistance ses efforts contre le Canada et l'Acadie, dont le voisinage était si funeste au développement de ses colonies. Quant à la cour de France, on y fut très-heureusement surpris de voir les nôtres repousser avec une telle opiniâtreté les invasions anglaises ; cela donna matière à beaucoup de compliments, mais sans qu'on se souciât davantage de soutenir cette résistance courageuse et cette bonne fortune inattendue. On se rappelle involontairement les inqualifiables désordres de la cour de François Ier alors qu'il laissait périr de misère et de faim ses armées d'Italie ; c'est en vain qu'elles étaient commandées par les capitaines les plus valeureux et les plus habiles, ils étaient réduits à maudire

---

Unis : New-York : — Vermont. — Massachussetts ; — Convention des Canadiens établis aux États-Unis. — *Les Canadiens aux États-Unis*, par l'abbé Chandonnet. Montréal, 1872.

1. *Les Oisivetés* de Vauban.

leur impuissance, même avec la victoire sous la main!

Le brave et intelligent gouverneur de Port-Royal vit échouer de même pendant trois ans ses demandes urgentes, ses supplications réitérées ; après le séjour de la *Vénus* et de la *Loire* en 1708, il ne reçut plus un homme ni un écu[1], ayant à peine du papier pour écrire sa correspondance. Il gagna ainsi l'été de 1710, époque où l'on eut à Port-Royal des nouvelles précises et certaines de l'armement qui s'opérait dans le port de Boston, plus considérable, plus menaçant que tous ceux qui avaient précédé. L'escadre de la Grande-Bretagne était arrivée dans ce port en juillet, avec un régiment d'infanterie de marine ; chacune des colonies de la Nouvelle-Angleterre levait ses milices, tant pour attaquer l'Acadie que pour couvrir la contrée du côté du Canada ; on activait de toutes parts la réunion des navires et munitions nécessaires.

Il se trouva précisément qu'en cet instant critique les corsaires, si nombreux les années précédentes, avaient tous quitté l'Acadie, chassés par une épidémie[2] ; non-seulement on perdait avec eux un secours efficace, mais aussi les ravitaillements de toute nature, que leurs croisières faisaient affluer à Port-Royal où l'on se trouva bientôt très-médiocrement approvisionné. La garnison se composait de 4 compagnies de marine qui comptaient à peine 160 hommes ; Subercase fit bien un appel à Saint-Castin, aux autres capitaines et aux Indiens ; mais ces derniers étaient dégoûtés par la parcimonie et la négligence du gouvernement français. On ne leur faisait plus de présents, pas même les distributions normales

---

1. Correspondance de Subercase aux Archives.
2. Correspondance de Subercase. — Actes de l'église de Port-Royal.

de munitions de guerre; ils se sentaient en outre découragés en comparant le petit nombre et le dénûment des Français avec la multitude toujours renaissante et toujours croissante des Anglais; l'absence complète de tout renfort achevait de grandir leur méfiance, et il devenait très-difficile de les mettre en mouvement. Saint-Castin et plusieurs autres vinrent donc accompagnés d'un nombre d'hommes si restreint, que l'on ne put songer à organiser une petite armée extérieure, comme on l'avait opéré avec tant de succès dans les siéges précédents.

On pouvait d'autant moins y songer que les Acadiens eux-mêmes étaient atteints par cette épidémie du découragement; se sentant isolés et comme abandonnés dans le désert par la mère-patrie; en face de l'animosité persistante et passionnée des Anglais, ils étaient à la fin saisis d'une inquiétude vague, qui ressemblait à de l'effroi. Seul M. de Vaudreuil, gouverneur du Canada, envoya à leur aide un détachement de milice canadienne[1]; mais cette faible troupe, peu exercée à la vie militaire, et encore moins propre à résister aux influences de son entourage, fut d'un médiocre secours. Ces hommes se laissèrent aller à l'abattement général, plusieurs désertèrent[2], et c'est à tort certainement que Garneau, dans son Histoire si excellente d'ailleurs, reproche à Subercase de n'en avoir pas tiré meilleur parti.

Telle était la situation de l'Acadie à la fin de l'été 1710, lorsque la flotte anglaise, partie de Boston le 18 septembre, atteignit l'entrée du bassin le 24; elle portait 3,400 soldats[3], et Nicholson qui commandait l'expédition fit aussitôt sommer Subercase de se rendre; si celui-ci n'eût écouté que le sentiment général de ceux

---

1. Garneau. — Charlevoix.
2. Lettre de Subercase au ministre, du 1er octobre 1710.
3. Garneau. — Beamish, page 313.

qui l'entouraient, ce que l'on appelle l'opinion publique, il fût aussitôt entré en pourparlers avec le commandant anglais ; mais c'était un homme énergique, habile, plein de ressources ; il s'était déjà trouvé plus d'une fois en pareille aventure à Plaisance et à Port-Royal : son courage et son sang-froid avaient certainement sauvé cette dernière place malgré elle, lors de la première attaque de 1707. Il résista donc à l'entraînement et, bien qu'il eût conscience de toute sa faiblesse, il résolut de tenter encore la fortune en dépit des circonstances, et il répondit avec une certaine hauteur à Nicholson de venir chercher lui-même les clefs du fort.

Les Anglais du reste n'avançaient qu'avec circonspection : la résistance victorieuse qu'ils avaient rencontrée jusqu'alors, les échecs inattendus et répétés qu'ils avaient subis, malgré la puissance de leur marine et la supériorité de leur nombre, les mettaient en garde contre toute témérité présomptueuse. Ce ne fut que le 6 octobre qu'ils commencèrent leur débarquement ; ils ne rencontrèrent aucune opposition. Subercase avait trop peu de monde pour les combattre, et d'ailleurs, comme il nous l'apprend lui-même, il était si peu sûr de ses hommes qu'il n'osait les faire sortir du fort, de peur qu'ils n'y rentrassent point[1]. Il se contenta donc de diriger contre l'ennemi le feu de l'artillerie ; ce qu'il fit avec assez de succès pour obliger celui-ci à se replier en arrière après avoir perdu quelques hommes. Ayant alors changé la direction de leur attaque, les Anglais parvinrent, à la faveur d'un feu violent, dirigé par leur flotte contre les remparts, à s'en rapprocher du côté du ruisseau de l'Aiguille ; mais le lendemain Subercase fit un si judicieux usage de ses canons qu'il contraignit encore les assail-

1. Charlevoix.

lants d'abandonner cette situation nouvelle, aussi bien que les travaux d'une batterie qu'ils commençaient à établir. Le 9, deux galiotes bombardèrent le fort, mais vainement ; le feu de la place atteignit encore les troupes anglaises et jeta un grand désordre dans leur camp.

La résistance était donc opiniâtre et d'autant plus remarquable que le commandant français, n'ayant qu'une garnison très-faible et mal disposée, entendant parler de tous côtés de capitulation, ne pouvait en quelque sorte compter que sur lui-même et sur quelques hommes d'élite qui le secondaient. Malgré ces circonstances défavorables, s'il eût pu être soutenu, comme en 1707, par une forte diversion au dehors ; s'il se fût trouvé, répandus dans la campagne, 7 ou 800 hommes, Acadiens, Indiens et réguliers, bien armés et bien commandés, il n'est pas certain que les assiégeants, malgré leur nombre considérable (3,400), malgré leur puissante flotte et malgré leur artillerie, eussent eu un meilleur sort que ceux qui les avaient précédés.

Mais c'est à peine si Saint-Castin, réduit à quelques Abénakis qui lui étaient personnellement dévoués, parvint à harceler l'ennemi de manière à gêner ses opérations ; le brave Subercase n'avait d'autres forces que sa garnison découragée, dans un fort à moitié ruiné ; c'est assez dire que le temps de la résistance était nécessairement très-limité. Le 9 et le 10 octobre, les Anglais poussèrent activement leurs tranchées, de manière à établir une batterie abritée qui fit le plus grand mal aux assiégés ; un des Latour du cap Sable (Charles de Latour), qui s'était joint à la garnison, fut dangereusement blessé sur les parapets, et un angle du magasin à poudre fut emporté ; le feu devint si violent que 50 habitants et 7 soldats, forçant la consigne, parvinrent à se sauver hors de la place. Le 11, le reste des habitants, épouvantés, présentèrent à Subercase une pétition afin qu'il traitât avec les Anglais [1].

Cependant celui-ci résistait toujours, et le 12 octobre, aiguillonnant le courage des uns, suscitant l'activité des autres, il répondit encore feu pour feu aux batteries ennemies qui commençaient à l'environner de toutes parts, mais il se sentait moralement abandonné de tout le monde; il réunit donc ses officiers en conseil, et sur leur avis il envoya un enseigne en parlementaire demander que les femmes et les enfants réfugiés dans le fort pussent en sortir. Nicholson refusa d'adhérer à cette ouverture, mais il envoya vers Subercase le colonel Reding, pour traiter directement de la reddition du fort. La capitulation fut signée le lendemain 13 octobre. Il y avait dix-neuf jours que cette mauvaise bicoque de terre et de bois, hors de la portée de tout secours et privée de tout appui, résistait à l'armée et à la flotte anglaises; cette résistance opiniâtre et héroïque fut du moins récompensée par les conditions très-honorables qu'obtint le commandant de la place :

« La garnison sortira en ordre de bataille avec armes
« et bagages, tambours battants et les couleurs au vent.
« — Il lui sera fourni les navires, et les provisions suffi-
« santes pour se rendre à la Rochelle ou à Rochefort.
« Elle emmènera avec elle 6 canons et 2 mortiers
« à son choix. — Les officiers emmèneront tous leurs
« effets. — Les habitants qui demeurent dans le rayon
« de Port-Royal auront le droit de conserver leurs héri-
« tages, récoltes, bestiaux et meubles, en prêtant le
« serment d'allégeance ; s'ils s'y refusent, ils auront deux
« ans pour vendre leurs propriétés et se retirer dans un
« autre pays. Les ornements et les vases sacrés de la

Beamish.

« chapelle seront remis à l'aumônier ; il sera fourni un
« vaisseau aux corsaires des Antilles pour leur rapa-
« triement, etc., etc. »

Ces termes de composition, si avantageux et si rares,
étaient exclusivement dus à l'intrépidité et à l'énergie
de Subercase, qui avait dû lutter autant contre le
découragement et l'indiscipline des siens que contre le
feu de l'ennemi. Il est même probable que Nicholson
ne se fût point montré aussi accommodant, s'il n'eût été
sous l'influence des souvenirs de 1707 : l'hiver s'approchait en effet, et si les Français eussent pu prolonger
leur résistance, ou opérer quelques diversions au dehors, les assiégeants auraient été obligés de se retirer
dès les premières gelées, comme dans les sièges précédents.

La place de Port-Royal fut donc remise aux Anglais ;
la garnison sortit les armes à la main, mais vêtue de
guenilles, et son dénûment était poussé à un tel point
qu'il fut impossible de faire sortir les canons réservés
par la capitulation ; il est évident que l'audace et le sang-
froid du commandant avaient seuls dissimulé ce triste
état de choses, en faisant prendre le change aux Anglais.
La garnison ne put donc emmener avec elle qu'un mor-
tier traîné par les soldats ; mais de cette pénurie même
l'ingénieux Subercase, qui devait être un Gascon s'il
n'était un Dauphinois, fit sortir un profit et des ressources inattendues, à moins que cet effet n'eût été
calculé d'avance par une ruse de son esprit ; quoi qu'il
en soit, profitant d'un certain prestige que ses anciens
succès, son courage personnel et son intelligence lui
avaient toujours conservé durant ces négociations, il
parvint à obtenir de Nicholson qu'il achetât et payât
comptant tout ce qu'il laisserait sur les remparts faute
de pouvoir l'emmener : il se fit remettre ainsi 7,499 livres

et 10 sols [1], somme inappréciable pour un chef de corps dénué de toutes ressources depuis longtemps, et ne vivant que sur un crédit qui souvent lui faisait défaut [2] ; il put ainsi régler les dettes les plus pressantes, et distribuer avant l'embarquement une certaine solde à ses officiers et à ses soldats.

Les Anglais exécutèrent loyalement ces conventions, sans chercher à se prévaloir du délabrement de la place, comme il arrivait très-souvent à cette époque ; Saint-Castin, qui commandait quelques tirailleurs au dehors, fut libre de retourner chez lui sans être inquiété ; il fut même chargé d'escorter un officier anglais que Nicholson dépêcha par terre au Canada, pour prévenir M. de Vaudreuil de cette capitulation, et négocier en même temps un échange de prisonniers.

La garnison et les officiers, au nombre de 156 hommes, furent embarqués pour la Rochelle [3] ; les employés, quelques marchands et engagés et même un petit nombre d'habitants qui voulurent profiter de la capitulation se firent transporter à Nantes où ils arrivèrent le 1er décembre 1710 : le tout formait 252 personnes, y compris les femmes et les enfants [4]. On comptait du reste parmi eux fort peu d'habitants, car en comparant le recensement de 1707 et celui de 1714, qui sont l'un et l'autre nominaux, on retrouve dans le second toutes les familles citées dans le premier, à l'exception de 19 parmi lesquelles 4 avaient quitté Port-Royal, pour aller à Chipody ou aux Mines ; on ne peut donc pas évaluer à plus de 15 le nombre des familles qui retournèrent en France à cette époque, et ces familles étaient toutes d'un

1. Beamish.
2. Lettre de Subercase, du 1er octobre 1710. (*Archives.*)
3. Charlevoix.
4. Broadhead, *Documents de Paris*, page 929.

établissement récent dans le pays, il est facile de s'en convaincre par l'étude des recensements : de sorte que toutes les vieilles souches acadiennes demeurèrent sur les héritages où leurs pères vivaient déjà depuis trois ou quatre générations.

Les Anglais changèrent aussitôt le nom de Port-Royal en celui d'Annapolis, en l'honneur de la reine Anne ; l'Acadie reçut le nom de *Nouvelle-Écosse*, et ils laissèrent dans le fort comme gouverneur le colonel Vetch avec 450 soldats ; le reste de leur armée se rembarqua très-promptement pour Boston le 28 octobre, douze jours après la capitulation.

La prise de Port-Royal n'était en effet pour les Anglo-Américains que le préambule d'une expédition bien autrement importante contre le Canada, et on avait hâte de retirer les troupes de ces parages dont l'accès et le ravitaillement étaient très-difficiles. Ce fut l'année suivante (1711) que la flotte américaine fut dirigée contre le Canada, agression inutile qui échoua après avoir essuyé de grandes pertes ; mais la conquête de Port-Royal fut maintenue, et la paix d'Utrecht en 1713 la consacra comme un fait définitif, en attribuant aux Anglais tout le territoire de l'Acadie.

Au moment où ce pays passait ainsi sous la domination anglaise, on y comptait, répartis dans les quatre districts de *Port-Royal*, des *Mines*, *Beaubassin* et *Chipody*, 2,100 habitants ; nous laissons de côté à dessein, dans cette énumération, les Acadiens qui demeuraient sur la rive droite de la baie Française (baie de Fundy), dans la vallée du fleuve Saint-Jean, parce que ce pays restait sous la domination de la France.

Cette population si minime paraît au premier abord bien peu digne de considération ; il y avait déjà plus de cent ans, en effet, que M. de Poutrincourt avait jeté les premiers fondements de cette colonie. Mais quand on réfléchit au petit nombre d'émigrants qui vinrent de France se fixer en Acadie (60 familles environ, et 150 célibataires); quand on songe aux invasions, aux difficultés et aux souffrances de tout genre que ces pauvres gens eurent à subir, il y a lieu de s'étonner de trouver un tel nombre d'habitants si solidement établi dans le pays.

Mais ce petit peuple devient bien plus intéressant et plus digne d'étude quand on jette les yeux sur la suite de son histoire, et sur le développement rapide, considérable qu'il prit dans la suite, malgré la conquête et la domination étrangère. Abandonnés au milieu des brouillards de Terre-Neuve, délaissés et oubliés par le monde entier, même par leurs nouveaux maîtres qui entretenaient à peine une petite garnison à Port-Royal, ces familles continuèrent à s'accroître en nombre et en richesse; tous les seize ans ce nombre se doublait, et elles devinrent promptement l'origine d'une population considérable, comme on peut le voir dans le rapide exposé qui sera la conclusion de ces récits.

ÉPILOGUE

En s'emparant de l'Acadie, les Anglais étaient plus désireux d'évincer les Français du pays que de s'y établir eux-mêmes ; ils considéraient comme misérables et sans importance la contrée et les faibles groupes d'habitants qui s'y trouvaient dispersés. Ils se contentèrent d'installer une petite garnison à Port-Royal, qu'ils appelèrent désormais *Annapolis;* quant aux Acadiens, on leur demanda un serment d'allégeance auquel ils se refusèrent d'abord et qu'ils éludèrent ensuite ; d'ailleurs aucun colon anglais ne vint s'installer dans ce pays, et l'Acadie, sous la surveillance de quelques soldats dont personne ne comprenait la langue, demeura isolée du reste du monde comme le château de *la Belle au bois dormant.*

En droit, les Anglais étaient bien les maîtres de la contrée, mais en fait ils ne dominaient que le fort et ses alentours immédiats ; ils obtinrent un simulacre de soumission des Acadiens qui demeuraient près du fort. Quant à ceux qui habitaient dans l'intérieur, dans les paroisses des Mines, et bien plus encore les gens du district de Beaubassin, ils échappaient entièrement à leur action et se gouvernaient eux-mêmes, par un concours tacite de l'autorité patriarcale des pères de famille et des missionnaires; on songeait à peine à eux!

Cependant un fait assez grave commença vers 1740 à frapper l'attention des Anglais, c'était l'accroissement considérable de la population française : ces petites tribus acadiennes, qui comptaient environ 2,000 individus au moment de la conquête en 1710, se multipliaient et s'accroissaient avec une telle rapidité qu'en 1731 elles comprenaient plus de 5,000 âmes, et atteignaient presque le chiffre de 8,000 individus en 1739. (Recensements acadiens. — *Archives de la marine*.)

La population se doublait donc par elle-même tous les seize ans; à la fin du siècle, elle pouvait arriver à dépasser 100,000 âmes. Aucune immigration cependant ne venait la recruter, et c'est à peine si de loin en loin on voyait un Français ou un Canadien pénétrer fortuitement dans ce pays fermé. Cette progression commença donc à inquiéter l'Angleterre; non-seulement les Acadiens devenaient nombreux, mais ils développaient leurs cultures, leur industrie, et ils possédaient généralement une aisance assez grande. Les gouverneurs d'Annapolis eussent désiré que l'on peuplât la contrée avec des colons anglais [1], mais ceux-ci n'étaient point attirés vers ce climat sévère, et le gouvernement anglais avait pour principe de ne point fonder de colonies à ses frais; on se décida seulement à renforcer la garnison et à pousser quelques excursions dans le quartier des Mines.

On chercha à intimider les habitants et à gêner leur expansion : on surveilla de très-près les missionnaires qui dirigeaient leurs paroisses; enfin on fit revivre la question du serment d'allégeance si souvent demandé et toujours écarté; on menaça ceux qui ne le prêteraient

---

[1]. *Archives d'Halifax*, passim.

pas de les expulser en confisquant leurs biens; les gens ne s'y refusaient point absolument, mais ils voulaient introduire dans le serment une réserve qui les dispensât de porter les armes, en cas de guerre contre les Français. Ils alléguaient non sans raison que le premier gouverneur Nicholson avait accepté cette restriction, et en effet, depuis la conquête, ils étaient connus et désignés dans toute l'Amérique du Nord sous le nom de *French neutrals.*

Les Anglais voulaient un serment sans réserve, mais ils étaient sans moyens d'action pour l'exiger, excepté dans la paroisse de Port-Royal; les Acadiens s'obstinèrent, et la question traînant en longueur s'envenima et devint une des causes de la funeste et terrible péripétie qui termine cette histoire. Les Anglais étaient inquiets; la guerre qui éclata en 1744 avec la France poussa cette inquiétude à l'extrême.

Diverses expéditions furent en effet dirigées du Canada et même de France contre l'Acadie : trop faibles ou trop mal conçues pour reconquérir notre ancienne colonie, elles suscitèrent néanmoins assez d'embarras à la garnison d'Annapolis pour bien faire comprendre aux Anglais les dangers de leur situation. Il était évident que, si la population acadienne continuait à s'accroître librement, la moindre incursion venue du Canada pouvait en temps de guerre provoquer une insurrection contre laquelle il serait difficile de lutter. A partir de ce moment, on peut donc dire que deux résolutions furent arrêtées dans les conseils de la couronne d'Angleterre : la première fut d'établir à tout prix une forte colonie anglaise dans le pays même; la seconde fut de se débarrasser de la population acadienne, dont l'importance et l'ascendant devenaient menaçants.

La paix ayant été signée avec la France en 1748, des

fonds considérables (57,582 livres sterling en 1749 et 53,927 en 1750) furent appropriés aussitôt pour la colonisation de la Nouvelle-Écosse; on ne perdit point de temps et pendant l'année 1749 on vit débarquer dans le havre de *Chibouctou* 2,544 colons [1] accompagnés d'une forte garnison. Sur ce nombre, 497 hommes amenaient leurs femmes avec 444 enfants [2]. Jamais le gouvernement anglais en aucun pays du monde n'avait encore tenté un pareil essai ni réalisé un tel effort; c'était une véritable ville que l'on créait de toutes pièces sur cette baie déserte où se trouvaient à peine trois ou quatre huttes de pêcheurs acadiens; la ville fut nommée *Halifax*.

Cette fondation dessilla complétement les yeux de la plupart des Acadiens; il était bien difficile de conserver aucune illusion sur l'avenir, et ils sentirent la menace ainsi que l'imminence du danger. Dans les îles du golfe Saint-Laurent, qu'occupaient encore les Français, se trouvaient déjà quelques villages créés par leurs compatriotes; plusieurs y émigrèrent, tous furent profondément troublés, les discussions avec les Anglais s'aigrirent, les esprits s'animèrent, la situation se tendit outre mesure.

Les partis restèrent ainsi en présence pendant cinq ans, jusqu'en 1755. A cette époque, les Anglais qui se préparaient en silence, depuis plusieurs années, à la terrible exécution qui allait avoir lieu, firent tout à coup cerner les Acadiens dans leurs églises un jour de dimanche; là on leur déclara que, par ordre royal, leurs biens étaient confisqués, et qu'ils seraient transportés dans les autres colonies anglaises; l'exécution fut immédiate, impi-

1. *Recensements du Canada*, 1871, vol. IV, Introduction, page xxv.
2. *Archives d'Halifax*, listes de débarquement.

toyable : on les retint prisonniers sur place et dès le lendemain on les emmenait, par longues files, jusqu'aux vaisseaux qui la veille étaient venus attérir sur la côte et qui devaient les emmener.

Nous ne pouvons ici même essayer la description lamentable, lugubre, de ce drame odieux ; mais nous renverrons au poëme d'*Évangéline*, où l'auteur anglo-américain Longfellow en trace un tableau si émouvant :

> Ainsi s'avance le triste cortége, et il y eut un grand désordre ; dans le tumulte de l'embarquement, des femmes furent séparées de leurs maris, et des mères s'apercevaient trop tard qu'elles avaient laissé sur la grève des enfants qui, dans un amer désespoir, leur tendaient les bras. (*Évangéline*, chap. v.)

Tout fut entraîné en effet pêle-mêle, hommes, femmes et enfants ; et les navires déposèrent confusément ces familles disloquées dans les endroits les plus éloignés ; on évalue à 6,000 environ le nombre de ceux qui furent ainsi transportés dans le Massachussets, la Pensylvanie, la Virginie et en Angleterre ; la population totale des Acadiens s'élevait à cette époque à 16,000 âmes : mais un grand nombre, 4,000 peut-être, avaient déjà émigré dans les îles du golfe ; un nombre à peu près égal s'était réfugié dans les postes encore occupés par les troupes françaises autour de l'isthme de Shediak ; il en reste donc ainsi 2,000 environ qui purent échapper à la perfide embuscade tendue par les Anglais. Les uns se sauvèrent dans les bois de l'intérieur parmi les Indiens, et quelques autres parvinrent à gagner les postes français du pays de Shédiak ; leurs ennemis firent une chasse opiniâtre, pendant plusieurs années, à ceux qui se réfugièrent ainsi dans l'intérieur du pays, et une partie d'entre eux furent saisis à diverses reprises et envoyés prisonniers aux États-Unis avec leurs compatriotes.

Lorsque la paix fut rétablie avec la France en 1763,

on peut estimer qu'il restait encore 250 ou 260 familles dispersées soit dans la presqu'île, soit pour le plus grand nombre sur les côtes du Nouveau-Brunswick depuis Shediak jusqu'à la baie des Chaleurs ; 140 familles environ étaient cantonnées en outre dans les îles Cap-Breton et Saint-Jean d'où les Anglais avaient aussi déporté presque toute la population française. Tels étaient les débris du pauvre peuple acadien [1] !

Ce fut alors qu'ils furent rejoints par une caravane héroïque, revenue des États-Unis à travers les déserts pour retrouver ses foyers. Parmi les plus courageux et les plus robustes de ces prisonniers qui avaient été emmenés en 1755 dans la Nouvelle-Angleterre, un certain nombre résolurent en effet, après la paix de 1763, de profiter de l'apaisement des esprits pour retourner dans leur chère Acadie. Sans argent, sans autres ressources que leur courage et leur industrie, écrasés par dix ans de servitude, en butte à la malveillance, à l'animosité des populations qui les entouraient, ils retrouvèrent cependant une énergie toute nouvelle ; ils partirent non pas seuls, mais en famille avec leurs femmes et leurs enfants. C'est ainsi que 140 à 150 familles affrontèrent à pied, et presque sans approvisionnements, les périls et la fatigue d'un retour par terre, en remontant les côtes de la baie de Fundy (l'ancienne baie Française) jusqu'à l'isthme de Shediak, à travers 150 lieues de forêts et de montagnes complétement inhabitées ; des femmes enceintes faisaient partie de ce misérable convoi, qui accouchèrent en route ; nous avons connu quelques-uns des fils de ces enfants de la douleur, et c'est de leur bouche que nous tenons le récit que leur avaient transmis leurs pères nés pendant ce douloureux exode.

1. *Recensements du Canada de* 1871, vol. IV, Introduct., page xxix.

Quelques-uns des plus fatigués s'arrêtèrent sur les bords du fleuve Saint-Jean, où ils rencontrèrent plusieurs familles acadiennes qui s'y étaient toujours maintenues; mais le gros de la troupe dépassa Chipody et Peticodiak et poussa jusqu'à Memerancooke. Là ils rencontrèrent de nouveau des familles acadiennes qui y vivaient sur les débris de leurs anciens héritages; c'était précisément dans ce canton que s'était établi en 1700, avec ses tenanciers, Thibaudeau, le meunier de la Prée-Ronde; en ce lieu, on délibéra parmi les émigrés si on ne s'arrêterait point pour s'y fixer. Un grand nombre cependant voulaient pousser jusqu'au bout ce triste pèlerinage; ils désiraient revoir le fertile bassin des Mines et la riante vallée de Port-Royal : sur 130 familles de proscrits qui restaient réunies à Memerancooke, 70 reprirent donc le cours de leur exode, passèrent l'isthme et tournèrent le fond de la baie Française (*Fundy bay*).

Peut-être eussent-ils mieux fait de rester à Memerancooke! ils trouvèrent leurs patrimoines, les champs des vieux compagnons de Poutrincourt, de d'Aulnay, de Bourgeois, de Jean Terriau, ils les trouvèrent confisqués, défigurés, distribués en des mains ennemies, qu'inquiétait leur présence; repoussés de partout, et ayant successivement dépassé *Cobequit*, la seigneurie de Mathieu Martin, *la Grand-Prée*, toutes les rivières des *Mines* et leur vieux *Port-Royal* devenu Annapolis, ils durent à l'aumône du gouvernement anglais en 1767 l'abandon de quelques grèves désertes sur la baie Sainte-Marie, où ils purent enfin, tristes et découragés, se reposer de ce lugubre voyage. Là ils furent rejoints par quelques-uns de leurs compatriotes, qui existaient encore dans les bois de l'intérieur, derniers survivants de ceux qui s'étaient échappés de Port-Royal en 1755. Tous ensemble se reprirent au travail, et à ces dernières espérances qui renaissent même du désespoir; ils y firent souche et sont devenus l'origine des paroisses acadiennes de *Sainte-Marie*, *Methegan*, *Saint-Vincent-de-Paul*, *la Rivière-aux-Anguilles*, *Pobomcoup*, etc., etc., dans les districts de *Clare* et du *Cap-Fourchu* (Yarmouth).

Pendant que ces courageux exilés, unis aux familles des réfugiés, commençaient à reformer leurs établissements sur la baie Sainte-Marie; à l'isthme de Shediak et au fond du golfe Saint-Laurent, quelques groupes d'autres réfugiés qui étaient demeurés dans les forêts du nord de la presqu'île, et quelques prisonniers sortis des geôles d'Halifax, formèrent aussi de nouveaux établissements sur les côtes de l'Océan et le détroit de Campseau; c'est ainsi que furent créés *Chezetcook*, *Tracadie*, *Pomqvet*, etc. Enfin les Acadiens qui s'étaient maintenus dans les îles du Cap-Breton et de Saint-Jean se montrèrent aussi au grand jour; ils peuplèrent l'île *Madame* et fondèrent *Sainte-Anne*, *Cheticamp*, *Rustico*, *Cascumpec*, la *Belle-Alliance*, etc.

Avant l'arrivée des émigrés des États-Unis, le nombre des Acadiens était environ de 1,700 dans le Nouveau-Brunswick, la Nouvelle-Écosse et les îles du golfe; en 1768, ce chiffre se trouva donc dépasser 2,400. Ces énergiques pionniers ne démentirent point la tradition et les vertus de leurs ancêtres; malgré leur dénûment, ils défrichèrent et cultivèrent avec acharnement : en 1785, ils comptaient déjà près de 4,000 âmes; en 1803, un document très-sérieux résultant d'une visite pastorale consignée sur les registres de l'archevêché de Québec constate dans ces contrées 7,380 Acadiens, chiffre que l'on doit porter à 8,400 à cause des paroisses omises dans ce document, notamment celles qui bordent la baie des Chaleurs au nord du Nouveau-Brunswick :

Nouvelle-Écosse, paroisses du sud, 1,080 âmes; paroisses du nord, 784. — Iles du Cap-Breton et de la Madeleine, 1,799 âmes. — Ile Saint-Jean, 787. — Nouveau-Brunswick : isthme de Shediak et Menoudy, 1,162 âmes ; du Barachois à Richiboutou, 894 ; de Richibouctou à Tracadie y inclus, 487 ; Madawaska, 547 âmes. Total, 7,380 âmes. C'est en ajoutant à ce total 1,000 à 1,100 âmes pour les paroisses de Pokmouche, Shippagan, Caraquette, Nepisiguy et autres que nous atteignons l'évaluation sus-relatée de 8,400 Acadiens.

En 1827, on peut établir, d'après divers documents épars dans Halliburton, Bouchette et Montgommery-Martin, que la population acadienne dans ces divers pays s'élevait déjà à 21,500 âmes ; enfin en 1859 son accroissement incessant la porta jusqu'au chiffre de 66,000, comme nous l'avons constaté nous-même sur place, savoir : dans le Nouveau-Brunswick, 30,500 ; — Nouvelle-Écosse, 20,000 ; — cap Breton, 8,000 ; — île Saint-Jean ou du Prince-Édouard, 7,500. Nous avions, il est vrai, dans un ouvrage publié vers cette époque, évalué le chiffre des Acadiens à 80,000 dans les contrées ci-dessus énoncées ; mais des études ultérieures faites sur place nous ont conduit à rectifier quelques-unes de nos estimations, notamment dans l'île du Cap-Breton et dans l'île du Prince-Édouard où, par une erreur qu'il serait trop long d'expliquer ici, nous avions porté la population au double de son existence réelle.

C'est par suite de ces constatations personnelles que nous nous sommes arrêté à ce chiffre de 66,000 Acadiens ; mais depuis lors il a été dressé, en 1871, un recensement officiel, qui distingue soigneusement en chaque district la nationalité des habitants, désignant les Acadiens-Français dans une colonne spéciale au nombre de 85,830, savoir : Nouveau-Brunswick 44,907 ; Nouvelle-Écosse, 21,969 ; île du Cap-Breton, 10,864 ; île du Prince-

Édouard, 8,000. Tous sont bien les descendants authentiques des anciens Acadiens, car sur tout ce nombre il ne se trouve que 425 personnes natives de France ; cette population s'est donc accrue par sa propre vertu, en se doublant tous les dix-huit ans de 1785 à 1827, et tous les vingt-deux ans de 1827 à 1871 [1].

Tous ces groupes sont demeurés catholiques et Français avec une constance et un sentiment patriotique que la vieille France même ne montre pas toujours ; dans ces paroisses éparses, disloquées, entourées d'étrangers, on parle toujours le vieux français, et ces Acadiens sont restés eux-mêmes, avec une ténacité, une énergie, une fidélité sans pareilles. Religieux par une conviction froide et résolue, patriotes ardents quoique sans bavardage, ces fils des *Bourgeois*, des *Terriau*, des *Thibaudeau*, ces anciens tenanciers de Poutrincourt et de d'Aulnay savent supporter sans broncher les privations et les déboires ; ils ne s'effrayent point de la malveillance trop fréquente de leurs voisins, mais ils se multiplient avec une rapidité inouïe, ils s'étendent, ils grandissent et ils le savent ! Longtemps ils ont été traités comme des parias par les Anglais qui les entourent. Avant qu'il soit cinquante ans, ils seront plus de 300,000 ; déjà aujourd'hui il faut tenir d'eux un certain compte, mais alors ils donneront la main à leurs frères les Franco-Canadiens, et on les respectera convenablement, autant par justice que par nécessité !

Labor improbus omnia vincit.

[1]. Plusieurs groupes d'Acadiens se réfugièrent aussi en Louisiane où ils ont peuplé la paroisse Saint-Jacques, les Attakapas, les Opelouses et le Bayon-la-Fourche, où est *Thibaudeauville*.

FIN

TABLE DES MATIÈRES

INTRODUCTION

Caractère propre de la colonisation de l'Amérique du Nord. — L'Acadie. — Analyse sommaire de l'histoire des Acadiens. — État des classes agricoles en Europe au xviie siècle. — Motifs qui déterminèrent les cultivateurs européens à s'établir dans l'Amérique du Nord. — De l'institution des seigneuries et des manoirs dans les colonies françaises, hollandaises et anglaises. — Procédés de la colonisation à cette époque.   I

INDICATION DES DOCUMENTS ET DES SOURCES. XXX

CHAPITRE PREMIER.

Les Poutrincourt.

(1603 à 1632)

Ce qu'était le baron de Poutrincourt. — Comment il se décida à aller dans le Nouveau-Monde fonder une seigneurie. — Fondation de la seigneurie de Port-Royal en Acadie (1605). — Détails sur l'installation et la vie de Poutrincourt et de ses colons. — Bon accord avec les sauvages. — Premières récoltes. — Traverses qui surviennent en France. — Délaissement provisoire de Port-Royal en 1607. — Retour de Poutrincourt en 1610 avec ses deux fils et Latour. — Nouvelles cultures et nouvelles récoltes à Port-Royal. — Difficultés et discussions qui s'élèvent en France et dans la colonie. — Mme de Guercheville. — Scission de la colonie en deux seigneuries. — Les Anglais pillent les deux colonies de Saint-Sauveur et de Port-Royal en 1613. — Biencourt,

fils de Poutrincourt, se maintient sur les débris de Port-Royal.
— Il est ravitaillé par son père en 1614. — Mort de Poutrincourt
en 1615. — Son fils continue son œuvre avec Charles de Latour.
— Mort de Biencourt en 1623. — Charles de Latour prend possession de la seigneurie de Port-Royal. — William Alexander,
comte de Stirling, veut former en Acadie une seigneurie écossaise.
— Plan de cette colonie, son manoir, les baronnets écossais. —
Cette tentative échoue, en 1630 et en 1632; les Anglais renoncent
à toute prétention sur l'Acadie. 1

CHAPITRE DEUXIÈME.

Razilly et d'Aulnay.

(1632 à 1670)

Charles de Latour remet la seigneurie de Port-Royal au commandeur de Razilly en 1632. — On constitue pour lui en échange la
seigneurie de *Jemsek*. — M. de Razilly reprend l'œuvre de Poutrincourt; il établit son manoir à la Hève où il se fixe avec
quinze familles de tenanciers cultivateurs. — Conditions de la
propriété censitaire. — M. Denys et le comte de Menou d'Aulnay,
collaborateurs de Razilly. — Nouvelles seigneuries sous concédées par celui-ci. — Projet d'établir en Acadie une commanderie
de l'ordre de Malte. — Mort de Razilly; d'Aulnay lui succède.
— Il amène de nouvelles familles de tenanciers. — Travaux
considérables de d'Aulnay. — Développement de la seigneurie de
Port-Royal. — Guerre entre d'Aulnay et Charles de Latour. —
État de Port-Royal en 1650. — Création des polders. — Mort de
d'Aulnay. — Embarras de sa famille après sa mort. — L'un de
ses créanciers, Le Borgne de Belle-Isle, s'empare de la seigneurie
de Port-Royal. — Les Anglais envahissent l'Acadie en 1654, et
la rendent à la France par le traité de Bréda en 1668. . . . 65

CHAPITRE TROISIÈME.

La seigneurie de Port-Royal. — Les Acadiens.

(1670 à 1680)

M. de Grandfontaine, premier gouverneur de l'Acadie, vient rejoindre Le Borgne de Belle-Isle, le seigneur de Port-Royal, en

1670. — Création de nouvelles seigneuries par M. de Grandfontaine. — Le baron de Saint-Castin. — Deux sortes de seigneuries : les seigneuries agricoles et les capitaineries sauvages. — Recensement de l'Acadie en 1671. — Description de Port-Royal. — Consolidation de la population acadienne, ses mœurs. — Une patrie nouvelle.................. 113

CHAPITRE QUATRIÈME.

Nouvelles seigneuries. — Les capitaineries sauvages.

(1680 à 1700)

Comment s'opère la distribution du sol et des habitants en Amérique. — Un Acadien de Port-Royal, Jacob Bourgeois, et un Canadien, Leneuf de La Vallière, fondent la seigneurie de Beaubassin en 1680. — Deux autres Acadiens de Port-Royal, Pierre Terriau et Pierre Mélanson, colonisent les Mines. — Histoire épisodique de ces deux créations. — Comment un laboureur devenait seigneur en Acadie. — Un Acadien, Mathieu Martin, est investi de la seigneurie de Cobeguit. — Nouvelles immigrations françaises à Port-Royal. — Défrichements, pêcheries, commerce de pelleteries. — Les traitants et les capitaines de sauvages. — Population dispersée dans les forêts et sur les côtes..... 149

CHAPITRE CINQUIÈME.

Travaux et progression des Acadiens.

Comment les colonies françaises se défendaient contre les Anglais avec le concours des sauvages. — Paix de Ryswick. — Villebon, gouverneur de l'Acadie, meurt en 1700. — M. de Brouillan lui succède. — Recensements de 1686 à 1701. — État statistique des Mines et de Port-Royal. — Aisance générale du pays, ses produits. — La seigneurie de Beaubassin, ses progrès et son état en 1701.......................... 199

CHAPITRE SIXIÈME.

Le meunier Thibaudeau et la seigneurie de Chipody.

Comment Pierre Thibaudeau, meunier à Port-Royal, devint fondateur de colonie. — Il demande la concession de la vallée de

Chipody à titre seigneurial. — Ses démêlés avec M. de La Vallière, seigneur de Beaubassin. — Procès. — Thibaudeau amène de Port-Royal dans sa colonie plusieurs familles et des engagés. — Grands travaux qu'il exécute. — Situation prospère de Chipody. — Mort de Thibaudeau en 1704. — Un de ses fils poursuit son entreprise avec succès. — État résumé des seigneuries de l'Acadie en 1707. — Nouvelle guerre avec l'Angleterre. . . . 227

CHAPITRE SEPTIÈME

Colonies françaises et colonies anglaises.

Coup d'œil sur les colonies européennes dans le nord de l'Amérique. — Immigration très-faible dans les colonies françaises, très-considérable dans les colonies anglaises; causes de cette disproportion. — En 1706, les premières comptent 19,000 âmes et les secondes 260,000. — Cependant les colonies françaises résistent victorieusement aux colonies anglaises. — Explication de ce fait. — Supériorité intrinsèque du colon français. — Ce dernier était plus vigoureux de corps, plus énergique d'esprit, plus entreprenant et plus intelligent que les Anglo-Américains. — Les Français tiennent ceux-ci en échec pendant 150 ans, et sont à diverses reprises sur le point de conquérir la Nouvelle-Angleterre. — Ils ne sont pourtant que 1 contre 15. — Que fût-il arrivé si les nombres avaient été renversés? — Fautes du gouvernement français et ingratitude de la population française envers ses colonies. — Voilà les vraies causes de la faiblesse du Canada et de l'Acadie. — État comparé des colonies anglaises et françaises en 1700 269

CHAPITRE HUITIÈME

Invasion anglaise et conquête.

(1702 à 1713)

Guerre entre la France et l'Angleterre. — Première expédition des Anglais contre l'Acadie, repoussée en 1704. — Deuxième expédition en juin 1707. — Retour des Anglais en août 1707. — Ils sont défaits pour la troisième fois. — Saint-Castin et les corsaires. — Triomphe d'Anselme de Saint-Castin et du flibustier Morpain   Port-Royal. — La France n'envoie ni secours ni renforts.

— Les Anglais en profitent pour opérer une nouvelle invasion en 1710. — L'armée ennemie est aussi nombreuse que la population entière de l'Acadie. — Capitulation de Port-Royal. — Le traité d'Utrecht consacre la cession de l'Acadie en 1713. . 303

ÉPILOGUE.

La colonie française survit à la conquête. — Les Acadiens continuent à se multiplier et à s'étendre d'une manière extraordinaire. — Situation bizarre, *un peuple neutre*. — Inquiétude et malveillance du gouvernement anglais. — Proscription et déportation des Acadiens en 1755. — Un peuple mutilé. — Retour de quelques familles de proscrits en 1766. — Ils forment de nouveaux établissements avec ceux qui s'étaient réfugiés chez les sauvages. — Nouveau développement des Acadiens de 1767 à 1827. — État des paroisses en 1871 353

FIN DE LA TABLE.

Sceaux. — Typ. et ster. M. et P.-E. Charaire.

www.ingramcontent.com/pod-product-compliance
Lightning Source LLC
Chambersburg PA
CBHW071858230426
43671CB00010B/1390